寧夏珍稀方志叢刊

胡玉冰 ◇ 主編

國家社會科學基金項目「寧夏地方文獻整理與研究」成果

光緒 花馬池誌蹟
民國 鹽池縣志

孫佳 ◇ 校注

中國社會科學出版社

圖書在版編目（CIP）數據

（光緒）花馬池誌蹟　（民國）鹽池縣志／孫佳校注．—北京：
中國社會科學出版社，2015.10
ISBN 978-7-5161-5876-0

Ⅰ.①光…　Ⅱ.①孫…　Ⅲ.①鹽池縣—地方志—清代 ②鹽池縣—地方志—民國　Ⅳ.①K294.34

中國版本圖書館 CIP 數據核字（2015）第 069624 號

出　版　人	趙劍英	
選題策劃	張　　林	
責任編輯	張　　林	
特約編輯	金　　沛	
責任校對	高建春	
責任印製	戴　　寬	

出　　版	中國社會科學出版社
社　　址	北京鼓樓西大街甲 158 號
郵　　編	100720
網　　址	http://www.csspw.cn
發　行　部	010－84083685
門　市　部	010－84029450
經　　銷	新華書店及其他書店
印　　刷	北京市大興區新魏印刷廠
裝　　訂	廊坊市廣陽區廣增裝訂廠
版　　次	2015 年 10 月第 1 版
印　　次	2015 年 10 月第 1 次印刷
開　　本	710×1000　1/16
印　　張	12.25
插　　頁	2
字　　數	209 千字
定　　價	48.00 元

凡購買中國社會科學出版社圖書，如有質量問題請與本社營銷中心聯繫調換
電話：010－84083683
版權所有　侵權必究

總　　序

胡玉冰

地方舊志在中國傳統的古籍"四分法"中屬於史部地理類，但它所記載的內容遠遠超出了歷史學、地理學範疇，舉凡政治、經濟、語言、文學等亦多有涉及，故舊志往往被稱為一地之全史，其學術研究價值也就不言而喻。對舊志進行規範整理與研究，既有助於準確理解其內容，也有助於客觀分析其價值，從而達到古為今用、推陳出新的目的。規範的舊志整理會為今人研究提供極大的便利，否則就會有誣古人，貽誤後人。開展陝甘寧三省地方舊志整理與研究工作，是以筆者為學術帶頭人的學術團隊長期堅持的學術方向。2012年，筆者著《寧夏地方志研究》由中國社會科學出版社正式出版。該書首次對寧夏舊志進行了系統全面的研究，基本摸清了寧夏舊志的家底，尤其梳理清楚了寧夏舊志的版本情況。同年，筆者主持的"寧夏地方文獻整理與研究"獲批為國家社科基金重點項目。以此為契機，筆者提出了全面整理寧夏舊志的科研設想，計劃用三年左右（2015—2018）的時間，將傳世的寧夏舊志全部規範整理，成果分批出版，匯編為叢書《寧夏珍稀方志叢刊》。

自元迄清，嚴格意義上的寧夏舊志有38種，[1] 傳世的寧夏舊志有33種，[2] 其中9種為孤本傳世。寧夏舊志中，元代《開成志》成書時代最早，惜已亡佚，完整傳世者最早編修於明代，清代編成者傳世數量最多。傳世舊志中，成於明代者6種，成於清代者20種，成於民國者7種。從

---

[1] 參見胡玉冰《寧夏地方志研究》，附錄一《寧夏地方文獻（舊志）基本情況一覽表》，中國社會科學出版社2012年版，第524頁至527頁。

[2] 參見胡玉冰《寧夏地方志研究》，附錄二《傳世的寧夏地方文獻（舊志）基本情況一覽表》，中國社會科學出版社2012年版，第528頁至529頁。

舊志編纂類型看，有通志 7 種，分志（州志、縣志）26 種。除中國外，日本、美國等也藏有寧夏舊志。日藏數量最多，種類較全，8 家藏書機構共藏有 13 種原版舊志，其中兩種為孤本，主要通過商貿活動與軍事掠奪這兩種方式輸入寧夏舊志。寧夏舊志整理研究工作主要始於 20 世紀 80 年代，在文獻著錄、綜合或專題研究、文本整理刊佈等方面取得了一定的成就，[①] 為寧夏文史研究奠定了資料基礎。但也要實事求是地認識到，隨著各種與寧夏有關的新資料的不斷發現，尤其是多學科研究視角的不斷創新，已有成果中存在的諸多不足越來越明顯。如在文獻著錄時因部分舊志未能目驗，或者學術見解不同，致使著錄內容存在分歧甚至錯誤。研究成果多為概括性、提要式介紹，多角度、多學科深入分析的成果缺乏。整理成果只是部分解決了舊志存在的文字或內容問題，整理方法不規範、質量不高的現象較為突出。學術發展的需要，要求舊志整理要更加規範化，整體質量要進一步提高。整理研究寧夏舊志，需要科學的理論與方法來指導。在充分吸收他人學術經驗的基礎上，通過整理研究實踐工作，我們也形成了一些自己的認識，在此想總結出來，與大家一起探討。

一　整理前的準備工作

整理舊志，前期需要全面了解整理對象，對其編修者、編修經過、主要內容、文本的語言風格、版本傳世情況等要深入研究。規範整理舊志，要以扎實的研究成果為基礎，以便選擇最佳底本，準備合適的參校文獻，制定規範的整理方法。

（一）確定整理對象

為保證舊志整理工作的順利開展，提高工作效率，確定整理對象是正式開始舊志整理前首先要做的，也是必須要做的工作。確定整理對象時，要綜合分析其學術價值、史料價值、傳世情況及今人閱讀理解該對象的困難程度等，一方面要認真通讀原作，另一方面，要同步查檢古今目錄文獻對原作的著錄情況。

[①] 參見胡玉冰《寧夏地方志研究》，附錄三《寧夏舊志整理出版情況一覽表》、附錄四《寧夏舊志及其編纂者研究論文索引》，中國社會科學出版社 2012 年版，第 530 頁至 542 頁。

通讀原作，有助於全面了解志書的內容及其史源、結構體例及其語言特點等情況。對內容及其史源的了解，可以幫助我們確定該志有無整理的必要。如傳世的民國十四年（1925）朱恩昭修纂 6 卷本《豫旺縣志》一直被學界當作寧夏同心縣重要的地方文獻在利用。實際上，這部舊志是撮抄之作，並非編者獨立編修。編纂者直接把（民國）《朔方道志》中與同心縣前身鎮戎縣有關的內容撮抄出來，參考《朔方道志》的體例，再雜以（光緒）《平遠縣志》的部分內容，把資料匯為一編，取名《豫旺縣志》行世。在明晰了《朔方道志》與《豫旺縣志》的關係後，我們認為沒有必要再整理《豫旺縣志》，只需將《朔方道志》整理出來即可。

　　對舊志結構體例的了解有助於對舊志存真復原。如天津古籍出版社 1988 年版《寧夏歷代方志萃編》、海南出版社 2001 年版《故宮珍本叢刊》等叢書都影印出版了明朝楊壽等纂修的（萬曆）《朔方新志》，所據底本原有補版現象，某些版面的內容重複，特別在卷二有幾處嚴重的錯頁、錯版現象，天津、海南的影印本都未能給予糾正。這些問題若不能發現，整理成果就會出現內容錯亂現象。

　　每種舊志的編修都有其具體的時代背景，舊志的語言與內容一樣具有時代性，通讀舊志，了解其語言特點，掌握其語言規律，有助於更好地開展標點、分段工作。凡古籍，遣詞造句都有一定的時代風格和特點，只要其內容或文字無誤，就不能按當代行文習慣或理解對原文進行增、刪、改等，否則就是替古人寫書。有些舊志語句原本就是通順的，符合特定時代的語言規範，若整理者在原志語句中隨意增加"之""於""以"等字，看似符合當代人的閱讀習慣了，實則畫蛇添足。

　　同步查檢古今目錄文獻對舊志原作的著錄情況，將著錄內容與通讀舊志時了解的情況相對照，一方面，可以加深對舊志基本情況的了解，使得對舊志的了解更具條理性。另一方面，可以驗證著錄是否準確，糾正存在的問題，以求對舊志基本信息的了解更符合實際。如朱栴編修的《寧夏志》，明朝周弘祖編《古今書刻》上編中就有著錄，這是目錄學著作中最早著錄《寧夏志》的。張維 1932 年編《隴右方志錄》時，據（乾隆）《寧夏府志》所載內容著錄《寧夏志》，由於他未經眼《寧夏志》，以為該書已佚，故著錄其為佚書，且將書名誤著錄為《永樂寧夏志》，《寧夏地方志存佚目錄》《稀見地方志提要》等，都沿襲了張維的錯誤。較早披露日藏《寧夏志》信息的是《日本主要圖書館研究所所藏中國地方志總合目錄》，但將"朱栴"誤作"朱楗"。《中國地方志聯合目錄》《寧夏地方文獻聯合目錄》《甘肅省圖書館藏地方志目錄》《中國地方志總目提要》等對《寧夏志》也作了著錄或提要。其中《中國地方志聯合目錄》以《寧夏志》重刻時間定其書名為《萬曆寧夏志》，巴兆祥《中國地方志流播日本研究》下編《東傳方志總目》沿襲此說。

(二) 了解整理對象的研究現狀

確定整理對象，並對其有基本的認識和了解後，還需要梳理、分析整理對象的學術研究現狀，主要包括目錄著錄、研究論著、整理成果等三方面的信息。

1. 目錄著錄

查檢古今目錄的著錄內容，可以對舊志修纂者、卷數、流傳、內容、館藏、版本等情況有基本的了解。對著錄的每一條信息，都要結合原志進行核查，發現問題，一定要深入研究。如《中國地方志聯合目錄》《甘肅省圖書館藏地方志目錄》均著錄了一部（乾隆）《平涼府志》，為"清乾隆間修，光緒增修，抄本"。[①] 此書孤本傳世，原抄本藏於南京圖書館，甘肅省圖書館有傳抄本，筆者在開展陝甘舊志中寧夏史料輯校工作時，最初設想把此志作為重要的參校文獻。國家圖書館出版社 2012 年版《南京圖書館藏稀見方志叢刊》第十五和第十六冊即為《平涼府志》。筆者通過研究發現，古代目錄書中沒有著錄過乾隆時期編修的《平涼府志》，且乾隆以後的平涼各舊志的編纂者也未曾提到過乾隆時期編修《平涼府志》一事，通過對比發現，南圖藏本實際上是撮抄（乾隆）《甘肅通志》中的平涼府部分而成，且成書時間不會早於同治十三年（1874），故其雖為孤本，但無校勘整理價值，所以我們放棄了以此書做參校本的最初設想。

2. 研究論著

充分梳理、分析他人對整理對象的研究成果，一方面，可以使我們清晰地看到學界對整理對象研究的角度及深入程度，避免重複勞動。另一方面，發現已有成果中存在的問題，結合自己的研究糾正這些問題，提高對整理對象的研究水準。如現藏於日本東洋文庫的海內外孤本（光緒）《寧

[①] 中國科學院北京天文臺編：《中國地方志聯合目錄》，中華書局 1985 年版，第 212 頁。

靈廳志草》是研究寧靈廳的一手材料，張京生最早撰文研究，[①] 巴兆祥研究最為詳實，[②] 胡建東、張京生提供了整理文本。[③] 各家整理研究各有優長，部分整理研究成果亦多值得商榷之處。通過研究，我們的結論是：該本係編纂者稿本，正文內容有 67 頁。是書類目設置上全同《甘肅通志》，撰寫方法及輯錄內容則多同（嘉慶）《靈州志蹟》。因其非定稿，故編修體例、內容、文字等方面尚需進一步完善、充實、修訂，但其在研究寧靈廳歷史、地理、經濟、教育、語言等方面的價值還是應該值得肯定。

3. 整理成果

充分重視研讀已有的整理成果，可以幫助我們了解目前整理所達到的水準，明確重新整理所要達到的目標。如《寧靈廳志草》出版過兩種整理本，通過比較研究，我們發現，兩種整理本在整理體例、整理方式、整理結論等方面都存在缺憾。兩書出現多處標點錯誤，誤識原抄本文字，任意剪接原書內容，變亂原書體例，校勘粗糙，原稿中的多處錯誤未能校出，注釋不嚴謹，出現多處誤注現象，等等。有鑒於此，儘管《志草》已出版了兩種整理本，但我們決定還是要重新整理它。

（三）確定底本，選擇參校本及其他參考文獻

通過查檢目錄著錄，實地開展館藏調查，將目驗的各本進行分析比較，梳理出舊志的版本系統後，最終確定一種為工作底本。原則上，底本當刊刻或抄錄質量較優，內容最全。底本確定後，還要確定一批參校本和他校資料。一般而言，若舊志版本系統不複雜，建議將傳世各本都列為參校本，以最大限度地發現底本中存在的問題，整理出最優的文本。

他校資料的選擇，在通讀舊志時就開始着手進行。整理者可在通讀原本的基礎上，將舊志中明確提到的他書文獻進行梳理，列為基本參考文獻，並在其後的整理實踐中不斷充實、完善。他校資料的確定，有的可以根據舊志本身提供的信息來選擇。如《弘治寧夏新志·凡例》言："宦蹟在前代者據正史，在國朝者序其時之先後而不遺其人，備參考也。"這就

[①] 張京生：《〈寧靈廳志草〉考述》，《圖書館理論與實踐》1992 年第 1 期；《歷史的見證——日本藏清稿本〈寧靈廳志草〉的學術價值探析》，《圖書館理論與實踐》2008 年第 6 期。

[②] 巴兆祥：《日本藏孤本寧夏〈寧靈廳志草〉考述》，《寧夏社會科學》2002 年第 5 期。

[③] 《寧靈廳志草》，寧夏人民出版社 2008 年版胡建東整理本；陽光出版社 2010 年版張京生整理本。

提示我們，校勘《弘治寧夏新志》的《人物志》《宦蹟》時，一定要以正史如《史記》《漢書》等為他校材料。《凡例》又說："沿革、赫連、拓跋三《考證》，悉據經史及朱子《通鑒綱目》、本朝《續綱目》摘編。"這提示我們，《弘治寧夏新志》的三卷考證內容，必須要以宋朝朱熹、趙師淵撰《資治通鑒綱目》、明朝商輅撰《續資治通鑒綱目》為基本的對校資料。《凡例》之後的《引用書目》列舉了編修《弘治寧夏新志》所引的42種文獻，基本按引書成書時代排序。這些文獻，只要有傳世，就一定要將其列入參考文獻之中，因為它們都是《弘治寧夏新志》最直接的史料來源。

　　選擇他校資料時，切不可畫地為牢，只關注某一地區，而是要結合一地的地理沿革情況，擴大他校資料的搜集範圍。歷史上，西北地方陝甘寧三地的地緣關係和政治、文化等關係都非常密切。寧夏在明朝隸屬陝西布政使司管轄，在清朝則隸屬甘肅省管轄，成於明清時期的陝西、甘肅地方文獻特別是舊地方志中，散見有非常豐富且重要的寧夏歷史資料。（嘉靖）《陝西通志》、（萬曆）《陝西通志》、（康熙）《陝西通志》等三志是陝西舊通志中寧夏史料最豐富者。（嘉靖）《平涼府志》所載明朝固原州、隆德縣史料非常系統、豐富。（乾隆）《甘肅通志》、（宣統）《甘肅新通志》是甘肅舊通志中寧夏史料最豐富者。上述六種陝甘舊志中的寧夏史料，為明清寧夏舊志編纂提供了最豐富、最系統的基本史料。明清寧夏舊志多因襲陝甘通志的材料和編纂體例。如寧夏（萬曆）《朔方新志》自（嘉靖）《陝西通志》取材，嘉靖、萬曆《固原州志》自（嘉靖）《平涼府志》取材，（光緒）《花馬池志蹟》自（嘉慶）《定邊縣志》取材，（乾隆）《寧夏府志》、（民國）《朔方道志》從體例到內容分別受（乾隆）《甘肅通志》、（宣統）《甘肅新通志》的影響，等等。同時，明清時期的寧夏舊志也是研究陝甘文史、整理陝甘舊志的重要資料，如明朝正德、弘治、嘉靖三朝《寧夏志》成書時間均早於（嘉靖）《陝西通志》，都可為整理後者提供重要的參校資料。所以，整理陝、甘、寧任何一省的舊志，尤其是通志及相鄰地區的舊志，確定他校資料一定要同時關注另外兩省的舊志資料。

　　另外，出土文獻和檔案材料也是重要的他校資料，過去的研究者均未予重視。如慶靖王朱㮵之名，文獻中還出現過"朱梅""朱旃"等兩種寫法，筆者據出土於寧夏同心縣的《慶王壙志》，結合明清傳世文獻，考證認爲，慶王之名當爲"朱㭎"而非"朱栴"，更非"朱㫤"。再如，《寧夏府志》卷十三《人物》載，寧夏鄉賢謝王寵"壽七十三卒"，而據寧夏靈武出土的《清通議大夫謝觀齋墓志銘》載，謝王寵生於康熙十年（1671），卒於雍正十一年（1733），享年六十三（虛歲），故可據以改正《寧夏府志》記載的錯誤。

（四）編寫校注說明

校注說明的主要作用有二，一是規範整理方法，二是方便利用整理成果。校注說明要扼要、準確，方法力求易於操作，切忌繁瑣。一篇規範的校注說明是需要反覆完善的。舊志正式整理之前，可先據常規的古籍整理規範，就標點、注釋、校勘等工作草擬出基本的校注要求，選擇部分舊志內容先開展預備性整理工作。再結合遇到的具體問題，對校注說明不斷完善。凡多人合作開展舊志整理工作，或在相對固定的時間內整理多部舊志時，校注說明的這些完善步驟尤其重要。必要時，可選擇典型問題，集體討論，形成統一意見。待整理方法合乎規範、易於操作之後，再最後定稿校注說明，讓它成爲大家都要遵守的原則要求，不能輕易改變。

二　整理的具體環節及方法

整理的前期準備工作結束後，就進入具體的整理環節了。下面主要從"錄文""標點""校勘""注釋"等幾方面談談具體的整理方法。

（一）錄文、標點

具體整理舊志的第一個環節就是錄文。高質量地將底本文字轉錄爲可以編輯的文檔，可以有效減少由出版機構照原手稿重新錄排造成的錯誤。一般來說，錄文要求在內容上一仍底本原貌（包括卷帙、卷次、文字、分段等），不改編，以保持內容的原始性、完整性和獨立性，便於整理者與底本對校。將以繁體字出版的舊志，特别需要重視底本存在的異體字、俗體字、通假字、古今字等用字現象，除因特殊的出版要求外，志書原字形不當以意輕改。如有的整理者改"昏"爲"婚"，改"禽"爲"擒"，改"地里"爲"地理"，等等，均顯係誤改。利用軟件進行繁簡字轉換時，要注意其識別率。有些簡體字，軟件無法將其轉換成繁體字，有些甚至會轉換錯誤，如動詞"云"誤轉作"雲"，地支"丑"誤轉作"醜"，職官名"御史"誤轉作"禦史"，表示距離的"里"誤轉作"裏"。因出版要求，還要注意新舊字形問題，如"戶""呂""吳""黃""彥"等為舊字形，相對應的新字形則是"户""吕""吴""黄""彦"。舊志用字，常有字形前後不一現象，如"强、彊、強""蹟、跡、迹""敕、勅、勑""為、爲"等幾組字，可能會在同一部舊志中交替出現，這類字的字形統一當慎重。整理時原則上遵從舊志原版的用字習慣，盡量用原書字形（俗字或異體字）。多種字形混用者，可統一為出現頻次較多的字形。但有的整理者將"並、幷、竝、併""采、彩、綵、採""升、陞、昇"三組字分別統改為"並""采""升"，就很值得商榷了。

不同的字形，若有其特殊的用途或意義，就不能隨意地合并統改。特別是地名用字，一定不能以今律古。如寧夏平羅縣之"平羅"係清朝開始使用的地名用字，（萬曆）《朔方新志》卷一《地理》中作"平虜"，（康熙）《陝西通志》卷二《疆域·寧夏衛》避清朝諱改作"平羅"。整理時不能將《朔方新志》的"平虜"改為"平羅"，因為明朝原本就叫"平虜"，清朝因避諱而改，因此不能因其今名而改動明朝舊志的地名用字。同樣，整理清朝舊志，就需要把明朝的地名回改為當時的用字。如《乾隆寧夏府志》卷二《地里·疆域·邊界》"北長城"條"雖有平虜城""以故於平虜城北十里許"兩句，"平虜"原均作"平羅"，當據《朔方新志》卷二《外威·邊防》回改為"平虜"。

整理者錄文時對文稿要做一定的文檔編輯工作，認真閱讀原志，合理區別內容層次及隸屬關係，規範標注各級標題。舊志常用不同的版式風格和大小字體來區分不同類型的內容，錄文時要給予充分的考慮。舊志常用不同類型的符號來標示內容的層級隸屬關係，充分理解了這一點，有助於錄文時對內容進行分段。舊志原版中多雙行小字，有的雙行小字是補充說明性質的文字，有的雙行小字是解釋性文字。錄文排版舊志原版中的雙行小字，若字體、字號同正文文字，就有可能使讀者不能正確判斷原志內容的隸屬關係，有的還可能造成標點符號的混亂，影響對文意的理解。故錄文時，最好以不同的字體、字號把舊志原版雙行小字與正文區別開來。

處理舊志中的地圖等圖像文獻時要注意，舊志往往不用一整幅版面來呈現完整的圖像，而是分兩個半版來呈現，今人整理時最好能將其合二為一。合成後的圖像文獻盡可能保持版面清晰，必要時可將原版中模糊不清的字蹟、綫條等修飾清晰，以便他人的正確利用，但有一個原則，那就是不能以意亂改。不要改變原字體，不能改變原綫條走向等，盡量保持原版原貌。有些整理者會請專業的繪圖人員照舊圖另外繪製新圖，上述原則也應該遵守。修飾原版中模糊不清的文字時，盡量結合正文中的相應內容如《疆域》《城池》等內容，避免出錯。

舊志標點，可根據現行標點符號的用法，結合古籍整理的通例，進行規範化標點，具體可參考中華書局編寫的《古籍校點釋例（初稿）》（原載《書品》1991年第4期）。為統一舊志的標點工作，某些要求可以細化。如整理寧夏舊志時統一規定，凡原書中用以注明具體史料出處的"通志""府志""郡志""縣志""新志""舊志"之類，能考證確定所指文獻者，在正文中均加書名號，標點作《通志》《府志》《郡志》《縣志》《新志》《舊志》，並腳注說明具體所指文獻。如："府志：指（乾隆）《寧夏府志》。"凡不能確定具體所指者，則不加書名號，亦腳注說明。如："縣志：具體所指文獻不詳。"

（二）注釋

以往舊志整理，多注重對疑難字詞、典故、人名、地名等的注解，為進一步提高舊志的利用價值，還應加強以下幾方面內容的注釋工作：

1. 史料出處的注釋。舊志於行文中有時會注明史料出處，但無定制，如朱栴《寧夏志》卷上《河渠》所引史料出處包括："酈道元水經""周禮""西羌傳""唐吐蕃傳""李聽傳""地理志""會要""元和志""元世祖紀""張文謙傳""郭守敬傳"等，考諸其文，分別指酈道元《水經注》、《周禮·地官司徒·遂人》、《後漢書》卷八七《西羌傳》、《新唐書》卷二一六下《吐蕃傳》、《新唐書》卷一五四《李晟傳附李聽傳》、《新唐書》卷三七《地理志》、《唐會要》、《元和郡縣圖志》、《元史》卷五《世祖本紀》、《元史》卷一五七《張文謙傳》、《元史》卷一六四《郭守敬傳》，如果整理者不對其引文細加考究並給予注明，讀者恐怕很難判斷引文的具體出處。

2. 原文體例中資料互見者的注釋。地方舊志行文時，常常會出現"見前""見《進士》""見《藝文》""詳見《人物》""詳見《鄉賢》"等字樣，對這些內容進行注釋，一方面可以驗證原志記載是否可信，另一方面，省去讀者查檢之勞。

3. 干支紀年及缺省内容的注釋。舊志紀年多以干支爲主，有的会承前省略帝王年号，有些行文中常常不出現人物全名，只称某公，或只称其职官名，具體年代及人物在原文中沒有交代，故整理者當結合上下文來注釋，以幫助讀者正确理解。如多種寧夏舊志中均收錄有唐朝楊炎《靈武受命宫頌并序》一文，其中有"丁卯，廣平王俶、太尉光弼、司徒子儀、尚書左僕射冕、兵部尚書輔國"句。"丁卯"指何時，廣平王等具體指何人，若不熟悉該序寫作時間及歷史背景的話，很難搞清楚。整理者通過查檢文獻注明，"丁卯"即唐玄宗李隆基開元十五年（727），人物分別指廣平王李俶、太尉李光弼、司徒郭子儀、尚書左僕射裴冕、兵部尚書李輔國，這樣的說明顯然有助於更好地理解原文。

（三）校勘

以往寧夏舊志的整理本中，有價值的校勘成果非常少見，由此更說明，舊志整理一定要加強校勘工作。校勘的方法，常用的是校勘四法，即對校、本校、他校、理校，此四法往往需要綜合運用，不能只是簡單地運用其中的某一種方法。筆者校勘《寧夏志》卷上《祥異》"永樂甲戌歲金波湖產合歡蓮一"句，查明成祖"永樂"年號紀年干支名（自癸未至甲辰，1403—1424）中無"甲戌"。《寧夏志》卷下《題詠》錄有凝真（朱栴之號）七律《戊戌歲金波湖合歡蓮》一首，所詠即爲永樂年間金波湖出"祥瑞"合歡蓮一事。故知"永樂甲戌歲金波湖產合歡蓮一"句中"甲戌"當作"戊戌"，永樂戊戌歲即永樂十六年（1418）。

古籍整理要充分吸收已有研究成果，以最大限度地減少原始文本中存在的錯誤，避免利用者以訛傳訛。朱栴編修《寧夏志》卷下錄有兩篇重要的西夏文獻，其中《大夏國葬舍利碣銘》有"大夏天慶三年八月十日建"句，朱栴考證後認爲，葬舍利時間"乃夏桓宗純佑天慶三年、宋寧宗慶元二年丙辰也"。寧夏舊志編者甚至許多當代學者都認同這一結論。據牛達生《〈嘉靖寧夏新志〉中的兩篇西夏佚文》考證，"天慶三年"句當作"大慶三年"，故朱栴的考證結論當改作"乃夏景宗元昊大慶三年、宋仁宗景祐五年戊寅也"。

校勘所用他校資料不能失之過簡，亦不能失之過濫，某些關係明確的他書資料當作爲重要的他校資料重點利用，如《寧夏府志》大量内容來自（萬曆）《朔方新志》和（乾隆）《甘肅通志》，我們就要將這兩種舊志作爲《寧夏府志》最主要的他校資料。關於這一點，可以結合整理前要進行參校文獻篩選工作來理解。校勘成果的表達要規範、簡練，術語使用要準確。校勘時凡改必注，改動一定要有堅實的證據，否則只出異文即可。

三　整理研究舊志規範

（一）整理力求存真復原

整理舊志，不能變亂舊式，隨意在原文中增加原本沒有的文字内容，切忌以今律古。舊志，特別是明清舊志，都有一定的編修體式，不應隨意去變亂它。如許多舊志每條凡例之前都會有"一"這一符號，以使凡例眉目清晰，可有的整理者誤認爲其爲序號，將其改成阿拉伯數字或漢語數目字等。有舊志整理者爲便於讀者統計，往往在山名、河名、人名、詩題、文題等之前添加序數詞，看似眉目清晰了，實則違反了古籍整理的原則。實際上，古人在刻舊志時，往往有一套符號系統表示層次及隸屬關係，今人的隨意增加，實在有畫蛇添足之嫌。更有甚者，會調整原書内容的次序、位置，任意刪併原志，這就完全變成是當代整理者編修的地方志了。宋人彭叔夏在其《文苑英華辨證自序》中記載："叔夏嘗聞太師益公先生（指宋人周必大）之言曰：'校書之法：實事是正，多聞闕疑。'"舊志整理要力求做到存真復原，按照一定的整理原則對舊志進行規範的整理。

（二）研究需要實事求是

評價舊志，一定要事實求是，充分了解舊志編纂的時代性特點，不可苛求古人、求全責備。評價一部舊志的價值，常常從體例、内容兩方面着手，而内容猶重。譚其驤先生曾說過："舊方志之所以具有保存價值，主要在於它們或多或少保留了一些不見於其他記載的原始史料。"[①] 這實際上要求我們，在評價舊志内容價值時，要區別看待，只有獨見於志書的内容價值才更高些，而那些因襲其他志書，或者自其他史書中摘抄的内容，

---

① 譚其驤：《地方史志不可偏廢，舊志資料不可輕信》，載《中國地方史志論叢》，中華書局1984年版，第12頁。

其價值就要另當別論了。如寧夏舊志，其科舉、賦稅、公署、學校、藝文等資料多獨見於志書者，而人物類資料多自他志承襲，評價內容價值時，就要慎言人物類資料的價值。另外，寧夏舊志承襲前代史料時多未加以辨別考證，致使其中的錯誤也被承襲，甚至錯上加錯。如隋朝人柳或徙配地在"朔方懷遠鎮"，自明朝《弘治寧夏新志》始，一直被作為流寓寧夏的歷史名人而載之史册。明朝胡侍《真珠船》"懷遠鎮"條考證認為，柳或徙配地"朔方懷遠鎮"在遼東，與今寧夏無關。《弘治寧夏新志》《嘉靖寧夏新志》《嘉靖陝西通志》《朔方新志》等均誤以為柳或流放在今寧夏故地，故載柳或為寧夏流寓者。（乾隆）《甘肅通志》亦襲其說。過去研究寧夏舊志者都僅限於舊志本身談其價值，沒能從史料流傳上分析其價值。如評價《銀川小志》內容及學術價值時，有學者認為該志幾乎將與寧夏有關的歷代詩文全部輯錄在志書中，所輯錄的水利、學校、風俗等資料都很有研究價值，等等，這些觀點值得進一步商榷。實際上，《銀川小志》相當多的內容都是照錄明朝人所編寧夏舊志，並非汪繹辰的獨創。從內容的完整性和全面性來看，該志尚不能與明朝所編的寧夏舊志相比。有學者認為，寧夏舊志中以資料而論有三條最為珍貴，其中的一條就是《寧夏府志》中的《恩綸記》。可事實上此段史料最早出自《平定朔漠方略》，《寧夏府志》還將左翼額駙"尚之隆"誤抄作"尚之龍"。

　　加強舊志的比較研究，會有助於提升舊志的研究水準。比如，以往從事西北古代文史研究特別是寧夏古代文史研究者常將寧夏舊志當作第一手資料來利用，而從史源學角度看，這些資料實際上並非"一手"，而多是從陝甘地方志中輯錄的。從現有的寧夏舊志整理成果看，學者也多沒有把陝甘方志資料當作必需的參校資料來利用，致使寧夏舊志沿襲自陝甘方志的文字錯訛衍倒、內容遺漏及新增的文字、內容錯誤問題都沒有得到糾正，使後人以訛傳訛。同時，從事陝甘古代文史研究、開展陝甘舊方志整理研究，也要注意借鑒寧夏舊志的整理研究成果。辨明史料正誤，以避免以訛傳訛。

（三）成果確保完整呈現

　　一部完整的舊志整理之作，至少要包括五部分內容：第一，前言。主要介紹舊志的整理研究現狀、編修始末、編修者、版本、內容、價值等方面。第二，校注說明。說明底本、校本等選擇情況，列舉標點、注釋、校勘等原則。第三，新編目錄。舊志一般都有原編目錄，但不便今人利用，故要據整理成果編輯眉目清晰、層次分明、使用方便的新目錄。第四，舊志正文。第五，參考文獻。目前出版的舊志中，有些不列舉參考文獻，有些參考文獻或按文獻出版時間排序，或按在文中出現的順序排序，或按書名、作者名首字的音序排序，這些都起不到指導學術研究的作用。參考文獻要便於按圖索驥，最好能分類編排。依四庫法進行排列，就是很好的選擇。某些舊志，可根據需要增加索引、附錄等內容。編索引可方便使用者查找相關專題資料，附錄可在一定程度上彌補舊志正文內容不足的缺點。如民國時期寧夏地區對土地、資源等進行過較為詳細地調查，形成的調查報告是最原始的檔案資料，這些資料往往散見且不能單獨成書，但它們對有關舊志而言具有很好的補充作用，故應該在附錄中予以保留。

作為《寧夏珍稀方志叢刊》主編，筆者非常感謝對本叢書出版給予支持的各位學界同仁、學校領導、研究生、責任編輯及家人們。劉鴻雁、柳玉宏、邵敏、蔡淑梅等寧夏大學人文學院青年教師作為本叢書首批成果的作者，盡心盡力，不厭其煩，堅持不懈，保證了書稿的學術質量，為完成好本項目帶了個好頭。按計劃，田富軍、安正發等老師將會在本叢書計劃框架內陸續出版整理成果，期待他們也能推出高質量的學術成果。2011年為寧夏大學"學科建設年"，感謝何建國校長、謝應忠副校長，感謝部門領導王正英、李建設、陳曉芳等老師的大力支持，在他們的直接推動下，以筆者為學術帶頭人，配合學校開展的學科基層組織模式改革試點工作，組建了"寧夏地方民族文獻整理及阿拉伯伊斯蘭文化研究"學術團隊。寧夏大學提供的制度保障和經費支持促成本學術團隊不斷推出新成果，步入了良性發展階段，本叢書順利出版，當是本團隊對學校的最好回報。人文學院研究生在本叢書出版過程中也貢獻良多。孫佳、韓超、孫瑜、曹陽等是本叢書首批成果的作者，張煜坤、何玫玫、馬玲玲、魏舒婧、穆旋、徐遠超、孫小倩、李甜、李荣、張倩、曲絨、張娜娜、劉紅、蒲婧、王敏等同學在舊志整理、書稿校對過程中也付出了辛勤的勞動。這些同學中有的已畢業離校，有的還將繼續求學。無論他們將來身處何方，從事何種工作，大家共同追求學術的這段經歷應該是難忘的。研究生同學的青春朝氣讓我更加堅信：薪火相傳，學術常新。出版社張林等責任編輯的精心審讀，也讓本叢書學術質量得到了提升。本叢書的順利出版，也要感謝各位作者家人的理解與支持——你們默默無聞的奉獻精神，已幻化成萬千文字，在作者的成果中熠熠生輝。學術成績從來就不是無源之水，無本之木。有了巨人的肩膀，我們才會看得更高、更遠。在寧夏，有一批從事地方文獻整理與研究的學者，他們的探索和努力為我們今天的成績奠定了堅實的基礎，吳忠禮、陳明猷、高樹榆等老一輩學者更為我們樹立了治學的榜樣。因篇幅所限，對學界各位同仁，恕不一一列舉大名。

　　此次全面整理寧夏地方舊志，主要由我策劃並組織實施。舊志整理的每一個環節，由我提出具體建議，各舊志底本的選擇、《總序》《前言》《校注說明》的撰寫等也皆由我完成。具體整理過程中，各團隊成員所取得的注釋或校勘等學術成果大家互享，這也體現了我們團隊合作的特色。宋朝沈括在《夢溪筆談》卷二五《雜志二》記載："宋宣獻博學，喜藏異書，皆手自校讎，常謂'校書如掃塵，一面掃，一面生。故有一書每三四校猶有脫謬。'"宋綬（諡曰"宣獻"）家藏萬卷，博校經史，猶有"校書如掃塵"的感概，我輩於整理寧夏地方舊志而言，只能說："盡心而已！"更如《诗經·小雅·小旻》所詠："战战兢兢，如临深渊，如履薄冰。"我們從主觀上力求圓滿，但因學識水平所限，成果中訛誤之處肯定在所難免，敬請學界同仁批評指正。

2015 年 7 月 23 日於寧夏銀川

目　錄

前言 …………………………………………… 胡玉冰(1)
校注說明 ……………………………………………… (1)

（光緒）花馬池誌蹟

輿圖 ………………………………………………… (3)
城圖 ………………………………………………… (4)
歷代沿革表第一 …………………………………… (5)
星野誌第二 ………………………………………… (5)
　躔次 ……………………………………………… (7)
　五星 ……………………………………………… (7)
　步天歌 …………………………………………… (7)
地里山川誌第三 …………………………………… (8)
　地里 ……………………………………………… (9)
城池堡寨誌第四 …………………………………… (9)
公署學校誌第五 …………………………………… (11)
　公署 ……………………………………………… (11)
　學校 ……………………………………………… (11)
　官局 ……………………………………………… (12)
壇廟名勝誌第六 …………………………………… (12)
風俗土產誌第七 …………………………………… (12)
　風俗 ……………………………………………… (12)
　物產 ……………………………………………… (15)
古蹟誌第八 ………………………………………… (16)

長城 …………………………………………………………（16）
　　鹽州廢城 ………………………………………………（17）
丁稅賦額誌第九 ………………………………………（17）
　　丁稅賦額 ………………………………………………（17）
　　鹽法 ……………………………………………………（18）
　　戶口 ……………………………………………………（18）
職官姓氏誌第十 ………………………………………（19）
　　州同歷任姓氏 …………………………………………（19）
　　舊設"副將" ……………………………………………（21）
營防驛遞誌第十一 ……………………………………（22）
　　營汛 ……………………………………………………（23）
　　驛遞 ……………………………………………………（24）
歷代宦蹟誌第十二 ……………………………………（24）
　　歷代宦蹟 ………………………………………………（25）
人物鄉獻誌第十三 ……………………………………（34）
　　進士 ……………………………………………………（38）
　　舉人 ……………………………………………………（38）
　　貢生 ……………………………………………………（39）
　　武進士 …………………………………………………（40）
　　武舉 ……………………………………………………（40）
忠孝義烈誌第十四 ……………………………………（41）
　　明 ………………………………………………………（41）
　　清 ………………………………………………………（41）
藝文誌第十五 …………………………………………（43）
　　請復兵餉原額疏 ……………………………楊應聘（43）
　　鹽法議 ………………………………………張　鍊（46）
　　朔方形勝賦 …………………………………曹　璉（50）
　　鐵柱泉記 ……………………………………管　律（52）
　　重修邊墻記 …………………………………趙時春（54）
　　東長城關記略 ………………………………齊之鸞（56）
　　平虜大捷記 …………………………………康　海（57）
　　九日登花馬池城 ……………………………王　瓊（61）

興武暫憩	楊一清(62)
鹽州過飲馬泉	李　益(62)
宿小鹽池	石茂華(62)
邊墻	楊芳燦(63)
前題	郭　楷(63)
前題	侯士驤(63)
前題	秦崙源(63)
前題	俞　訥(64)
前題	楊承憲(64)

歷代祥異誌第十六 …………………… (64)

（民國）鹽池縣志

鹽池縣形勢畧 …………………… (69)
鹽池縣志序 …………………… (70)
鹽池縣志凡例 …………………… (70)
鹽池縣志目錄 …………………… (71)
地理志卷一 …………………… (72)
 疆域 …………………… (72)
 沿革 …………………… (73)
 形勝 …………………… (73)
 山川 …………………… (73)
 古蹟 …………………… (76)
 風俗 …………………… (78)
 變異 …………………… (81)
建置志卷二 …………………… (82)
 設縣 …………………… (82)
 城垣 …………………… (82)
 公署 …………………… (83)
 公所 …………………… (84)
 壇廟 …………………… (85)
 堡寨 …………………… (87)

關梁 …………………………………………………（88）

　　倉庫 …………………………………………………（88）

　　警察 …………………………………………………（89）

　　郵政 …………………………………………………（89）

　　市集 …………………………………………………（89）

田賦志卷三 …………………………………………………（89）

　　額賦 …………………………………………………（89）

　　鹽法 …………………………………………………（90）

　　統捐 …………………………………………………（98）

行政區劃卷四 ………………………………………………（99）

　　附《鄉保表》 ………………………………………（99）

　　附《人口表》 ………………………………………（100）

教育志卷五 …………………………………………………（100）

　　學額 …………………………………………………（100）

　　社學義學 ……………………………………………（101）

　　學校 …………………………………………………（101）

　　現在學校數額及分佈 ………………………………（101）

　　社會教育 ……………………………………………（102）

兵防志卷六 …………………………………………………（102）

　　兵制 …………………………………………………（102）

　　防地 …………………………………………………（102）

　　營盤 …………………………………………………（104）

　　禦邊 …………………………………………………（104）

職官志卷七 …………………………………………………（105）

　　歷代官制 ……………………………………………（105）

　　歷代職官 ……………………………………………（107）

　　宦蹟 …………………………………………………（113）

　　鄉宦 …………………………………………………（116）

人物志卷八 …………………………………………………（122）

　　義行 …………………………………………………（122）

　　孝友 …………………………………………………（123）

　　忠義 …………………………………………………（123）

節烈 …………………………………………………… （124）
選舉志卷九 ……………………………………………… （125）
藝文志卷十 ……………………………………………… （126）
　　鐵柱泉記 …………………………………… 管　律（126）
　　重修邊墻記 ………………………………… 趙時春（128）
　　東長城關記略 ……………………………… 齊之鸞（129）
　　平虜大捷記 ………………………………… 康　海（130）
　　鹽法議 ……………………………………… 張　錬（132）
　　鹽州過飲馬泉 ……………………………… 李　益（135）
　　城鹽州 ……………………………………… 白居易（135）
　　九日登花馬池城 …………………………… 王　瓊（136）
　　宿小鹽池 …………………………………… 石茂華（136）
　　防秋花馬池 ………………………………… 石茂華（136）
經濟志卷十一 …………………………………………… （136）
　　出産 ……………………………………………………（136）
　　畜牧 ……………………………………………………（143）
歷史志卷十二 …………………………………………… （144）

參考文獻 ……………………………………………… （147）
　一　古代文獻 …………………………………………… （147）
　二　現當代文獻 ………………………………………… （152）

前　言

胡玉冰

　　鹽池縣舊志傳世者有（光緒）《花馬池誌蹟》、（民國）《鹽池縣志》等兩種。文獻記載尚有《花馬池考》一種，惜其不傳。

　　《千頃堂書目》卷八、《明史》卷九七《藝文志》均載，楊守謙著有《大寧考》一卷，又《紫荆考》一卷，又《花馬池考》一卷。[①] 楊守謙，字允亨，徐州（今江蘇徐州市）人。《明史》卷二〇四、《江南通志》卷一四四、《山西通志》卷八五等有傳。其父楊志學，字遜夫，弘治六年（1493）進士。《大清一統志》卷七〇載，嘉靖十年（1531）巡撫寧夏。《甘肅通志》卷二七《職官》載楊志學任巡撫寧夏都御史。同書卷三〇《名宦》載，楊志學以右副都御史巡撫寧夏，奏改稅糧，以蘇民困。創築威遠、平遠、靖遠三堡，以遏寇路，民皆德之。累官刑部尚書，卒，謚曰康惠。

　　楊守謙爲楊志學長子。守謙登嘉靖八年（1529）進士。擢巡撫山西。十五年（1536）移撫延綏。二十九年（1550）移撫保定，以勤王獲罪。卒，隆慶初贈兵部尚書，謚曰恪湣。

一　（光緒）《花馬池誌蹟》

　　（光緒）《花馬池誌蹟》（簡稱《花馬池》）兩卷，傳世本爲抄本，據該誌所載內容看，最早於光緒三十三年（1907）修成，監修者很可能是

[①] 張維《隴右方志錄補》引《明史·藝文志》載文，著錄佚書《花馬池考》一卷，著者爲明嘉靖時總督楊守禮。張維誤引文獻，著錄者名顯誤。

時任花馬池州同的胡炳勳。

（一）整理與研究現狀

《隴右方志錄》《中國地方志聯合目錄》《寧夏地方文獻聯合目錄》《甘肅省圖書館藏地方志目錄》《中國地方志總目提要》等方志書目對該志都有著錄或提要。[①]高樹榆撰《寧夏方志評述》一文對該志有簡單著錄，所撰《寧夏方志錄》《寧夏回族自治區地方志述評》等文對該志有提要式解題。陳永中《鹽池縣的幾種志書》對《花馬池》編修時間、內容、史源、評價等問題進行了探討。許成《鹽州城考略》、陳永中《古鹽州州址（兼考靈鹽道路）——與許成同志商榷》兩文利用《花馬池》等文獻記載對鹽州城故址所在地展開爭鳴。

《花馬池》原抄本見藏於甘肅省圖書館、甘肅省博物館、浙江省圖書館等處，未見有刻本傳世。1965年，甘肅省圖書館油印一冊本傳世。寧夏圖書館亦有油印本傳世。《寧夏地方文獻聯合目錄》著錄，1983年，鹽池縣縣志編纂委員會據清抄本翻印標點。1988年，天津古籍出版社據甘肅省圖書館抄本影印，編入《寧夏歷代方志萃編》。1990年，蘭州古籍書店出版《中國西北文獻叢書》第一輯之《西北稀見方志文獻》第五十二卷，影印張維藏抄本《花馬池》。該本前附民國十四年（1925）張維題識，內容同《隴右方志錄》提要。2004年，黑龍江人民出版社出版范宗興箋證、張樹林審校《鹽池舊志箋證》，包括《花馬池誌蹟箋證》。箋證本爲深入研究利用《花馬池》提供了便利，但箋證者對原志內容所作的部分校改，如把原志中的"地里"全部改成"地理"，把志書附《城圖》中原圖上的一段文字移植出來但不加注明，都是值得商榷的。

（二）編修者

傳世本《花馬池》未署編修人姓氏。查檢該志，在其《職官姓氏誌第十》所錄任花馬池州同的官員中，最後一位是光緒三十三年（1907）任職的胡炳勳。根據古代修志慣例，《花馬池》極有可能是胡炳勳在任時

[①]《隴右方志錄》著錄書名爲《光緒花馬池誌》。《甘肅省圖書館藏地方志目錄》著錄其館藏1965年油印本爲一冊，《寧夏地方文獻聯合目錄》著錄爲三冊。《甘肅省圖書館藏地方志目錄》又著錄館藏有舊抄本《鹽池縣誌蹟》三冊。

監修的。據《花馬池誌蹟·職官姓氏誌第十》載，胡炳勳系陝西西安府臨潼縣監生，原籍湖南嶽州府巴陵縣，光緒三十三年（1907）任花馬池州同。

(三) 編修方法及內容

甘肅省圖書館館藏《花馬池》共三冊76頁，每頁九行，每行十九字。冊一36頁，①包括《歷代沿革表第一》至《營防驛遞誌第十一》，爲五眼線裝，書衣上貼紅色長書簽，上書"花馬池志書卷壹"。書簽下自左及右依次鈐蓋有"□容斷□"長形陽文朱印、"飲人以龢"長形陽文朱印、"先勞無券"長形陽文朱印、"惴惴小心"方形陽文朱印和"靈州花馬池州同關防"大長形滿漢陽文朱印。首頁和末頁亦鈐蓋有關防大印。冊一書衣上還鈐蓋有"甘肅省立蘭州圖書館藏書"藍色橢圓形印章，書腦左側印有"宣統元年□……"，"年"字後空格處墨書一"正"字，空格後文字已漫漶不清。

冊二31頁，包括《歷代宦蹟誌第十二》《藝文誌第十五》《歷代祥異誌第十六》等三目，書衣上也有紅色書簽，上書"花馬池誌書卷貳"，書衣上鈐蓋有關防大印和甘肅省立蘭州圖書館藏書印，首頁亦鈐蓋有關防大印。

冊三比較特殊，有8頁，書衣上墨書書名"花馬池志"，還另有"內有將才"四字。從內容看，本冊包括《人物鄉獻誌第十三》《忠孝義烈誌第十四》，《忠孝義烈誌第十四》首頁天頭處墨書有"將才"二字。按順序，這部分內容原本當裝訂在第二冊中，但不知何故被單獨成冊了。② 本冊書腦處有藍色鋼筆書寫"此冊應並於第二冊歷代宦蹟之後"十四字，所說極是，惜書寫者不詳。由甘圖藏本鈐蓋關防大印可知，該本原爲花馬池州同所藏，收藏時間大概在宣統元年（1909）正月。

由於《花馬池》傳抄本不署修纂姓氏及修纂年月，亦無序跋，故研

---

① 《職官姓氏誌第十》首頁左半頁與次頁右半頁各重複抄寫了一遍，筆者統計頁碼中減去了這一頁。

② 《寧夏歷代方志萃編》據甘肅圖書館藏抄本影印光緒《花馬池誌蹟》，裝訂時未發現這一問題，仍按原冊之錯誤的順序裝訂，把《藝文誌第十五》《歷代祥異誌第十六》裝訂在《歷代宦蹟誌第十二》後，把《人物鄉獻誌第十三》《忠孝義烈誌第十四》裝訂在《歷代祥異誌第十六》後。

究該志的編修始末無資料可以依賴。張維《隴右方志録》認爲該志類目與［嘉慶］《靈州誌蹟》相似，當爲光緒末年爲修纂寧夏全境之《通志》時官輯之書。當代學者研究也認爲，《花馬池》大部分內容抄自［嘉慶］《靈州誌蹟》。經過比對，此論甚是。

第一，從類目設置上看，該志共分十六目，卷一包括《歷代沿革表第一》《星野誌第二》《地里山川誌第三》《城池堡寨誌第四》《公署學校誌第五》《壇廟名勝誌第六》《風俗土産誌第七》《古蹟誌第八》《丁稅賦額誌第九》《職官姓氏誌第十》《營防驛遞誌第十一》等共十一目；卷二包括《歷代宦蹟誌第十二》《人物鄉獻誌第十三》《忠孝義烈誌第十四》《藝文誌第十五》《歷代祥異誌第十六》等共五目。繪製《輿圖》與《城圖》各一幅，編印時附在《地里山川誌第三》之後、《城池堡寨誌第四》之前。《靈州誌蹟》分爲十八門類，《水利源流誌》《歷代邊防事蹟誌》等兩類目，《花馬池》無，兩志其他類目的立目順序、類目名稱基本一樣。

第二，從內容結構上看，《靈州誌蹟》每志開篇都有一篇簡短的小序，說明立目之由，《花馬池》也仿此。如《歷代沿革表第一》小序曰："地之有志，猶衣服之有冠冕，木水之有本源也。提綱挈領，尋本索源，庶乎端委之有所自焉。花馬池自建置以來，代有更易，迄無志書。苟欲編纂，著手實難。今取歷代沿革，標爲表識，俾觀者庶有所據。"小序談到花馬池舊無專志，故與地方有關的沿革情況不易掌握、瞭解，且編修新的志書難度也比較大，故從已有文獻中將與花馬池有關的資料輯録出來，以便於讀者瞭解。前文述及，《靈州誌蹟·歷代沿革表志第一》包括《沿革表》《靈州建置沿革》和《一統志·靈州沿革表》等三部分內容，《沿革表》是寧夏府及其所轄四縣（寧夏縣、寧朔縣、中衛縣、平羅縣）一州（靈州）沿革情況。花馬池歷史上曾屬靈州管轄，故《花馬池》將《沿革表》中"靈州"一欄與花馬池有關的部分剪輯出來，單列成表。

第三，從各部分內容來看，有部分內容除小序略有不同外，其正文都完全襲自《靈州誌蹟》。內容上全同《靈州誌蹟》的有《星野誌第二》、《風俗土産誌第七》之"風俗"部分和《職官姓氏誌第十》之任花馬池副將者名錄。《歷代宦蹟誌第十二》周至北周所選人物共六人，唐朝四人、五代二人、宋朝二人、明朝十人，共二十四人。內容節選自《靈州誌蹟》，無新增人物入志。《人物鄉獻誌第十三》共立傳主十三人。其中，漢、晉、南北朝所列傳主皆爲傅氏家族名人，共四人。此後列唐三人，宋一人，西夏一人，明一人，清三人。後附"科貢"名單共三十五人，其中進士有三人、舉人有四人、貢生有十五人、武進士有三人、武舉人有十人。本志内容也節選自《靈州誌蹟》，未新增人物入志。《忠孝義烈誌第十四》立傳主共十八人，其中"忠"者一人、"孝"者一人、"義"者一人、"烈女"一人、"烈婦"十四人。除"烈婦"中牛彦傑妻李氏外，其餘内容節選自《靈州誌蹟》。《藝文誌第十五》包括疏奏、議、賦各一篇，記四篇，詩十首。無新增内容，全部節選自《靈州誌蹟》。《歷代祥異誌第十六》録祥異之事共十條，除最後一條外，其他内容均節選自《靈州誌蹟》。

第四，從行文格式看，《花馬池》也有仿《靈州誌蹟》的痕蹟。《靈州誌蹟》卷端題書名及類目名稱共在一行裏，上爲書名，下爲類目名及其次序，如"靈州誌蹟人物鄉獻志第十四"，《花馬池》卷端亦同，題作"花馬池誌蹟人物鄉獻志第十三"。

（四）編修質量及文獻價值

1. 編修質量

《花馬池》從形式到内容主要沿襲《靈州誌蹟》，編修無創新可言。由於輯録者對於原始資料未加辨明，加之輯録的粗疏，《花馬池》中存在一些文字内容上的錯誤。志書的整理者對有些錯誤已經有糾正，這爲利用《花馬池》提供了較爲可信的文本。但也有部分問題仍未出校説明。

《花馬池》輯録資料時把《靈州誌蹟》的文本錯誤也一併沿襲了下來。如《星野誌第二》"步天歌"中，"八星行列河中浄"之"浄"同《靈州誌蹟》，誤作"浮"。"闕丘二個南河東"句同《靈州誌蹟》，誤作"闕邱二個河南東"。《人物鄉獻誌第十三》中所選"斡道冲"本爲西夏人，《花馬池》同《靈州誌蹟》，沿襲［乾隆］《寧夏府志》將其録爲宋人。《寧夏府志》將其字"宗聖"倒作"聖宗"，卷數"二十卷"誤作"三十卷"，《靈州誌蹟》全部承襲了這些錯誤。另外，又將"斡道冲"誤作"斡道冲"。《花馬池》基本沿襲了上述《靈州誌蹟》的錯誤，另外，將斡道冲之字又誤作"賢宗"。

另外，《花馬池》又有新增文字或内容上的錯誤。如《星野誌第二》"星野"内容中"前漢地理志曰"句後脱"後漢律曆志曰井十二度至鬼五度爲秦分"十七字。《古蹟誌第八》"鹽州廢城"條，"元和志貞觀二年"誤作"元和貞觀三年"，既脫且誤。此"元和志"當指《元和郡縣志》一書。另外，從版本質量看，張維抄本中還存在較多的抄寫錯誤，如《歷代沿革表第一》"靈州"誤抄作"寧州"，《城池堡寨誌第四》"塞外"誤抄作"寨外"。《營防驛遞誌第十一》"花馬池馬步兵丁柒拾名，額外馬兵壹拾壹名，步兵五拾玖名"句，張維抄本把大寫的數目字改寫，作"花馬池馬步兵丁七十名，額外馬兵一十一名，步兵五十九名"，這不符合古籍整理原則，故利用時要注意。

《花馬池》編修者輯錄資料時有濫改史料出處的現象，如《靈州誌蹟》于邊墩內容後引［乾隆］《寧夏府志》所附按語，《古蹟誌第八》"鹽州廢城"條也引史料，均注其出處爲"舊志"，本不確指是哪種志書，而《花馬池》編修者因不明其史源，將出處改爲"靈州舊志"，顯誤。

2. 文獻價值

儘管《花馬池》存在上述問題，但它仍有可以利用的價值，主要體現在以下三方面：

第一，該志編修成書，並抄錄傳世，無疑彌補了花馬池舊無專志的缺憾。

第二，《花馬池》把有關的資料輯錄在一起，有彙聚資料之功。除了節選自《靈州誌蹟》的部分資料外，《花馬池》輯錄的很多資料僅見於該志。如《地里山川誌第三》記載花馬池境內有二山、六池（泉），《城池堡寨誌第四》記載境內近40處村堡的方位與離城距離，《職官姓氏誌第十》中補充乾隆四十五年（1780）起任花馬池州同的官員共三十一人，最後一位是光緒三十三年（1907）任職的胡炳勳。這些資料無疑是研究花馬池地理、歷史等所必需的。

第三，《花馬池》第一次在文獻中附繪製花馬池輿圖和城圖，爲深入研究花馬池轄境、城內建築佈局等提供了第一手資料。輿圖標注的村堡、渠名等，可以和志書《地里山川誌第三》《城池堡寨誌第四》等內容相比對研究。《城圖》方位是上西下東，左南右北，圖上標注有"西城無門"四字，有文字說明曰："西城無門者，因此方沙多，不便出入，一遇風起，沙與城齊。雖每歲挑運，旋去旋來，仍屬無濟於事。其遺沙之法，非於城外另修墻堵，爲之屏障，不爲功，但費巨，惜無款可籌耳。"由此可以看出，早在光緒末年，花馬池地沙漠化現象就已經很嚴重了，以至於城池都有被風沙掩埋的危險。當時的地方官員也已意識到問題的嚴重性了，也想找辦法來解決，終因錢款無着落而想出了不在城池西牆修築城門這樣的對策。

二 （民國）《鹽池縣志》

（一）整理與研究現狀

《寧夏地方文獻聯合目錄》《中國地方志總目提要》等對（民國）《鹽池縣志》有著録。[1]高樹榆撰《寧夏方志評述》一文對該志有簡單著録。所撰《寧夏回族自治區地方志述評》一文對該志有提要式解題。陳永中《鹽池縣的幾種志書》一文簡要介紹了《鹽池縣志》的編修體例及内容，並簡要評述了該志的文獻價值。張樹林《陳步瀛與民國〈鹽池縣志〉》一文，對陳步瀛生平事蹟、《鹽池縣志》編修始末、志書内容及其評價等問題進行了較爲詳細的探討。

該志民國三十八年（1949）八月一日鉛字排印出版，分上、下册，傳世數量很少，寧夏鹽池縣檔案館藏有一套，張樹林先生家藏上册。2004年，黑龍江人民出版社出版《鹽池舊志箋證》，包括《鹽池縣志箋證》，范宗興箋證，張樹林審校。

（二）編修者生平

陳步瀛（1902—1951）字仙舟，寧夏鹽池縣高沙窩鎮人。其父陳福，字子厚。陳福共有三子，陳步瀛排行老二，其長兄名步雲，三弟名步漢。陳步瀛民國十四年（1925）畢業於甘肅省立第五中學，任鹽池縣小學校長至二十五年（1936），其後投靠寧夏軍閥馬鴻逵。三十六年（1947）任民國鹽池縣縣長，三十八年（1949）九月率衆向解放軍投誠，1951年被錯誤鎮壓，1983年中共鹽池縣委爲其平反。（民國）《鹽池縣志》卷七《職官志·鄉宦》爲陳步瀛立傳，卷八《人物志》之《義行》《孝友》爲陳福立傳。

---

[1] 《寧夏地方文獻聯合目録》著録民國三十六年（1947）油印本二册，《中國地方志總目提要》著録民國三十八年（1949）八月油印上下二册各40頁。《方志與寧夏》第二章《寧夏歷代修志綜覽》亦同此説。實際上，傳世本《鹽池縣志》於民國三十八年（1949）八月鉛印爲兩册，上册44頁，下册41頁。

1936年6月，紅十五軍團解放鹽池縣，7月正式成立鹽池縣蘇維埃政府，隸屬於陝甘寧省蘇維埃政府（1936年5月成立）。鹽池縣解放時，陳步瀛逃亡至綏遠（今內蒙古）一帶，在此期間撰寫日記體文獻《蒙難紀實》一部。1947年馬鴻逵配合國民黨胡宗南部侵佔三邊解放區，3月，佔鹽池縣，4月，原任國民黨寧夏省黨部科長的陳步瀛被任命爲鹽池縣縣長。《鹽池縣志》卷七《職官志·鄉宦》爲陳步瀛所立傳中，對其在任期間所作所爲多有讚美，曰："諸凡措施，鹹洽輿情。……邑人稱之爲'萬家生佛'、'民衆救星'。……舉凡自衛、教育、民衆訓練、風俗糾正，莫不朝乾夕惕，次第推進。……其用心苦而盡職勤，足以風後世以正人心，誠難得之循吏也。"① 這樣的讚美之辭顯然有虛美之言，當明辨。關於陳步瀛在任期間編修縣志一事，其傳記載："又以鹽池設縣雖久，縣志闕如，遂詳考地理、沿革、文物、山川、道里，纂輯成志，以資考核。"② 《鹽池縣志》編成於民國三十七年（1948），即陳步瀛任縣長的第二年。三十八年（1949）八月一日，《鹽池縣志》正式鉛印出版。據張樹林文載，同時出版的還有《陳步瀛日記》（即《蒙難紀實》），可惜該書已經佚失。《鹽池縣志·凡例》載："此志由本縣長親自主筆，科員劉生焕謄清，舍弟步漢核對……"③ 劉生焕生平資料不詳。陳步瀛三弟陳步漢，民國二十五年（1936）畢業於寧夏省立第一中學，其他事蹟不詳。

（三）編修緣起及編修方法

陳步瀛民國三十七年（1948）八月撰《〈鹽池縣志〉序》載，鹽池自民國二年（1913）正式設縣後至民國三十七年（1948）將近四十年，歷任縣官都沒有想到給鹽池縣編修縣志。三十六年（1947）他被任命爲縣長後，由於公務繁忙，也無暇顧及編修。三十七年（1948），地方政局稍有穩定，上級機關正好要求各地填報《中國行政區域志資料調查表》，陳步瀛於是抓緊時間親自調查資料，花了半年的時間把調查表填寫完畢。在填表過程中，他越發感覺到有編修志書的必要。就把利用業餘時間搜集

---

① 范宗興箋證：《鹽池舊志箋證》，黑龍江人民出版社2004年版，第352—353頁。
② 同上。
③ 同上書，第186頁。（按：張樹林《陳步瀛與民國〈鹽池縣志〉》一文稱，縣志編修時陳步瀛指定縣政府秘書楊增禄爲採訪員。）

到的資料略加加工，成縣志初稿，希望日後有心人能夠陸續編修，最終編成《鹽池縣志》。陳步瀛在《鹽池縣志·凡例》中也強調編修（民國）《鹽池縣志》是他的創舉，並記載此志由他親自主筆，弟弟陳步漢核對，科員劉生煥謄清。

陳步瀛所言有些恐非事實。據《鹽池縣志》卷七《職官志》載，民國時期鹽池知縣（縣長）共37任，但並非都不重視編修鹽池縣志。民國十六年（1927）印行的《朔方道志》卷二《輿地志》之《沿革》《山川》《風俗》等目中載鹽池縣沿革、山川、風俗等內容，注明有些史料源自《鹽池志稿》。這說明，鹽池縣至少有一種志書即《鹽池志稿》傳世，其內容被《朔方道志》徵引。也就是說，民國時期至少曾有一任縣長在任期間編修過鹽池縣志書，只可惜《朔方道志》未注明其編修者，而且《鹽池志稿》也沒有傳下來，所以到底是哪任縣長現在已不得而知。

更需辨明的是，傳世的《鹽池縣志》從資料內容到編修體例都直接襲自《朔方道志》，[①]編者新增、新輯的內容有限，故《鹽池縣志》只是一部"取巧"之作，並非嚴格意義上的創修之作。其文字內容主要由陳步瀛撰《〈鹽池縣志〉序》《鹽池縣志·凡例》《鹽池縣志·目錄》、卷一至卷十二正文等構成，另附有四幅（鹽池）地圖。

從《鹽池縣志》內容及史料來源可知，《鹽池縣志》基本內容並非陳步瀛創修。陳步瀛等人主要依據《朔方道志》的類目體例架構出《鹽池縣志》的體例，類目名稱及內容編排次序上略有變通，把《朔方道志》輯錄的鹽池縣資料基本全文過錄，對部分資料略有辨析，填充到《鹽池縣志》相應的類目中。民國二十九年（1940），原屬金積縣的紅寺堡，原屬同心縣的下馬關、韋州堡、紅城水等地劃歸鹽池縣管轄，陳步瀛等人又將《朔方道志》中鎮戎縣的部分資料輯錄出來，[②]附在鹽池縣資料之後。

[①] 高樹榆《寧夏回族自治區地方志述評》一文錯誤認爲，《鹽池縣志》歷史資料大都轉錄於〔嘉慶〕《靈州誌蹟》。張樹林《陳步瀛與民國〈鹽池縣志〉》一文指出，陳步瀛指定當時的政府秘書楊增祿、科員劉生煥摘錄他親自圈定的資料，"這些資料主要來自《朔方道志》《寧夏衛》（疑爲《乾隆寧夏府志》）幾部志書中，和陳步瀛日記中的有關採訪筆錄。"《寧夏衛》一書在《鹽池縣志》中並未出現過，《陳步瀛日記》亦未傳世，故張樹林所言無法驗證。

[②] 平遠縣於民國三年（1914）易名鎮戎縣，十七年（1928）又易名爲豫旺縣，二十七年（1938）易名爲同心縣。《朔方道志》修成於民國十六年（1927），同心縣當時還稱"鎮戎縣"，陳步瀛等人就把《朔方道志》中鎮戎縣資料當作同心縣的資料都輯錄出來使用。爲了能與最新的行政區劃相適應，陳步瀛等人把這部分資料中出現的地名詞"鎮戎"改寫爲"下馬關"等詞。

新增資料主要是民國十四年（1925）以後鹽池縣的資料，又從［嘉慶］《定邊縣志》中輯錄了部分資料，最終形成了今天傳世《鹽池縣志》的基本內容。

（四）版本特徵、志書內容及史料溯源

《鹽池縣志》於民國三十七年（1948）八月編成，第二年即三十八年（1949）八月一日鉛印出版，兩冊共85頁。各冊書衣左側印有長條狀題簽框線，框線由外粗內細共兩道線組成，框線內大字豎印書名《鹽池縣志》，書名下印雙行小字，右爲冊次，左爲"民國三十八年八月一日印行"十二字。書簽右側印有一近似正方形的、也是由外粗內細共兩道線組成的線框，線框內自右及左依次豎印本冊各卷次及其類名，如"卷一地理志"之類。

第一冊文字內容共44頁，其中《鹽池縣志·序》1頁，《鹽池縣志·凡例》1頁，《鹽池縣志·目錄》2頁，卷一至卷六共40頁。另有四幅圖，分別是《鹽池縣形勢圖》《舊花定區花馬池、濫泥池合圖》《蒙古北大池、倭波池、狗池合圖》《舊花馬區惠安堡鹽池圖》。四幅圖都標示圖例符號、比例尺。《鹽池縣形勢圖》套色印刷，底色爲墨色，"第一鄉"至"第九鄉"鄉名用紅色套印。縣治惠安堡"回"字形符號墨印後又套印了紅色。[①]鹽池縣縣界、各鄉界單線墨印後又疊加套印了較粗的紅色或藍色線，有些地方爲紅黑疊加，有些爲藍黑疊加，有些則爲紅藍黑三色疊加。其他三幅圖均爲墨印。第二冊卷七至卷十二，共41頁。

《鹽池縣志·凡例》共十三條，說明本志編修意義、編修原則、各志內容特點、參加編修人員等。《鹽池縣志·目錄》包括各卷卷次、類名及各類細目名稱。

《鹽池縣志》正文共十二志四十五目。《朔方道志》卷一《天文志》沒有對當時所轄各縣的天文資料分別記載，而是全面概述朔方道天文情況，故《鹽池縣志》也沒有專設《天文志》，首卷自《地理志》始，包

---

① 《鹽池舊志箋證》在《鹽池縣形勢圖》下注曰："本圖縣治、鄉治標識與圖例不一。"實際上，縣治標識與圖例是一樣的，都爲"回"字形符號。鄉治在圖例中用"◎"符號表示，地圖中卻均標識爲"○"。

括《疆域》《形勝》《山川》《古蹟》《風俗》《變異》等六目，①各目基本内容都輯自《朔方道志·輿地志》所載鹽池縣部分，又據實地採訪情況給予補充。《疆域》先引《朔方道志·輿地志·疆域》所載鹽池縣的内容，因《朔方道志》所載爲民國十四年（1925）鹽池縣的疆域情況，故《鹽池縣志》於引文後說明："以上境界，據《朔方道志》所載，加以更正。縣屬之舊界也。"② 其後又補充記載二十五年至三十六年（1936—1947）鹽池縣轄境變化情況及四至八到的里數。《沿革》補充了鹽池縣二十五年（1936）後的變化情況。《形勝》先新補充記述鹽池、花馬池長城關等形勝情況，再引《朔方道志·輿地志·形勝》所載鹽池縣的内容。

《山川》把《朔方道志》中鹽池縣、鎮戎縣兩縣山川及新採訪山川的内容都雜糅在一起，共記"山"二十處、"川"十九處。"方山"至"寶山"等五條内容輯自《朔方道志·輿地志·山川》鹽池縣部分，其後"大蠱山"至"太陽山"等十條内容輯自《朔方道志·輿地志·山川》鎮戎縣部分，"石射山"至"煤山子"等四條内容爲新補充資料，③其後"五原""沙窝井""羊坊井"等三條内容輯自《朔方道志·輿地志·山川》鹽池縣部分，"苦水河"至"旱海"等五條内容輯自《朔方道志·輿地志·山川》鎮戎縣部分，最後"四股泉"至"硝池河"等十二條内容爲新補充資料。《古蹟》也把《朔方道志》中鹽池縣、鎮戎縣兩縣古蹟及新採訪古蹟的内容都雜糅在一起，共載十一處古蹟，其中"鹽州廢城"至"楊將軍廟"等六條内容輯自《朔方道志·輿地志·古蹟》，"雲興寺"至"擺宴井"等五條内容爲新採訪資料。"擺宴井"後新採訪補充了"鹽池八景"，除"霿城波影"有較詳細的解釋說明外，其他七景因詩序均毀於兵燹，故只存景題，未作詳細說明。"鹽池八景"後載"明慶王墓"的内容輯自《朔方道志·輿地志·古蹟》附《陵墓》。

---

① 《變異》，《朔方道志》目名爲《祥異》。正文中還單列出《沿革》《時令》《冠禮》《婚禮》《喪禮》《祭禮》等目名。

② 范宗興箋證：《鹽池舊志箋證》，黑龍江人民出版社2004年版，第198頁。（按：《鹽池縣志》先載更正後的文字，其下括弧注明《朔方道志》原載内容。如"鹽邑治在郡城之東北"句，其下括弧注曰"《道志》在'東北'"，這是對《朔方道志》記載爲"東南"的糾正。"距寧夏省城三百六十里"句，其下括弧注曰"《道志》三百六十里"，這是對《朔方道志》記載爲"三百六十里"的糾正。）

③ "石射山"《鹽池舊志箋證》誤印作"檸射山"。

《風俗》輯錄了《朔方道志·輿地志·風俗》中鹽池縣、鎮戎縣的內容，新增採訪補充了當地四季氣候變化的內容。《時令》主要輯錄的是《朔方道志·輿地志·風俗》輯自〔乾隆〕《寧夏府志》、〔嘉慶〕《靈州誌蹟》、（民國）《鹽池志稿》等文獻中的內容。《冠禮》輯錄的是《朔方道志·輿地志·風俗》自〔乾隆〕《寧夏府志》中輯錄的內容，《鹽池縣志》標注冠禮內容的出處是（民國）《朔方道志》。《婚禮》輯錄的是《朔方道志·輿地志·風俗》自〔乾隆〕《寧夏府志》《鎮戎舊志》中輯錄的內容，《鹽池縣志》沿襲《朔方道志》，把史料出處——〔乾隆〕《寧夏府志》標作"舊府志"，但《鎮戎舊志》又省去不標。《喪禮》輯錄的是《朔方道志·輿地志·風俗》自〔乾隆〕《寧夏府志》中輯錄的內容，又附加一段議論曰："每遇婚喪大事，親友男女多至數十百人，留住事主家三五日，以俟事畢而去。每日酒肉相酬，力薄者不能舉辦，誠一陋俗。"① 這是對當地風俗習慣的評述，可以看出，陳步瀛對陋俗是深惡痛絕的。《祭禮》輯錄的是《朔方道志·輿地志·風俗》自《中衛舊志》中輯錄的內容。《變異》自《朔方道志》卷一《天文志》附《祥異》中輯錄了五條資料，又新採訪補充了民國六年至三十四年（1917—1945）間發生的九件異事。

卷二《建置志》，包括《設縣》《城垣》《公署》《公所》《壇廟》《堡寨》《關梁》《倉庫》《警察》《郵政》《市集》等十一目。《設縣》是新輯資料，主要梳理了鹽池縣轄境變化情況。《城垣》輯錄的是《朔方道志》卷四《建置志·城池》中鹽池縣、鎮戎縣的資料，新補充鹽積堡城、紅城子水城兩條資料。《公署》輯錄的是《朔方道志》卷四《建置志·公署》中鹽池縣、鎮戎縣的資料，在鎮戎縣下馬關資料中新增加了民國二十五年（1936）、二十九年（1940）的資料。《公所》內容仿《朔方道志》卷四《建置志·公所》行文特點，據鹽池縣實際情況編寫，其後附《朔方道志》所載圮廢公所資料。《壇廟》輯了《朔方道志》卷五《建置志·壇廟祠宇寺觀》所載鹽池縣二十七處、鎮戎縣二十處壇廟資料。《堡寨》輯錄了《朔方道志》卷五《建置志·堡寨》所載鹽池縣十五處、鎮戎縣一處堡寨資料，新增下馬關、紅城水兩條資料。其後又新增按語，對鹽池縣管轄堡寨變化情況進行了梳理。《關梁》《倉庫》輯錄的是《朔

① 范宗興箋證：《鹽池舊志箋證》，黑龍江人民出版社 2004 年版，第 226 頁。

方道志》卷五《建置志》之《關梁》《倉庫》所載鹽池縣、鎮戎縣的相關資料。《警察》《郵政》是據《朔方道志》之目，按鹽池縣實際情況編寫。《市集》輯錄的是《朔方道志》卷五《建置志·市集》所載鹽池縣、鎮戎縣的相關資料。

卷三《田賦志》，包括《額賦》《鹽法》《統捐》等三目。《額賦》輯錄的是《朔方道志》卷八《貢賦志·賦則額徵》中鹽池縣的相關資料，沒有把鎮戎縣的相關資料輯錄出來。《鹽池縣志·凡例》對此解釋道："新劃韋州、下馬關等處，尚未徵糧。所撥田畝、賦稅無從考察，尚待補遺。"① 《鹽法》全文輯錄了《朔方道志》卷九《貢賦志·鹽法》資料。值得注意的是，《朔方道志》只引用了《鹽池圖說》的部分文字材料，《鹽池縣志》則補充了這份文獻更爲詳細的圖文資料，包括《舊花定區花馬池、濫泥池合圖》、《蒙古北大池、倭波池、狗池合圖》《舊花馬區惠安堡鹽池圖》等三幅鹽池圖，每幅圖後都有詳細的說明文字。《鹽法》最後還附《鹽根用法》，錄［嘉慶］《定邊縣志》卷五《田賦志》所載鹽課大使蘇廷舒《鹽根療疾說》一文。《統捐》節錄《朔方道志》卷九《貢賦志·統捐》資料，全文輯錄了同卷《雜稅》中鹽池縣的相關資料。

卷四《行政區劃》，包括《鄉保表》《人口表》等二目。兩表均據鹽池縣民國三十六年（1947）的實際情況統計製作，表後又輯錄了《朔方道志》卷九《貢賦志·戶口》所載鹽池縣十四年（1925）的戶口資料。《鹽池縣志·凡例》對此解釋道："戶口，變異甚大。新舊並記，用資對照。"② 通過對照可以看出，三十六年（1947），鹽池縣戶口數較十四年（1925）增加了 2 971 户，增長了 65.8%，人口增加了 27 788 人，增長了 165%。

卷五《教育志》，包括《學額》《社學義學》《學校》《學校分佈》③《社會教育》等五目。《學額》《社學義學》《學校》均輯錄自《朔方道志》卷十《學校志》中鹽池縣的相關資料，但鎮戎縣韋州堡卻沒有輯錄。《學校分佈》《社會教育》屬新增資料。其中《社會教育》記載，民國十

---

① 范宗興箋證：《鹽池舊志箋證》，黑龍江人民出版社 2004 年版，第 185—186 頁。
② 同上書，第 186 頁。
③ 正文中標目爲"現在學校數額及分佈"。《鹽池舊志箋證》正文標目同《目錄》，標作"學校分佈"。

三年（1924）鹽池縣辦"通俗講演所"，因管理不善，十六年（1927）就停辦了。二十四年（1935），又辦"民衆識字班"，效果較好。

卷六《兵防志》，包括《兵制》《防地》《營盤》等三目，均輯錄《朔方道志》卷十一《兵防志》相同類目中與鹽池有關的資料。新增加了《禦邊》資料，其中清代邊境傳遞軍情的制度與辦法内容轉引自［嘉慶］《定邊縣志》卷六《兵防制》。

卷七《職官志》，包括《歷代官制》《歷代職官》《宦蹟》《鄉宦》等四目。《歷代官制》輯錄了《朔方道志》卷十二《職官志》之《明代官制》《清代官制》《民國官制》中與鹽池縣有關的資料，新增民國十八年（1929）寧夏建省後官制設置情況。《歷代職官》自《朔方道志》卷十三《職官志》之《歷代職官表》《民國職官表》中取材，將編修者認爲與鹽池有關的官員共133人的基本資訊，如姓名、籍貫、職官名、任職時間等輯錄出來，其中隋朝一人，唐朝四人，宋朝一人，明朝三邊總制五十七人，清朝惠安堡鹽捕通判二十一人，清朝花馬池營參將三十四人，民國鹽池縣知縣（縣長）十五人。又據實際情況補充了民國十五年（1926）吴石仙至三十六年（1947）陳步瀛等二十位鹽池縣縣長的基本資訊。《宦蹟》自《朔方道志》卷十四、十五《職官志·宦蹟》中共輯錄明朝十人、清朝二人的宦蹟。又自《朔方道志》卷十九《人物志·忠義》中輯錄出二位清朝人的事蹟入編《宦蹟》。新增加清朝葉應春事蹟入傳。這樣，《宦蹟》總共輯錄了十五人的事蹟。《鄉宦》自《朔方新志》卷十六《人物志·鄉宦》輯錄出十七人的事蹟，新增陳步瀛等八人事蹟，共有二十五人事蹟入《鄉宦》。本卷《宦蹟》"劉天和""楊一清"條内容全同《花馬池誌蹟·歷代宦蹟誌第十二》所載，《鄉宦》"傅鑾""傅祇""傅咸""傅迪"條内容全同《花馬池誌蹟·人物鄉獻誌第十三》。

卷八《人物志》，包括《義行》《孝友》《忠義》《節烈》等四目。《義行》自《朔方道志》卷二三《人物志·任俠》輯錄姚進福、蘇槐等二人事蹟，新補充陳步瀛之父陳福等八人事蹟。《孝友》自《朔方道志》卷十七《人物志·孝友》輯錄三人事蹟入傳，新補陳福事蹟入傳。《忠義》自《朔方道志》卷十九《人物志·忠義》中輯錄出三人事蹟入傳，未新增資料。《節烈》全文輯錄《朔方道志》卷二一《人物志·節烈》"鹽池縣"八人事蹟，從十四位"鎮戎縣"節烈者中輯錄了二人事蹟入傳，又新增三人事蹟入傳，共有十三人事蹟入《節烈》。

卷九《選舉志》，包括《科第》一目。本志內容全爲新增，用表格的形式記載鹽池縣曾受過舊式科舉教育者和新式學校教育畢業者。前者七人，後者十五人。從統計資料看，民國時期鹽池縣受中學以上教育程度的人比例還非常低，中學或師範畢業生只占總人口的0.34‰。

卷十《藝文志》，包括《條議》《詩選》二目，自《朔方道志》卷二五、二八、二九《藝文志》中選錄與鹽池縣形勢、風俗有關的文、詩各五篇（首），這些詩文在其他寧夏舊志中也常見。本卷《鹽法議》《鐵柱泉記》《重修邊墻記》《東長城關記略》《平虜大捷記》《九日登花馬池城》《鹽州過飲馬泉》《宿小鹽池》內容全同《花馬池誌蹟·藝文志第十五》。

卷十一《經濟志》，包括《出産》《畜牧》二目。《出産》自《朔方道志》卷三《輿地志·物産》節錄資料，花類、鱗類未選錄，其他如穀類、蔬類、礦類、貨類等的資料都有選錄。《畜牧》爲新增資料，記載鹽池"地接蒙邊，以牧畜爲業者多於耕種。而牧畜以羊爲首要。羊之種類有二，曰綿羊、山羊"。① 由此可知，鹽池養羊業發達由來已久。在後文中，《鹽池縣志》對本縣養羊規模、羊皮銷售、産量、種類及特點都作了記述，最後指出："每年所産皮毛，足能維持全縣人民生計，故生産易而謀生不感困難也。惜未創辦皮革、毛織工廠，致利權外溢，是一憾事。"② 從立目來看，將"經濟志"獨立出來，當符合修志的基本方向，民國三十五年（1946）頒佈的《地方志書纂修辦法》中明確要求，各地對本地的社會經濟狀況要分年精確調查，非常強調志書中經濟類資料的重要性。但從《鹽池縣志》輯錄的內容看，仍像其他各志一樣，主要是把《朔方道志》的部分資料輯錄出來，除畜牧業的內容外，並未增加更多的與經濟有關的新資料，而且把本志置於《藝文志》之後，也與志書通行的做法相違。

卷十二《歷史志》，包括《匪患起因及蕩平（包括歷代）》一目，自《朔方道志》卷三〇、三一《志餘·歷史》中輯錄與鹽池有關的事件，新增清朝同治八年（1869）和民國時期發生在鹽池的部分重大歷史事件。

---

① 范宗興箋證：《鹽池舊志箋證》，黑龍江人民出版社2004年版，第412頁。
② 同上書，第413頁。

（五）原志編修質量

《鹽池縣志》從內容到體例主要仿《朔方道志》，雖然對輯錄自《朔方道志》的部分內容有辨析，但辨析深度遠遠不夠。《朔方道志》內容、文字上存在的問題，有一些被《鹽池縣志》承襲了下來。《鹽池縣志》編修過程中，在內容、文字、體例上又出現了部分新的問題。如輯錄資料體例不一，有些地方將鎮戎縣的資料都輯錄出來，但在田賦和學校部分均未輯錄鎮戎縣的資料。內容體例格式不一。各卷類目名稱雖在《目錄》中列出，正文中也都列出，但卷十《藝文志》的目名《條議》《詩選》只在《目錄》中列出，正文卻沒有列出，而是直接將所選詩文印出。所錄詩文中，五篇《條議》有四篇在文題之下列出作者姓名，一篇沒有列出，五首詩歌只有詩題，都沒列出作者姓名。

2004年，黑龍江人民出版社出版范宗興箋證、張樹林審校的《鹽池縣志箋證》，對志書部分字詞、人物、地名、歷史事件等加以注釋，對誤字、脫字等現象也多有糾正，有利於讀者更好地理解、研究和利用，但箋證存在一些疏漏。

（六）文獻價值

《鹽池縣志》主要從《朔方道志》取材，從創修縣志的角度來看，本志價值不大。但鹽池縣歷史上，民國時期是一個非常重要的歷史階段，若無專門的舊志來記載這段歷史，對鹽池縣無疑是一大憾事。有鑒於此，陳步瀛搜羅史料，按《朔方道志》體例，把該志中與鹽池有關的資料全部輯錄出來，並據鹽池轄境的實際變化情況，把鎮戎縣的部分資料也輯錄出來，再加上新採訪的一些民國時期鹽池縣資料，匯爲一編，形成《鹽池縣志》並傳世。作爲唯一一部傳世的民國時期鹽池縣專志，《鹽池縣志》資料匯輯之功還是值得肯定的。研究民國時期鹽池縣的歷史、地理、人文、經濟等，此志所獨有的資料具有不可替代的研究價值。另外，該志附錄《鹽池圖說》文字資料和地圖資料，特別還繪製有反映民國三十六年（1947）鹽池縣形勢的地圖，這在其他歷史文獻中都非常罕見，無疑提升了本志的文獻價值。

校注說明

一　本書主要以標點、校勘、注釋等方式對［光緒］《花馬池誌蹟》、（民國）《鹽池縣志》進行整理。《花馬池誌蹟》以清朝光緒三十三年（1907）抄本（甘肅省圖書館藏）爲底本，《鹽池縣志》以民國三十八年（1949）鉛印本爲底本。部分成果參考黑龍江人民出版社 2004 年版范宗興的《鹽池舊志箋證》。

二　整理成果以繁體橫排形式出版。校勘和注釋條目均以當頁腳注形式注明，用圈碼①、②、③……排序，圈碼均放在表示停頓的標點符號之後右上角。正文或腳注中以"□"符號表示原本漫漶不清或破損的文字，一個"□"代表一個字；原本缺漏內容較多者腳注說明，並以"……"符號表示；正文中以"〔　〕"符號括注的文字，均係整理者增加。

三　以"［校］"字樣當頁腳注校勘成果。校勘以校異文爲主，酌校內容異同。因用字習慣不同而出現人名、地名、族名等同名異寫現象，均出校說明。底本或對校本中存在明顯的誤、脫、衍、倒等現象，於正文中校改後出校說明。雖有異文但意可兩通者，不改正文，僅在校記中說明。除特殊需要外，校本有誤，一般不出校。

四　鹽池舊志在抄寫或印刷時明顯錯誤之字，如"史""吏"，"曰""日"及"已""己"互混等，校勘時逕改，不一一出校說明。鹽池舊志抄印或引用他書文獻時，因避當朝名諱而改前朝文字者，如"宏治""萬歷""甯""傅元"之類，均據原字或原書回改爲"弘治""萬曆""寧""傅玄"等，僅於首見處出校說明，餘皆逕改，不再一一出校。舊志編者以"回亂""匪"等字詞表達歧視、敵視等類情感者，當加以批判。

五　底本用字中存在的異體字、俗體字、通假字、古今字等現象，如"閆"與"閻"、"関"與"關"、"羌"與"羌"、"莭"與"節"、"菓"與"果"、"牆"與"墻"、"祇"與"衹"、"廸"與"迪"、"勅"與

"敕"、"欵"與"款"、"畧"與"略"、"竒"與"奇"、"羣"與"群"之類，一律統一爲後者，不再出校說明其字形相異。某些不規範的異體字、俗體字、古今字等，或前後用字不一者，均按出版要求適當統改成規範、統一的字體，不出校記。鹽池舊志轉引他書文字內容，引文若與該書通行版本文字不同，除引文確實有誤，如誤錄人名、地名、時間等需要出校說明外，凡不影響文意理解者一般不改動引文。

六　兩部鹽池舊志存在內容全同現象，如《鹽池縣志》卷七《職官誌·宦蹟》"劉天和""楊一清"條內容全同《花馬池誌蹟·歷代宦蹟誌第十二》"劉天和""楊一清"條內容。爲省篇幅，僅在《花馬池誌蹟》中腳注整理成果，《鹽池縣志》相同部分不再重複出校。若對原文有改動，則在《花馬池誌蹟》腳注注明"《鹽池縣志》卷×《×》×條同改"；若不改原文，則注明"《鹽池縣志》卷×《×》×條同"。

七　當頁腳注逐出注釋條目。注釋內容主要包括：原文易致惑者（如文獻簡稱或省稱、干支紀年等）、原文提及的詩文或史料出處、原文體例中資料互見者、整理者對輯補史料的出處說明和整理者的補充文字等。

八　腳注中，凡言"本志"者，均指鹽池舊志。凡言"本志書例"者，均指鹽池舊志編修體例。凡引古代文獻，均只注書名、卷次、篇名等，其作者、版本等詳見《參考文獻·古代文獻》。凡引現當代文獻，均只注作者、書名或論文篇名、頁碼等，其出版社、刊物名、發表時間等詳見《參考文獻·現當代文獻》。若被引用古代文獻已有整理成果，一般直接吸收其合理意見，不再重複敘述校注理由，注明"參見××"字樣。引文出處、他人校勘、考證成果等，亦注明"參見××"字樣。書名較長者沿用習慣簡稱，具體簡稱見《參考文獻》。

九　《參考文獻》分《古代文獻》和《現當代文獻》分別著錄。其中《古代文獻》分陝甘寧舊志、經部、史部、子部、集部等五類著錄，《現當代文獻》分著作、論文兩類著錄。

(光緒)花馬池誌蹟

(清)佚名　纂修　孫佳　校注

輿 圖

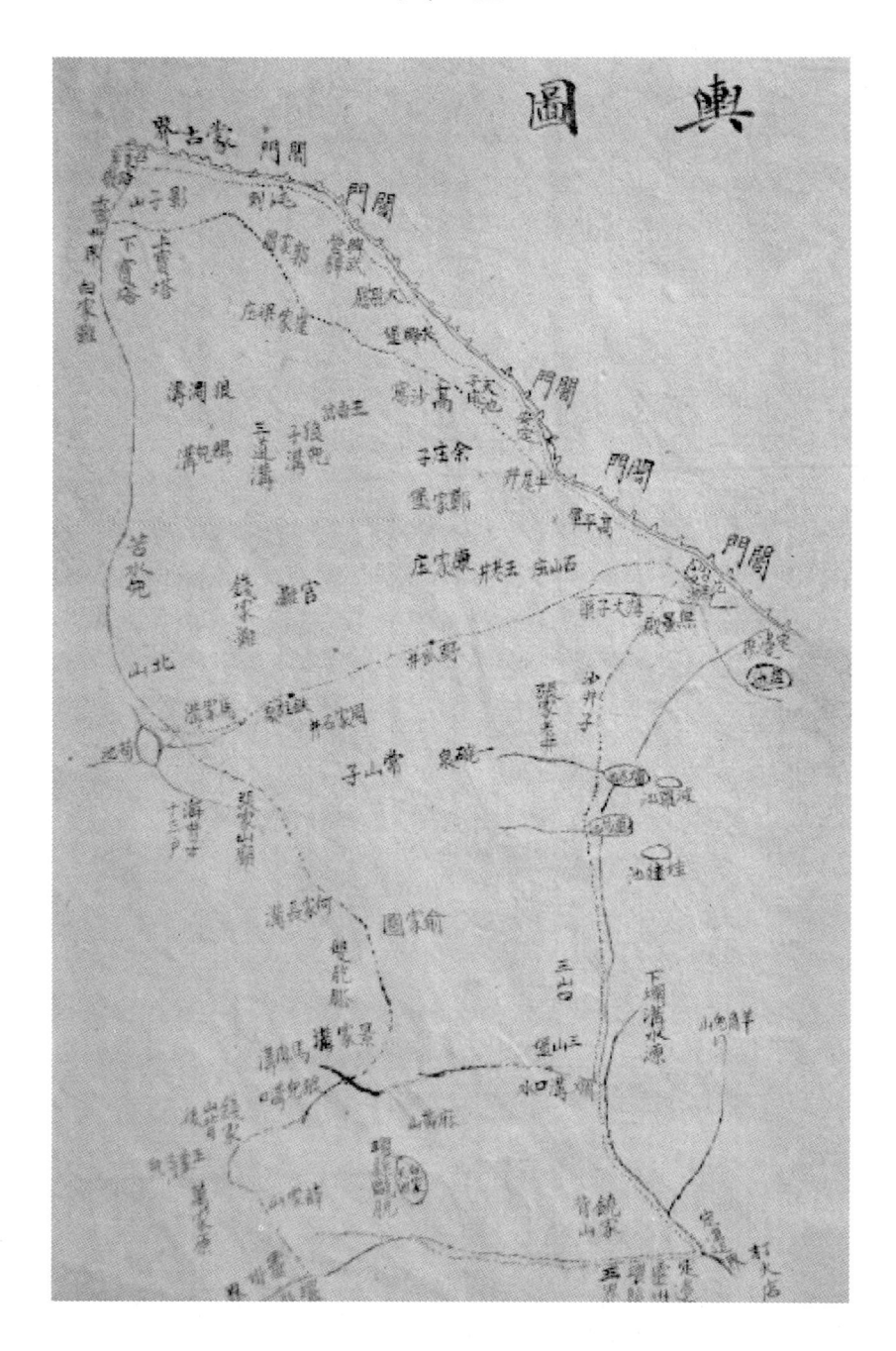

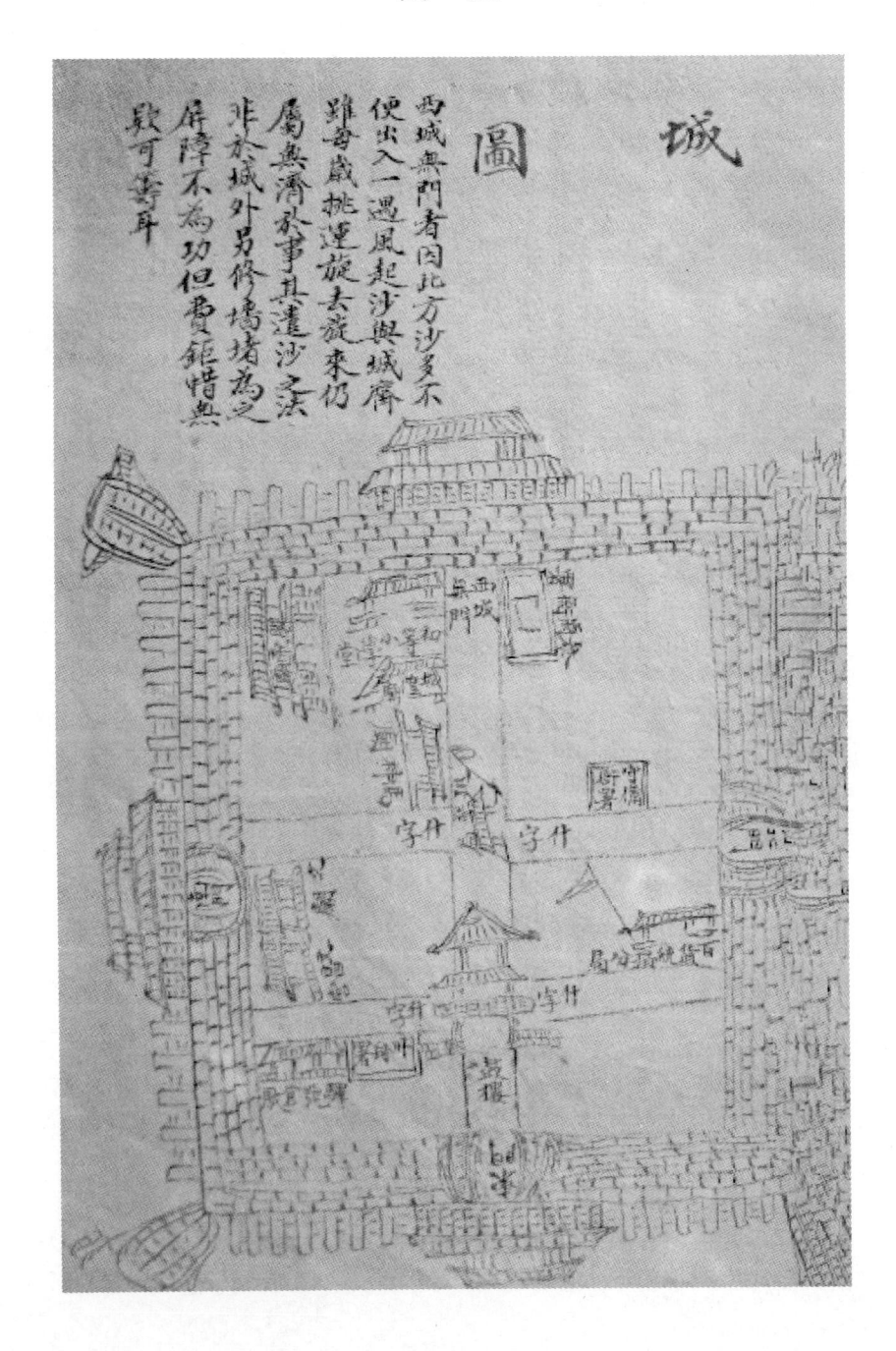

城　圖

歷代沿革表第一

地之有誌，猶衣服之有冠冕，木水之有本源也。提綱挈領，尋本索源，庶乎端委之有所自焉。花馬池自建置以來，代有更易，迄無誌書。苟欲編纂，著手實難。今取歷代沿革，標爲表識，俾觀者庶有所據。

寧夏郡：① 寧夏縣、寧朔縣、平羅縣、靈州、中衛縣。

花馬池：《禹貢》雍州之北域，② 春秋戰國爲羌戎，後屬秦。始皇併天下，隸北地郡。漢爲靈州縣。元魏大興郡。西魏五原郡，又爲西安州，尋改爲鹽州。隋爲五原縣。唐仍之，貞元初陷吐蕃，九年收復。五代及宋皆爲鹽州，咸平五年，陷於西夏。元廢爲環地。明爲寧夏後衛，③ 又改花馬池所。國朝仍因其名。

花馬池與靈州唇齒相依，明楊一清言：④ "花馬池東至延綏，西至橫城堡，橫亘四百餘里，黃沙野草，彌廣無際，無高山巨塹爲之阻限，非創築新邊，不足以禦腹心之患。" 於是置寧夏後衛所。弘治中置花馬池所，正德中改衛屬陝西都司。

雍正九年，在於酌請分疆定域案內，請設花馬池州同。⑤

星野誌第二⑥

天有日月星辰，地有山川河嶽。天統乎地，故野繫乎星，孰謂有分地

---

① ［校］寧：原避清宣宗旻寧諱改作"甯"，據清宣宗年號用字回改。下同。
② 參見《尚書·禹貢》。
③ ［校］寧：原作"靈"，據《弘治寧志》卷三、《嘉靖寧志》卷三《寧夏後衛》、《明史》卷四二《地理志·陝西》改。
④ 參見《讀史方輿紀要》卷六二《陝西·寧夏後衛》引楊一清之言。
⑤ ［校］州同：此二字原脱，據《清世宗實錄》卷九一、《寧夏府志》卷七《田賦·靈州》等補。按：《清世宗實錄》卷九一"雍正八年二月乙卯"條載："吏部議复甘肅巡撫許容條奏移設郡縣事宜。……寧夏府屬之花馬池添設州同一員，屬靈州管轄。……應如所請。從之。"雍正八年（1730）當爲請設州同之時間。本志《職官姓氏誌第十》載，第一任州同梁德長於雍正九年（1731）到任。
⑥ ［校］誌：此字原脱，據本志書例補。本志《地里山川誌第三》、《城池堡寨誌第四》、《公署學校誌第五》等標題之"誌"同。

無分天耶？張衡云：①"衆星列佈，體生於地，精成於天，列居錯峙，各有所屬。②"太史公《天官書》及扶風《地里志》言之甚詳。③花馬池，秦、雍之分，星野與秦、雍略同。兹采其載紀列左。

據《大統曆》，④井八度三十四分九十四秒，入鶉首之次，在未。⑤赤道：井三十三度三十分，鬼二度二十分，尾十九度一十分，柳十三度三十分。黄道：井三十一度一分，鬼二度十一分，尾十七度九十五分，柳十三度。

《春秋元命苞》曰：⑥東井、鬼宿，爲秦。

《史記·天官書》：⑦東井、輿鬼，⑧雍州之分。

《前漢·地里志》曰：⑨自井十度至柳三度，謂之鶉首之次，秦之分也。

《唐志》云：⑩東井、輿鬼，鶉首也。自漢三輔及北地、上郡、安定，西自隴坻至河右，⑪西南盡巴、蜀、漢中之地，及西南夷犍爲、越嶲、⑫益州郡，極南河之表，東至牂牁，古秦、梁、豳、芮、豐、畢、駘杠、有扈、密須、庸、蜀、羌、髳之國。⑬《唐志》又稱：東井居兩河

---

① 參見《東漢文紀》卷十三載張衡撰《靈憲》。

② ［校］所：《後漢書·天文志》劉昭注引張衡《靈憲》作"逌"，《晉書》卷十一《天文志》作"攸"。

③ "太史公《天官書》"指西漢司馬遷撰《史記·天官書》。"扶風《地里志》"指東漢班固撰《漢書·地理志》。

④ 參見《明史》卷三五《曆志·大統曆法》。按：《大統曆》，明代官印曆書的統稱。今人周紹良家藏50余册，均爲欽天監頒售之《大統曆》。這些曆書可分每月一頁、每半月一頁等兩種。從裝幀上看，隆慶以前俱蝴蝶裝，隆慶以後只隆慶四年一本爲蝴蝶裝。從用墨上看，以墨印爲主，少有藍印本，據說尚有朱印本。參見周紹良撰《明〈大統曆〉》。

⑤ ［校］未：原作"末"，據《寧夏府志》卷二《星野》、《靈州誌蹟》卷一《星野誌》改。

⑥ 《春秋元命苞》原書已佚，《藝文類聚》卷六《地部·雍州》引其文曰："東井、鬼星散爲雍州，分爲秦國。"

⑦ 參見《史記》卷二七《天官書》。

⑧ ［校］輿鬼：原作"與鬼"，據《史記》卷二七《天官書》改。下同。

⑨ 參見《漢書》卷二八下《地理志》。

⑩ 參見《新唐書》卷三一《天文志》、《舊唐書》卷三六《天文志》。下同。

⑪ ［校］西自隴坻至河右："坻"原作"抵"，據《新唐書》卷三一《天文志》改。"右"，《舊唐書》卷三六《天文志》作"西"。

⑫ ［校］越嶲：原作"越裳"，據《新唐書》卷三一《天文志》改。

⑬ ［校］髳：原作"髵"，據《新唐書》卷三一《天文志》改。

之陰，① 自山河上流，當地絡之西北。② 輿鬼居兩河之陽，自漢中東盡華陽，與鶉火相接，當地絡之東南。鶉首之外，③ 雲漢潛流而未達，故狼星在江、河上源之西，④ 弧矢、雞、犬皆徼外之備也。西羌、吐谷渾及南徼外夷人，⑤ 皆占狼星。⑥

躔次

《晉·天文志》：⑦ 上郡、北地，⑧ 入尾十度。⑨
《唐志》：夏州，東井之分。

五星

鶉火實沉以負西海，主於華山太白位焉。上方水位自河西皇甫川，⑩ 西經榆林至寧夏，又西經蘭州，踰河至嘉峪關四千餘里，得水位之半。

步天歌⑪

井宿

八星橫列河中浄，⑫ 一星名鉞井邊安，兩河各三南北正。天罇三星井

---

① ［校］兩河："兩"字原脫，據《新唐書》卷三一《天文志》補。
② ［校］地絡：原作"路紀"，據《新唐書》卷三一《天文志》改。
③ ［校］鶉首：原作"鶉火"，據《新唐書》卷三一《天文志》改。
④ ［校］源：原作"流"，據《新唐書》卷三一《天文志》改。
⑤ ［校］南：《新唐書》卷三一《天文志》作"西南"。
⑥ ［校］占：此字原脫，據《新唐書》卷三一《天文志》補。
⑦ 參見《晉書》卷十一《天文志》。
⑧ ［校］北地："地"字原脫，據《晉書》卷十一《天文志》補。
⑨ ［校］入：原作"人"，據《晉書》卷十一《天文志》改。
⑩ ［校］上方：《寧夏府志》卷二《地里·星野》、《靈州誌蹟》卷一《星野誌》均作"北方"。
⑪ 步天歌：《新唐書》卷五九《藝文志》、《宋史》卷二一六《藝文志》均載，王希明《丹元子步天歌》一卷。有學者據此認爲《步天歌》作者爲王希明。《通志》卷三八《天文略·天文序》："隋有丹元子者，隱者之流也。不知名氏，作《步天歌》，見者可以觀象焉。王希明纂漢、晉志以釋之。"鄭樵之說近是。今人伊世同所見清嘉慶年間抄本（以下簡稱嘉慶抄本《步天歌》），其書題"步天歌"，且注明"隋高士丹元子著歌"。
⑫ ［校］八星橫列河中浄："橫"原作"行"，據《通志》卷三八《天文略》、《中國恒星觀測史》五章一節《校訂〈步天歌〉》、嘉慶抄本《步天歌》改。"浄"原作"浮"，據《通志》卷三八《天文略》、《中國恒星觀測史》五章一節《校訂〈步天歌〉》改。

上頭，鑕上橫列五諸侯。侯上北河西積水，① 欲覓積薪東畔是。鉞下四星名水府，水位東邊四星序。② 四瀆橫列南河裏，南河下頭是軍市。軍市團圓十三星，中有一箇野雞精。孫子丈人市下列，③ 各立兩星從東說。闕邱二箇南河東，④ 邱下一狼光蓬茸，⑤ 左畔九箇彎弧弓，一矢擬射頑狼胸，有箇老人南極中，⑥ 春秋出來壽無窮。⑦

鬼宿

四星册方似木櫃，中央白者積尸氣。鬼上四星是爟位，⑧ 天狗七星鬼下是。外廚六間柳星次，天社六箇弧東倚，社東一星是天紀。

地里山川誌第三

從來定疆理者，皆以山川。蓋郡國之更變無常，而山川則千古不易也。花馬池東界定邊，西連靈州，南接環縣，北鄰蒙古。地雖限夫一隅，而固原、慶陽、平涼、鞏昌咸資以爲屏障焉，是亦要害之區也。今取其地里山川列左，庶觀者瞭如指掌矣。

---

① ［校］西：原作"南"，據《通志》卷三八《天文略》、嘉慶抄本《步天歌》、《中國恒星觀測史》五章一節《校訂〈步天歌〉》改。按：據敦煌本《全天星圖》，積水星在北河星的西側。

② ［校］邊：原作"畔"，據《通志》卷三八《天文略》、《玉海》卷三《天文書》、《中國恒星觀測史》五章一節《校訂〈步天歌〉》、嘉慶抄本《步天歌》改。

③ ［校］列：原作"立"，據《通志》卷三八《天文略》、《玉海》卷三《天文書》、《中國恒星觀測史》五章一節《校訂〈步天歌〉》、嘉慶抄本《步天歌》改。

④ ［校］闕邱二箇南河東："南河"原倒作"河南"，據《通志》卷三八《天文略》、《玉海》卷三《天文書》、《中國恒星觀測史》五章一節《校訂〈步天歌〉》、嘉慶抄本《步天歌》證。"邱"，《中國恒星觀測史》五章一節《校訂〈步天歌〉》、敦煌本《全天星圖》均作"丘"，因清避孔子名諱改。下同。

⑤ ［校］蓬茸：《通志》卷三八《天文略》、嘉慶抄本《步天歌》均作"蒙茸"。《中國恒星觀測史》五章一節《校訂〈步天歌〉》又言"一本作丘下一狼光熊熊"。

⑥ ［校］人：此字下原衍"星"字，據《通志》卷三八《天文略》、《玉海》卷三《天文書》、《中國恒星觀測史》五章一節《校訂〈步天歌〉》、嘉慶抄本《步天歌》刪。

⑦ ［校］來：《通志》卷三八《天文略》、《中國恒星觀測史》五章一節《校訂〈步天歌〉》均作"入"，嘉慶抄本《步天歌》作"沒"。

⑧ ［校］鬼：原作"册"，據《通志》卷三八《天文略》、《玉海》卷三《天文書》、《中國恒星觀測史》五章一節《校訂〈步天歌〉》、嘉慶抄本《步天歌》改。

地里

花馬池，在寧夏府靈州治東，距城各二百八十里，① 東至榆林府定邊縣界二十五里，西至靈州界一百五十里，南至環縣界一百九十里，北抵蒙古，衹一墻之隔。

靈應山，在城東六十里，山有古洞，內塑佛像。水旱疾疫，凡有求禱輒應，故名之曰靈應山。

青山，在城西南，距城七十里。

波羅池，在城東，與定邊連界。

蓮花池，在東南，距城五十里。

天池子，在城西，距城八十里。

王老井，在西，距城五十五里。

鐵柱泉，在西，距城九十里。吐蕃入寇，往來飲牧於此。明楊一清築有城堡駐兵，至今猶存。

石井子，在西，距城一百一十里。其水甘美，居人牧畜，往來行人，咸利賴之。

城池堡寨誌第四

花馬池，地雖處夫邊隅，形實扼其險要。寥廓數百里，一邑之形勢不是過焉。有守土之責者，按籍而籌之，洵屬易治之區矣。

花馬城，② 明後衛所，今屬靈州舊城。築於正統八年，在塞外花馬鹽池北。③ 天順間改築今地。城門二：東曰永寧，北曰威勝。萬曆三年，④ 開南門曰廣惠。八年，巡撫蕭大亨甃以磚石。

國朝乾隆六年，重修周圍七里三分，址厚二丈五尺，頂厚一丈五尺。門樓三座，角樓四座。池深一丈，寬二丈。

---

① 《宣統甘志》卷五《輿地志·疆域》載，花馬池在靈州東二百五十里。

② [校] 花馬城：《寧夏府志》卷五《建置·城池》、《靈州誌蹟》卷一《城池堡寨誌》均作"花馬池城"。

③ [校] 塞外：原作"寨外"，據《寧夏府志》卷五《建置·城池》、《靈州誌蹟》卷一《城池堡寨誌》、《宣統甘志》卷十四《建置志·城池》改。

④ [校] 萬曆：原避清高宗弘曆諱改作"萬歷"，據明神宗年號用字回改。下同。

花馬池東鄉所屬村莊五處
東郭莊，在城東拾伍里。
母豬渠，在城東二十五里。東達陝西定邊縣交界。
石井子，在城東二十二里。在母豬渠北二里。
陸莊子，在城東二十二里。在母豬渠南五里。
夏家渠，在城東南七里。
花馬池南鄉所屬村莊
太白廟，在城南四十里。
蓮花池，在城南五十里。距太白廟十里。
紅莊兒，在城南六十里。距蓮花池十里。
東灣莊，在城南七十里。距紅莊兒十里。
井溝，在城南七十二里。距東灣莊二里。
三山堡口子，在城南一百一十里。距井溝三十八里。
薛家堡子，在城南一百二十五里。距三山口子十五里。
馬家口子，在城南一百八十五里。
下高窰子，在城南二百二十五里。距馬家口子四十里。
饒家背山，在城南一百七十五里。
打火店子，在城南一百九十里。距饒家背山十五里，南連環縣交界，東連定邊界。
西南鄉村莊
鐵柱泉，在城西南九十里。
常山子，在城西南七十五里。
孤墳掌，在城西南八十里。
暮雨沖，在城西南一百里。
井溝，在城西南一百四十里。
苦水兒，在城西南一百四十里。距井溝十里，西達靈州界。
西鄉村莊
石山莊，在城西四十里。
李家渠，在城西四十二里。
葉家渠，在城西五十里。
王老井，在城西五十五里。
鄭家堡，在城西七十五里。

狼洞溝，在城西一百三十里。
徐剛家灘，在城西一百五十里。西連靈州交界。
高平堡，在城西三十里。
聶家梁，在城西四十里。
牛毛井，在城西五十里。
天池子，在城西八十里。
蔡家梁，在城西一百二十里。
寶塔爾，在城西一百五十里。
安定堡，在城西六十里。明設守備，今因之。
永興堡，在城西九十里。
興武營，在城西一百二十里。
毛卜喇，在城西一百五十里。北靠邊墙。

公署學校誌第五

公署爲出治之所，學校爲興賢地，皆爲國之重務，非徒以壯觀瞻、崇仰望也。花馬池雖屬蕞爾微封，[①] 宰茲土者政簡刑清，居其地者穎敏勤學，可見聖天子之政教覃敷與賢牧宰之樂育陶鑄焉。是不可以不誌。

〔公署〕
清軍廳州同署，在城南街，倉廒在署內。
參將署，在城南街。
守備署，在城北街。
把總無署，寓居民舍。
興武營都司署，在興武營城內。
安定堡守備署，在安定堡內。
毛卜喇把總署，在毛卜喇內。

學校
城內向無學舍，今將南街觀音寺改設初等小學堂，現有學生十五名。

---

① 〔校〕蕞：原作"茸"，據文意逕改。

官局

城內設有百貨統捐分局，司事、巡丁由委員派充。

巡警局設立城內中街。管帶兼教習一員，巡兵六名。每名月支口食銀二兩五錢，係就地籌款。

壇廟名勝誌第六

從來有功德於民者則祀之，所以尊有德、報有功也。至於遊觀之境，足以暢豁性靈，疏導壅鬱，其益人之神志不少，不誌焉烏乎可？今合爲一集，以便觀覽焉。

先農壇，在城內文昌廟西側。

關帝廟，在城內南街。

城隍廟，在城內西街。

文昌廟，在城內東街。

馬神廟，在城內南街。

中鼓樓，在城內街中。

龍王廟，在城北門外。

風俗土產誌第七

五方之風氣各殊，物産亦異。善爲政者，因其俗而利導之，咸歸中正，故曰：① "修其教，不易其俗；② 齊其政，不易其宜。"信哉！花馬池風俗頗爲近古，今取其節序、禮俗、物産錄爲一編，以備主持風化者之採擇焉。

風俗

彊梗尚氣，重然諾，敢戰鬪。《金史》夏國贊。③

---

① 參見《禮記·王制》。

② [校] 易：原作"異"，據《靈州誌蹟》卷一《风俗物產誌》改。下文"不易其宜"句之"易"同。

③ 參見《金史》卷一三四《西夏傳》"贊曰"。

雜五方，尚詩書，攻詞翰。① 朔方舊志。②

　　重耕牧，閑禮義。朔方志。③

　　尚耕牧，工騎射，信機鬼。④

　　富強日倍，禮義日新。

　　務耕牧，習射獵。

　　民家皆板屋覆以土，猶秦俗，惟公署宦族覆瓦。中堂多供先祖木主，兼有供畫像者，亦有供關聖帝君牌位者。

　　食主稻稷，間以麥。貧者飯粟，中人之家恒以一釜並炊稻稷，稻養尊老，稷食卑賤。

　　衣布褐，冬羊裘。近世中家以上多襲紈綺矣，女服尤競鮮飾。

　四時儀節

　　元旦，燃香燭，祀真宰，拜先祖。長幼拜賀畢，出賀姻友。嘗預爲三日炊，曰"年飯"。四日乃更炊生米。五日黎明即起，將元旦前二日洒掃地土，雜香表，舉以送街，名曰"送五窮"。是日最忌非至戚不相往來。七日黃昏後，弱女幼子懷藏麥餅，手執香赴街相呼，名爲"招魂"，比屋皆然，亦古人煎餅薰天之遺意。

　　正月二十三之夕，家户堆蒺藜於門首，燃之，撒以鹽，老幼相携跳躍，俗曰"燎疥"。⑤ 用木揚其炭爐，爲"六穀花"，以占豐年。

　　新歲，必擇吉日，持紙燭就郊外喜神方迎拜，然後遠行，凡百事皆無禁忌。

　　二月朔日，炒豆、黍、蕎麥各花以啖之，俗謂之"炸臭虫"。又儲元旦爐餅，是日集老幼於庭園而食之，謂之"團圓餅"，取一年團圓之義。

　　清明日，挈榼相携，或梵刹間共遊飲，曰"踏青"。插柳枝户上，婦女並戴於首。

　　端午，貼符，户插菖蒲、艾葉，飲雄黄酒，啖角黍。閨中並以綵絲作

―――――――――

　① [校] 攻詞翰："攻"字原脱，據《弘治寧志》卷一、《嘉靖寧志》卷一《寧夏總鎮·風俗》補。

　② 朔方舊志，疑即《弘治寧志》。

　③ [校] 朔方志：《寧夏府志》卷四《地理·風俗》、《靈州誌蹟》卷一《風俗物產誌》均作"朔方舊志"，《嘉靖寧志》卷一《風俗》作"新志"。疑即《弘治寧志》。

　④ [校] 機鬼：此同《四庫》本《宋史》卷四八六《夏國傳》、《弘治寧志》卷三《靈州守禦千户所·風俗》、《朔方新志》卷一《地里·風俗》，中華本《宋史》卷四八六《夏國傳》、《嘉靖寧志》卷六《拓跋夏考證》、《寧夏府志》卷四《地理·風俗》均作"譏鬼"。

　⑤ [校] 燎疥：《鹽池縣志》卷一《地理志·風俗》作"燎疳"。

符，剪艾虎相饋送。

五月十三，競演劇，祀關聖。先日備儀仗迎神，前列社火，周遊城中。望日祀城隍。

七夕，閨人亦有以鍼工、茗果作七巧會者。

中秋，祀月，作月餅，陳瓜果，比屋皆然。餅筵瓜市，① 嘗遍通衢巷。

重陽，食糕餅，飲菊酒，亦有為登高會者。

仲冬長至日，祀先祖，家人親友相拜賀。切肉，雜粉、腐為羹，和酒啜之，曰"頭腦酒"。以冬至一陽生，取作事有頭腦意。

蠟月八日，羹粥，雜以豆、肉，曰"蠟八粥"。是月初旬，② 取水釀酒曰"蠟酒"。

二十三日，以雞、酒、餅、飴之屬祀竈神，曰"送竈"。雞陳而不殺，至除夕始薦熟，曰"接竈"。

歲暮，貼春聯、桃符，為餅餌、酒食相饋送。

除夕，祀先祖，拜尊長，燃香燈，鳴爆竹，飲酒，守歲。分錢與卑幼，曰"押歲"。閨中以棗、柿、芝蔴及雜果堆滿盞，著茶葉奉翁姑及尊客，曰"稠茶餞歲"。③ 女筵以為特敬。新婦拜見舅姑，鍼工外尤重此，多者至百餘盞。計其費，一盞數十錢。相傳始於明王府，至今不變云。

婚禮

媒妁既通，必取男女年庚對合，無忌尅，乃定。

世族之家多不拘定禮，用綵、幣、鐲、鑠之屬。貧者梭布、簪、珥。女家以冠佩相答。婚期既定，男家必備禮盒酒果，請賓送期於女家，曰"通信"，④ 即古"請期"之意。復擇吉，為茶果，具羊酒，並衣物、首飾送女家，曰"下聘"，亦"納徵"之意也。先期一日，女家以粧奩送男家，曰"鋪床"。至日，男家又以大蒸餅、果盤送女家，曰"催粧"。請

---

① [校] 瓜：原作"菜"，據《寧夏府志》卷四《地理·風俗》、《靈州誌蹟》卷一《风俗物產誌》改。

② [校] 月：原作"日"，據《寧夏府志》卷四《地理·風俗》、《靈州誌蹟》卷一《风俗物產誌》改。

③ [校] 稠茶餞歲：《寧夏府志》卷四《地理·風俗》、《靈州誌蹟》卷一《风俗物產誌》均作"稠茶"。

④ [校] 通信："信"字原脫，據《寧夏府志》卷四《地理·風俗》、《靈州誌蹟》卷一《风俗物產誌》、《宣統甘志》卷十一《輿地志·風俗》補。

女賓爲新婦插花、冠笄，曰"冠帶"。女家亦請女賓隨綵輿至男家，曰"送親"。娶多用綵轎、鼓吹。貧者以車，世族之家間亦有奠雁親迎者。新婦三日拜見舅姑，贄以鍼工，同室長幼各拜見，曰"分大小"。

冠禮

多不行。婚禮納徵時，女家以冠、履、衣、物相答，必有梳、篦、鏡、匣，曰"冠巾"。蓋亦存其意云。

喪禮

俗最重。衰絰冠履，多依古制，三年服。雖既葬，蔴巾衰衣，必大祥後始易。① 期、功以下，② 近亦多就簡便，不如古禮。七日，行大殮禮，親戚多會弔。將葬，先期訃。親友前一日各以酒盒、奠儀往祭，喪家備酒食相酬。多者至數百人賻奠之儀，恒不足爲肴核費。每進食，③ 孝子必出，稽顙謝，禮尤煩瑣，羸弱者至憊不能支。中衛、靈州俗尤尚送葬，男女或數十人，④ 喪家爲備酒食、車乘。力不能辦者，或至留殯數十年不能舉。相傳明季近邊各堡點虜常伺人葬出刦衣物，故送葬者皆親戚爲之備。⑤ 今太平已久，習而不改，轉成弊俗矣。

祭禮

世族之家有宗祠家廟，會祭多用羊。士民多祭於寢，用恒品，隨豐儉，無定數。春祭墓，夏無祭，秋以七月望亦有墓祭者，冬祭以十月朔冬至及歲暮。祭必備物、懸遺像，其禮尤重。

物產

鹽、羊皮。

穀豆之屬：糜、⑥ 大麥、小麥、蕎麥、羊眼豆、蔴子、綠豆、胡蔴、

---

① 大祥：古時父母喪後兩周年的祭禮。

② 期、功：古代喪服名稱。期，服喪一年。功，按照關係親疏分大功和小功，大功服喪九月，小功服喪五月。

③ [校] 食：《寧夏府志》卷四《地理·風俗》、《靈州誌蹟》卷一《風俗物產誌》均作"食飲"。

④ [校] 十：原作"千"，據《寧夏府志》卷四《地理·風俗》、《靈州誌蹟》卷一《風俗物產誌》改。

⑤ [校] 親戚：《寧夏府志》卷四《地理·風俗》、《靈州誌蹟》卷一《風俗物產誌》均作"請姻戚"。

⑥ [校] 糜：原作"糜"，據文意逕改。

青稞。

瓜菜之屬：芥、芹、葱、韭、辣子、蒜、黃紅胡蘿蔔、芋、白蘿蔔、花纓蘿蔔、芫荽、花白菜、沙葱、甜菜、馬齒莧、苦菜、西瓜、甜瓜、苦瓜、苜蓿、黃瓜、南瓜、菜瓜、香瓜、哈密瓜、醉瓜、茖菰、髮菜、地椒、莧菜。

花之屬：萱草、葵、菊、雞冠。

果之屬：紅白葡萄、林檎、秋子、花紅、沙棗、酸棗、胡桃。

木之屬：柏、松、榆、柳、白楊。

藥之屬：枸杞、甘草、柴胡、黃芪、苦參、升麻、秦艽、茵陳、青鹽。

禽之屬：鵰、鷹、鷂、鴿、鶻、雞、山雞、馬雞、半翅、雁、天鵝、倉庚、烏鴉、鳩、隼、鴇、雀、喜鵲、①臘嘴。

獸之屬：馬、駝、牛、羊、騾、驢、豕、狼、羱羊、青羊、山羊、野豕、土豹、野馬、狐、沙狐、野狸、豽、黑鼠、黃鼠。

古蹟誌第八

前事者，後世之師。古人雖往，軼事猶存。代遠年湮，竟使之磨滅不彰也，可乎？今試攷於載籍之中，或傳於父老之口，或得於殘碑斷碣之遺。識其梗概，俾好古之士得所考焉。

長城

隋開皇五年，司農少卿崔仲方發丁男三萬，於朔方築長城。東距黃河，②西至綏州，③南至勃出領，④綿亙七百里。六年春，復命仲方發丁男

---

① [校] 鷂：原作"鴉"，據《寧夏府志》卷四《地理·風俗》、《靈州志蹟》卷一《风俗物產誌》改。

② [校] 距：《隋書》卷六〇、《北史》卷三二《崔仲方傳》均作"至"。

③ [校] 至：《隋書》卷六〇、《北史》卷三二《崔仲方傳》均作"拒"。

④ [校] 勃出領：原作"勃山領"，據《隋書》卷六〇、《北史》卷三二《崔仲方傳》、《宣統甘志》卷十三《輿地志·古蹟》改。按：蓋因"出"字的下部誤入"領"字的上部，所以"勃出領"訛作"勃山嶺"。

十餘萬人修長城。①

鹽州廢城

攷靈州舊志，即今花馬池營是。② 隋置鹽川郡，③ 西魏置西安州。《元和》：④ 貞觀二年，⑤ 平梁師都，復置鹽州。《新唐志》：⑥ 貞元三年，没入吐蕃。九年，復城之，有鹽州府，又有保塞軍。宋咸平以後，入西夏，仍曰鹽州。

丁稅賦額誌第九

古者計丁授地，而地無曠土。後世按地課丁，而丁無正額。丁之額，仍以地爲額也。花馬池，沙漠之地，渠水不通，所種率宜糜子、蕎麥，且其地斥鹵，復産鹽，以補丁稅之不足。原録丁稅賦額爲一編，俾觀者得所裁別焉。

丁稅賦額

原額共民地八百八十九頃一十五畝三分八釐六毫，每畝七合起科，共徵糧六百二十二石四斗七合七勺。原額屯地五頃九十畝，每畝三升起科，徵青豆一十七石七斗。二共應徵民、屯糧六百四十石一斗七合七勺。

自同治兵燹後，地多荒蕪，迄今陸續開墾。⑦ 現墾民地三萬三千二百六十三畝八分六釐五毫，徵糧二百二十八石八斗六升九合。現墾屯地一百三十二畝六分，徵糧三石九斗七升八合。

---

① ［校］十：此字上原衍"發"字，據《隋書》卷六〇、《北史》卷三二《崔仲方傳》删。

② ［校］花馬池營："營"字原脱，據《寧夏府志》卷四《地理·古蹟》、《靈州誌蹟》卷一《古蹟誌》改。

③ ［校］鹽川郡：原作"鹽州郡"，據《隋書》卷二九《地理志》、《宣統甘志》卷十三《輿地志·古蹟》改。

④ 《元和》：即唐李吉甫撰《元和郡縣圖志》，又名《元和郡縣志》。下文"元和志"同。

⑤ ［校］二年：原作"三年"，據《元和郡縣圖志》卷四《鹽州》改。參見《太平寰宇記》卷三七《關内道·鹽州》、《舊唐書》卷五六《梁師都傳》。

⑥ 參見《新唐書》卷三七《地理志》。

⑦ ［校］續：原作"續"，據文意逕改。

原額地丁銀一十兩一錢八分二釐，現徵銀三兩七錢二分六釐。

鹽法

花馬池產鹽，地方周圍三十六里零，池設有壕墻，按年疏築，限隔內外。

明隆慶五年，題准花馬池大、小二池鹽，每引照鹽四倍河東，① 令各商報納，每引徵銀一錢二分，② 共五錢二分。其卧引銀一錢二分，西路斗底銀一錢五分，共增課銀七千有奇。

按：鹽池之在三山兒者，③ 曰大鹽池；在故鹽城之西北者，④ 曰小鹽池。其他名字羅等池最多，皆分隸大鹽池。其鹽大都不勞人力，因風自生，殆天產以資邊需者也。又《地里志》：⑤ 懷遠縣有鹽池三。⑥ 去城各三十里俱有池一，其產不多，官亦不禁，不知於古何名。河東邊外有花馬、⑦ 紅柳、鍋底三池，以邊外棄。

戶口

查城鄉原有戶口一萬六千九百六十七戶，男女大小共一十萬八百八十八丁口。自同治兵燹，人多逃亡。現僅有八百一十六戶，男女大小共五千九百四十七丁口。

---

①　引：即引票。明代，在食鹽運銷上實行"引稅"制度。規定鹽商先交稅款領取引票，然後憑引票到鹽場購鹽。明洪武年間，規定每引可購鹽400斤，後又分大、小引，購200斤稱小引，購400斤稱大引。明隆慶五年（1571），朝廷准花馬池大、小二池鹽每引可購800斤，相當於山西解鹽的4倍。

②　[校] 徵：《寧夏府志》卷七《田賦·鹽法》、《靈州誌蹟》卷二《丁稅賦額誌》均作"增"。

③　[校] 鹽池："池"字原脫，據《弘治寧志》卷三《靈州守禦千戶所·鹽池》、《嘉靖寧志》卷三《中路靈州·鹽池》、《朔方新志》卷一《食貨·鹽法》補。

④　[校] 鹽城：原作"鹽池"，據《嘉靖寧志》卷三《中路靈州·鹽池》、《朔方新志》卷一《食貨·鹽法》、《寧夏府志》卷七《田賦·鹽法》改。

⑤　參見《舊唐書》卷三八《地理志》。

⑥　鹽池三：即紅桃鹽池、武平鹽池、河池鹽池，詳見《元和郡縣圖志》卷四《關內道·懷遠縣》。

⑦　[校] 外：此字原脫，據《寧夏府志》卷七《田賦·鹽法》、《靈州誌蹟》卷二《丁稅賦額誌》補。

職官姓氏誌第十

設官分職以爲民極，境內之理亂，生民之利病係焉，非徒奉簿書邀榮名已也。花馬池自國朝雍正九年，設州同。改副將爲參將，復有守備、千把等各襄厥事。其克供職而爲民表者，即無負於朝廷設官之意也。今將其姓名列於誌，俾觀者得稽其時勢以辨其賢能焉。

州同，每歲俸銀六十兩，養廉銀一百二十兩。

門子一名，歲支工食銀六兩。遇閏，[1] 加支銀五錢。

民壯四名，每名歲支工食銀六兩，共支銀二十四兩。遇閏不加。

皂隸六名，每名歲支工食銀六兩，共支銀三十六兩。遇閏，加支銀三兩。

傘夫一名，歲支工食銀六兩。遇閏，加支銀五錢。

馬夫一名，歲支工食銀六兩。遇閏，加支銀五錢。

參將，每歲俸銀叁拾玖兩叁錢叁分陸釐，養廉銀伍百兩。

守備，每歲俸銀壹拾捌兩柒錢捌釐，養廉銀貳百兩。

把總，每歲俸銀壹拾貳兩肆錢陸分捌釐，養廉銀玖拾兩。

州同歷任姓氏

梁德長，陝西長安人，雍正九年任。

錢孟揚，江蘇太倉人，乾隆四年任。

楊起元，江蘇宜興人，乾隆十一年任。

陳冠吉，江西吉水人，乾隆二十年任。

佟鋆，正藍旗漢軍。乾隆二十年任。

梁昌，山西介休人，乾隆二十五年任。

高士堂，順天大興人，乾隆二十五年任。

李立，山西陽曲人，乾隆二十八年任。

李鋐，山西臨汾人，乾隆二十九年任。

章攀桂，安徽桐城人，乾隆二十九年任。

李文增，山東膠州人，乾隆三十年任。

---

[1] ［校］閏：原作"潤"，據文意逕改。下文"遇閏不加"句之"閏"同。

戴泰暉，湖北江夏人，乾隆三十一年任。
楊瀛仙，雲南石屏人，乾隆三十四年任。
伍葆光，廣西興寧人，乾隆三十六年任。
胡成，①順天大興人，乾隆三十九年任。
窩什渾，鑲藍旗漢軍，乾隆三十九年任。
朱蘭，山東歷城人，乾隆四十一年任。
王佩玉，江西臨江府清江縣監生，乾隆四十五年任。
連英，浙江嚴州府建德縣附生，乾隆五十一年任。
何永溱，湖北鄖陽府竹山縣監生，嘉慶二年任。
邊廷禧，福建福寧府福安縣優貢生，嘉慶六年任。
李大櫺，湖南岳州府平江縣監生，嘉慶十年任。
李步蟾，廣東廣州府龍門縣監生，嘉慶十三年任。
吳家璋，陝西興安府安康縣監生，嘉慶二十年任。
湯世騏，湖南長沙府湘鄉縣監生，道光六年任。
余龍田，江蘇常州府武進縣監生，道光十二年任。
官謙，陝西漢中府南鄭縣附生，道光二十一年任。
丁紹，江西撫州府金谿縣優貢生，道光二十三年任。
郭學泗，湖南岳州府巴陵縣文童，道光二十七年任。
劉汝魁，廣東廣州府靈山縣監生，道光三十年任。
熙恆，正藍旗漢軍松山佐領下舉人，咸豐三年任。
宋希濂，安徽潁州府潁上縣監生，咸豐九年任。
鄭春林，直隸正定府正定縣附生，咸豐十一年任。
岳汝惠，江蘇松江府華亭縣監生，同治四年任。
俞時衡，江蘇金山縣監生，同治九年任。
江曉，廣西桂林府臨桂縣謄錄，同治十一年任。
查德朗，安徽寧國府涇縣監生，光緒四年任。
田芬，陝西延安府定邊縣拔貢生，光緒七年任。
徐光興，湖北漢陽縣廩生，光緒八年任。
李疇，湖南益陽縣文童，光緒九年任。

---

① [校]胡成：原作"胡誠"，據《寧夏府志》卷九《職官·歷任姓氏》、《靈州誌蹟》卷二《職官姓氏誌》改。

余選恩，湖南平江縣監生，光緒十一年任。

張青選，陝西西安府富平縣附生，光緒十四年任。

李浚，陝西西安府咸陽縣監生，光緒十六年任。

茅纘，浙江杭州府錢塘縣監生，光緒十九年任。

黃復湧，陝西興安府安康縣監生，光緒二十一年任。

周啟樾，四川成都府成都縣監生，光緒二十四年任。

王本樸，湖南益陽縣監生，光緒二十九年任。

胡炳勳，陝西西安府臨潼縣監生，原籍湖南岳州府巴陵縣，光緒三十三年任。

舊設"副將"

趙之璧，順天人，順治二年任。①

吳登科，奉天人，順治九年任。②

萬承選，奉天人，順治十二年任。

姚承德，直隸人，順治十五年任。

李正芳，順天人，順治十六年任。③

王有才，山東人，康熙五年任。

石福，榆林人，康熙十五年任。

黃可樂，汾州人，康熙二十二年任。

黃昱，台灣人，④康熙二十五年任。

徐達，潞安人，康熙二十九年任。

高永謙，秦州人，康熙三十七年任。

趙永吉，金鄉人，康熙四十六年任。

金國正，本鎮人，康熙四十六年任。

改日新，宛平人，康熙五十四年任。

惠延祖，濟寧人，康熙六十一年任。

---

① 詳見《清世祖實錄》卷十七"順治二年六月壬子"條。

② 據《清世祖實錄》卷六十"順治八年九月庚子"條載，吳登科於是年升爲陝西花馬池副將。《乾隆甘志》卷二九《皇清武職官制》、《寧夏府志》卷十《皇清武職官制》所載均同本志。"八年"當爲宣佈升遷時間，"九年"當爲實際到任時間。

③ 詳見《清世祖實錄》卷一二七"順治十六年八月庚寅"條。

④ [校] 台灣：原作"台灣"，據文意逕改。

任春雷，西寧人，雍正九年任。
韓應魁，① 西安人，乾隆元年任。
王良佐，保定人，乾隆六年任。
晏嗣漢，貴州人，乾隆十年任。
張晟，奉天人，乾隆十六年任。
容保，奉天人，乾隆十七年任。
達啟，奉天人，乾隆二十年任。
福興，奉天人，乾隆二十一年任。②
定柱，奉天人，乾隆二十二年任。③
色倫泰，奉天人，乾隆二十八年任。
乾隆二十八年改設參將。
塞爾領，奉天人，乾隆二十九年任。
劉鑑，奉天人，乾隆三十年任。
張邦仁，襄陽人，乾隆三十六年任。
薛大楷，山西人，乾隆四十一年任。
以後姓氏卷宗焚燬，無從查攷。

營防驛遞誌第十一

有文事者，必有武備。明聖之朝不忘韜略，此營壘所由設也。試嘗論之，古之名將偶歷邊陲，必察其地勢之險要，何處可爲屯戍，何處可爲斥堠，一一繪於尺幅。故運籌幃幄之中，決勝千里之外，④ 良由講求有素也。今取營防驛遞彙誌之，俾觀者有所依據。

花馬池馬、步兵丁柒拾名。額外馬兵壹拾壹名，步兵五拾玖名。
興武營併分防毛卜喇堡兵三百二十六名。馬兵一百三十二名，步兵五

---

① [校] 韓應魁：原作"韓應奎"，據《寧夏府志》卷十《職官·歷任姓氏》、《清代官員履歷檔案全編》卷一《乾隆朝》改。
② [校] 二十一：《寧夏府志》卷十《職官·歷任姓氏》、《靈州誌蹟》卷二《職官姓氏誌》均作"二十"。按："一"字爲本志編者增加，不知所據。
③ [校] 二十二：《寧夏府志》卷十《職官·歷任姓氏》、《靈州誌蹟》卷二《職官姓氏誌》均作"二十"。按："二"字爲本志編者增加，不知所據。
④ [校] 決：原作"絕"，據《史記》卷八《高祖本紀》、卷五五《留侯世家》改。

十一名，守兵一百四十三名。

營汛

　　興武營墩十六處：苦水邊墩、平安墩、闇門墩闇門、沙溝邊墩、雙溝邊墩、鹹口邊墩、西沙邊墩、沙嶺邊墩、興武營闇門、高梁邊墩、硝池邊墩、乾溝邊墩、中沙邊墩、半箇城墩、清字邊墩、鎮邊墩。

　　花馬池營墩二十一處：芨芨溝邊墩、十一舖邊墩、七舖邊墩闇門、四舖邊墩，以上分屬安定堡。二十三堡邊墩、① 二十一堡邊墩、十九堡邊墩、十六堡邊墩、十三堡邊墩、八舖邊墩、三舖邊墩、二舖邊墩、長城關闇門、二舖邊墩、五舖邊墩、七舖邊墩、九舖邊墩、十一舖邊墩、② 十三舖邊墩、十七舖邊墩、二十一舖邊墩，與延綏定邊營接界。以上各堡防兵三名。③

　　花馬營十一處：二道溝汛、傅家地坑汛、武家淌汛，以上花馬池。十里墩、紅墩子墩、湯房墩、西路塘房墩、東路塘房墩，以上屬惠安堡。威遠墩、雄峯墩、大口子汛、石板泉汛、石頭坂汛，以上韋州。

　　興武營四處：峭汲塘房墩、西倒墩塘房墩，以上屬興武營。鎮安塘房墩、石山塘房墩，以上分屬毛卜喇。

　　按：前明嘉靖築河東新墻後，④ 盡減其馬，以省草料之費、息餵養之勞。⑤ 惟置軍夫沿溝壘守之，謂之"擺邊"。給事中管律著論非之，其略曰：亙三百六十餘里，皆虜入寇之路。步計一軍，⑥ 該十二萬猶虞疏闊，⑦

---

　　① ［校］堡：《寧夏府志》卷十一《職官·營汛》、《靈州誌蹟》卷二《兵額營汛驛遞誌》均作"舖"。下文"二十一堡"、"十九堡"、"十六堡"、"十三堡"等之"堡"同。
　　② ［校］十一舖邊墩：《寧夏府志》卷十一《職官·營汛》、《靈州誌蹟》卷二《兵額營汛驛遞誌》均無此五字。
　　③ ［校］堡：《寧夏府志》卷十一《職官·營汛》、《靈州誌蹟》卷二《兵額營汛驛遞誌》均作"墩"。
　　④ ［校］新墻：原作"新城"，據《寧夏府志》卷十一《職官·營汛》、《靈州誌蹟》卷二《兵額營汛驛遞誌》改。
　　⑤ ［校］息：此字原脫，據《嘉靖寧志》卷三《寧夏後衛·邊防》、《寧夏府志》卷十一《職官·營汛》、《靈州誌蹟》卷二《兵額營汛驛遞誌》補。
　　⑥ ［校］步：原作"歲"，據《嘉靖寧志》卷三《寧夏後衛·邊防》、《寧夏府志》卷十一《職官·營汛》、《靈州誌蹟》卷二《兵額營汛驛遞誌》改。
　　⑦ ［校］疎：《嘉靖寧志》卷三《寧夏後衛·邊防》、《寧夏府志》卷十一《職官·營汛》、《靈州誌蹟》卷二《兵額營汛驛遞誌》均作"稀"。

矧見軍未及十之三乎？《法》曰：① "以逸待勞者勝。"擺邊，晝夜戒嚴，恐非逸道也。倘虜衆分道而來，則十萬之衆豈能一呼成陣，首尾勢不相援。爲今之計，宜息肩養鋭，聯絡諸塞，待其來也，相機禦之。如不果禦，隨向徃而追逐之。況兵貴奇正，患無應援；將貴主一，②患在勢分。擺邊之舉，有五弊焉：③無奇正，無應援，主將不一，士卒分散。以五弊之謀，禦方張之虜，有不資敵之利乎？靈州舊志。④

驛遞

花馬驛在本城内，東至延安府定邊驛六十里，西至靈州安定驛六十里。額設馬十八匹，每匹日支草料銀七分。夫九名，日支口食銀三分。

歷代宦蹟誌第十二

《朔方·宦蹟》一編，⑤托始於周南仲。考南仲在周文時爲將帥，故《出車》一篇，直與芹藻之章媲美焉。⑥非以地重邊防，人高武節故歟。花馬池屬古雍、秦之地。官斯土者，代有卓人豐功韙烈，載在青簡，都人士世食其德。兹特録之，以示不忘云爾。

---

① 参見《孫子·軍争篇》。
② [校] 貴：原作"在"，據《嘉靖寧志》卷三《寧夏後衛·邊防》、《寧夏府志》卷十一《職官·營汛》、《靈州誌蹟》卷二《兵額營汛驛遞誌》改。
③ 五弊：下文僅列出四弊。《嘉靖寧志》卷三《寧夏後衛·邊防》載："今擺邊之謀，一舉而五弊存焉：無奇正，無應援，主將不一而運用參差，士卒分散而氣力單弱，悉難於節制矣。"
④ 参見《靈州誌蹟》卷二《兵額營汛驛遞誌》。按：《嘉慶靈州誌蹟》《光緒靈州誌蹟》中此則按語之後均注明出處爲"舊志"，又據"前明嘉靖"一語，可知"舊志"爲清代志書且早於兩部《靈州誌蹟》，應當是《寧夏府志》。此則按語的來源可以追溯至《嘉靖寧志》。所謂"管律著論非之"，當指《嘉靖寧志》卷三《寧夏後衛·邊防》中，管律關於論"擺邊"之弊的按語。
⑤ 参見《朔方新志》卷二《内治·宦蹟》。
⑥《出車》即《詩經·小雅·出車》。"芹藻之章"典出《詩經》。《詩經·魯頌·泮水》："思樂泮水，薄采其芹。……思樂泮水，薄采其藻。"《泮水》篇頌僖公之德，僖公修泮宫、播教化以克服淮夷，感化惡人。《出車》篇贊南仲之功，南仲平定玁狁、討伐西戎以使北方安定，人民安樂。故南仲之功堪比僖公之德。

歷代宦蹟

周

南仲，周之卿士。城朔方，伐西戎，載在《詩·小雅》。①

秦

蒙恬，始皇使蒙恬將兵三十萬，②北逐長城，③悉收河南地。因河爲塞，築四十四縣城，臨河徙適戍以充之。通直道自九原至雲陽。④因邊山險塹谿谷，起臨洮至遼東，萬餘里。⑤

漢

衛青，河東平陽人。元朔二年，出雲中至隴西，捕首虜數千，畜百餘萬，走白羊、樓煩王，⑥遂取河南地，爲朔方郡。封長平侯。⑦上曰："匈奴逆天理，亂人倫，暴長虐老，⑧以盜竊爲務，行詐諸蠻夷，造謀籍兵，數爲邊害，故興師遣將，以徵厥罪。《詩》不云乎？'薄伐玁狁，⑨至于太原'，⑩'出車彭彭，城彼朔方'。⑪今車騎將軍青渡西河，⑫

---

① 《詩經·小雅·出車》："天子命我，城彼朔方。赫赫南仲，玁狁于襄。"
② ［校］三十萬：此同《史記》卷八八《蒙恬傳》，同書卷一一〇《匈奴傳》作"十萬"。
③ ［校］北逐長城：《史記》卷八八《蒙恬傳》作"北逐戎狄"。
④ ［校］雲陽：《史記》卷八八《蒙恬傳》作"甘泉"。雲陽在今陝西省涇陽縣北。《中國歷代地名要覽》："雲陽城，陝西省（關中道）涇陽縣北。"《雍正陝志》卷四引《涇陽縣志》："雲陽在涇陽縣北三十里，今雲陽鎮是也。鎮東有舊城址。蓋初置甘泉山前，在淳化界，後徙仙法村，再徙今處。"據《中國歷史地圖集·清代》，雲陽鎮在涇陽縣北，淳化縣東南。《史記》卷一一〇《匈奴傳》張守節正義引《括地志》："雲陽，雍縣。秦之林光宫，即漢之甘泉宫在焉。"由於漢之甘泉宫建於此地，所以"甘泉"與"雲陽"可相互替代，作爲直道的終點。
⑤ 起臨洮至遼東萬餘里：此指築長城而言。《史記》卷八八《蒙恬傳》："築長城，因地形，用制險塞，起兆臨，至遼東，延袤萬餘里。"
⑥ ［校］王：此字上原衍"至"字，據《史記》卷一一一《衛將軍傳》、《漢書》卷五五《衛青傳》刪。參見《西漢會要》卷六八《蕃夷·匈奴》。
⑦ ［校］封：此字原脱，據《史記》卷一一一《衛將軍傳》、《漢書》卷五五《衛青傳》補。
⑧ ［校］老：原作"幼"，據《史記》卷一一一《衛將軍傳》、《漢書》卷五五《衛青傳》改。參見《漢書》卷五五《衛青傳》："暴長虐老"，顏師古注曰："謂其俗貴少壯而賤長老也。"
⑨ ［校］玁狁：原作"玁允"，據《史記》卷一一一《衛將軍傳》改。
⑩ 語出《詩經·小雅·六月》。
⑪ 語出《詩經·小雅·出車》。
⑫ ［校］渡：《史記》卷一一一《衛將軍傳》、《漢書》卷五五《衛青傳》均作"度"。

至高闕，① 獲首二千三百級，車輜畜産畢收爲鹵，已封爲列侯，遂西定河南地。按榆谿舊塞，絕梓領，梁北河，討蒲泥，破符離，執訊獲醜，全甲兵而還，其益封青三千八百戶。②"其後屢出朔方，以功拜大將軍。③

蘇建，衛〔青〕校尉，封平陵侯，築朔方城。

魏

源子雍，④ 字靈和。少好文雅，篤志於學。推誠待士，士多歸之。遷夏州刺史，適朔方胡亂，圍城，城中食盡。子雍詣東夏州運粮，爲胡帥所擒，子雍以義感衆，不爲屈，胡帥遂降。粮道既通，二夏以全。封樂平縣公。⑤

〔北〕周

源雄，字世略。少寬厚，美姿容。以伐齊功，封朔方公，⑥ 歷冀、平二州刺史。

唐

張仁愿，華州下邽人。本名仁亶，⑦ 有文武材。神龍二年，⑧ 朔方軍總管沙吒忠義爲突厥所敗，⑨ 詔仁愿攝御史大夫代之。⑩ 既至，賊已去，

---

① 〔校〕高闕：原作"高闋"，據《史記》卷一一一《衛將軍傳》改。按：又名"高闕塞"，在今內蒙古杭錦後旗西北。《讀史方輿紀要》卷六一："朔方郡臨戎縣北有連山，險於長城，其山中斷，兩岸雙闕雲舉，望若闕焉，名曰高闕。"《雍正陝志》卷十三引《水經注》："連山刺天，其山中斷，兩岸雙闕雲舉即狀表目，故有高闕之名。"陰山山脈至此中斷，成一缺口，望若門闕，故名。

② 〔校〕益封青三千八百戶："益封"原倒作"封益"，據《史記》卷一一一《衛將軍傳》、《漢書》卷五五《衛青傳》乙正。"三千八百戶"，《史記》卷一一一《衛將軍列傳》作"三千戶"。

③ 〔校〕大：此字下原衍"大"字，據《寧夏府志》卷十二《職官・宦蹟》、《靈州誌蹟》卷二《歷朝宦蹟誌》刪。

④ 〔校〕源子雍：原作"原子雍"，據《魏書》卷四一《源子雍傳》、《北史》卷二八《源子邕傳》改。參見《元和姓纂》卷四《二十一殷・源》。"子雍"，《北史》卷二八《源子邕傳》作"子邕"。

⑤ 〔校〕樂平縣公：《魏書》卷四一《源子雍傳》作"樂平縣開國公"。

⑥ 〔校〕朔方公：此同《北史》卷二八《源雄傳》，《隋書》卷三九《源雄傳》作"朔方郡公"。

⑦ 仁亶：因避唐睿宗李旦諱而改爲"仁愿"。

⑧ 〔校〕二年：此同《資治通鑑》卷二〇八，《舊唐書》卷九三、《新唐書》卷一一一《張仁愿傳》均作"三年"。

⑨ 〔校〕沙吒忠義："吒"原作"叱"，據《舊唐書》卷九三、《新唐書》卷一一一《張仁愿傳》改。

⑩ 〔校〕攝：原作"設"，據《舊唐書》卷九三、《新唐書》卷一一一《張仁愿傳》改。

引兵踵擊，①夜掩其營，破之。始，朔方軍與突厥以河爲界。時默啜悉兵西擊突騎施，仁愿請乘虛取漠南地，於河北築三受降城，絶虜南寇路。表留歲滿兵以助功。役者盡力，六旬而三城就。以拂雲爲中城，②南直朔方，西城南直靈武，東城南直榆林，三壘相距各四百餘里。又於牛頭朝那山北置烽堠千八百所。③自是突厥不敢踰山牧馬，歲費省億計，④減鎮兵數萬。景龍二年，拜左衛大將軍、⑤同中書門下三品，封韓國公。仁愿爲將，號令嚴明，將吏信服，按邊撫師，賞罰必直功罪。後人思之，爲立祠受降城，出師輒享焉。

張說，字道濟，洛陽人。開元中，王晙討康待賓，詔說相聞經略。時党項羌亦連兵，⑥破銀州，說將步騎萬人出合河關掩擊，破之。十年，詔爲朔方節度大使，⑦親行五城。八月，康待賓餘黨康願子反，掠牧馬，西涉河出塞。說追討至木盤山，⑧擒之。乃議徙河曲六州殘寇於唐、⑨鄧、仙、豫間，空河南朔方地。奏罷，沿邊戍兵悉還農。

牛仙客，涇州鶉觚人。開元末，爲朔方總管。嗇事省用，倉庫積實，器械鋒鋭。遷工部尚書、同中書門下三品。

―――――――――

① ［校］踵：原作"衝"，據《新唐書》卷一一一《張仁愿傳》改。按：《舊唐書》卷九三《張仁愿傳》載："乃躡其後，夜掩大破之。"

② 拂雲：指拂雲堆或拂雲祠。在今内蒙古包頭西北。張仁愿於此地築中受降城。

③ ［校］於牛頭朝那山北置烽堠千八百所："朝那山"，《讀史方輿紀要》卷六一認爲是"牟那山"之訛誤。《元和郡縣圖志》卷四《關内道》、《太平寰宇記》卷三九《關西道》均作"牟那山"。"八"原作"三"，據《舊唐書》卷九三、《新唐書》卷一一一《張仁愿傳》改。

④ ［校］費省：《乾隆甘志》卷三〇《名宦》、《寧夏府志》卷十二《宦蹟》均作"省費"，《新唐書》卷一一一《張仁愿傳》作"損費"。

⑤ ［校］左衛：原作"右衛"，據《舊唐書》卷九三、《新唐書》卷一一一《張仁愿傳》改。

⑥ ［校］党項：原作"黨項"，據族名用字逕改。

⑦ ［校］朔方：此同《新唐書》卷一二五《張說傳》，《舊唐書》卷九七《張說傳》作"朔方軍"。

⑧ ［校］追：原作"迫"，據《乾隆甘志》卷三〇《名宦》、《寧夏府志》卷十二《職官·宦蹟》、《靈州誌蹟》卷二《歷朝宦蹟誌》改。

⑨ ［校］六州：原作"二州"，據《舊唐書》卷九七、《新唐書》卷一二五《張說傳》改。按：唐調露元年（679），於靈州南界置魯、麗、含、塞、依、契等六州，用以安置突厥降戶。長安四年（704），併爲匡、長二州。神龍三年（707），仍分六州。開元十一年（723），平定康待賓反後，將其人遷出。其事見載於《舊唐書》卷八《玄宗本紀》、《唐大詔令集》卷一二八《蕃夷·綏附》、《元和郡縣圖志》卷四《關内道·宥州》。此處蓋因"二"與"六"的草書字形"㐅"相近而訛。

郭子儀，華州鄭人。天寶十四載，安祿山反。詔子儀爲衛尉卿、靈武郡太守，充朔方節度使，率本部東討。① 後明皇幸蜀，肅宗即位靈武，詔班師。子儀與李光弼率步騎五萬赴行在。時朝廷草昧，衆單寡，軍容闕然，及是國威大振。拜子儀兵部尚書、同中書門下平章事，② 仍總節度。時帝倚朔方軍爲根本焉。大曆三年，吐蕃入寇，詔率師五萬屯奉天，子儀遣將白元光破虜於靈武。九年，入朝。上書曰：朔方，國北門，西禦犬戎，北虞獫狁，③ 五城相去三千里。開元、天寶中，戰士十萬，馬三萬，僅支一隅。自先帝受命靈武，戰士從陛下徵討，無寧歲。頃以懷恩亂，瘡傷凋耗，亡三分之二，比天寶中止十之一。臣惟陛下制勝，力非不足，但簡練不至，進退未一，時淹師老，地廣勢分。願於諸道料精卒滿五萬者，④ 列屯北邊，則制勝可必。後以功封汾陽王，諡忠武。

五代

康福，蔚州人。明宗時，靈武韓洙死，⑤ 其弟澄立，而偏將李崇賓作亂。⑥ 朝廷以福爲涼州刺史，河西軍節度使，⑦ 破吐蕃於青岡峽，⑧ 威聲大振。居靈武三歲，歲豐稔，有馬千駟，蕃夷畏服。⑨

藥元福，⑩ 并州晉陽人。⑪ 晉開運中，爲威州刺史。蕃酋拓跋彥超等

---

① [校]部：《舊唐書》卷一二〇、《新唐書》卷一三七《郭子儀傳》均作"軍"。
② [校]下：此字下原衍"同"字，據《舊唐書》卷一二〇、《新唐書》卷一三七《郭子儀傳》刪。
③ [校]虞：原作"虜"，據《舊唐書》卷一二〇、《新唐書》卷一三七《郭子儀傳》改。
④ [校]五：此字原脫，據《新唐書》卷一三七《郭子儀傳》補。
⑤ [校]韓洙：原作"韓沫"，據《新五代史》卷四六《康福傳》改。參見《新五代史》卷四〇《韓遜傳》。
⑥ [校]李崇賓：《新五代史》卷四六《康福傳》作"李從賓"，《新五代史》卷四〇《韓遜傳》作"李賓"。
⑦ [校]軍：原作"郡"，據《舊五代史》卷九一、《新五代史》卷四六《康福傳》改。
⑧ [校]岡：原作"崗"，據《新五代史》卷四六《康福傳》、《寧夏府志》卷十二《職官·宦蹟》、《靈州誌蹟》卷二《歷朝宦蹟誌》改。
⑨ [校]蕃夷：《寧夏府志》卷十二《職官·宦蹟》、《靈州誌蹟》卷二《歷朝宦蹟誌》均作"蕃彝"。
⑩ [校]藥元福：原作"葉元福"，據《宋史》卷二五四《藥元福傳》、《隆平集》卷十六《武臣》、《太原府志》卷三五《人物》改。
⑪ [校]晉陽：原作"晉縣"，據《宋史》卷二五四《藥元福傳》、《寧夏府志》卷十二《職官·宦蹟》、《靈州志》改。

攻靈州。① 詔以河陽節度使馮暉鎮朔方，召關右兵進討，以元福將行營騎兵。元福與暉出威州土橋西，遇彥超兵七千餘，② 元福轉戰五十里，殺數千級，③ 擒三十餘人。朔方距威州七百里，無水草，號"旱海"，師須齎粮以行，至耀德食盡。彥超衆數萬，佈爲三陣，扼要路，據水泉，以待暉軍，軍中大懼。暉以金帛求和解，④ 彥超許之。至日中，列陣如故。元福曰："彼知我軍飢渴，邀我於險，欲困我耳。遷延至暮，則吾等成擒矣。彼雖衆而精兵絕少，依西山爲陣者是也。"乃以麾下先擊西山兵，敵果潰。元福舉旗，暉軍繼進，彥超大敗，尸橫蔽野。⑤ 是夕，入清遠軍。明日，至靈州。元福入宋，爲檢校太尉，鎮陝州。⑥

宋

馮繼業，字嗣宗，暉之子也。幼敏慧，有度量。以父任補朔方軍節院使。⑦ 暉卒，遂代其父，爲朔方留後。⑧ 以郊祀恩，加靈州大都督府長史。建隆初來朝，以駝馬、寶器來獻，後拜靜難軍節度使。

鄭文寶，字仲賢。太宗時，授陝西轉運副使，前後自環慶部糧越旱海入靈武者十二次。⑨ 曉達蕃情，⑩ 習其語。經由部落，每宿酋長帳中，⑪ 其

---

① [校]靈州：原作"靈武"，據《宋史》卷二五四《藥元福傳》、《寧夏府志》卷十二《職官·宦蹟》、《靈州誌蹟》卷二《歷朝宦蹟誌》改。參見《隆平集》卷十六《武臣》。

② [校]餘：此字原脫，據《舊五代史》卷八四《少帝本紀》、《宋史》卷二五四《藥元福傳》、《寧夏府志》卷十二《職官·宦蹟》、《靈州志》補。

③ [校]殺數千級：《宋史》卷二五四《藥元福傳》無"數"字，《舊五代史》卷八四《少帝本紀》作"斬首千餘級"。

④ [校]以金帛求和解："金"原作"玉"，據《宋史》卷二五四《藥元福傳》改。"和解"原倒作"解和"，據《宋史》卷二五四《藥元福傳》乙正。

⑤ [校]尸橫：《宋史》卷二五四《藥元福傳》作"橫尸"。

⑥ [校]《宋史》卷二五四《藥元福傳》載，藥元福"加檢校太尉"與"移鎮陝州"之事發生在後周世宗時期，並非入宋之後。

⑦ [校]節院使："節"字原脫，據《東都事略》卷二八、《宋史》卷二五三《馮繼業傳》補。

⑧ 留後：若父爲節度使，父死子繼，則號爲留後。馮繼業之父馮暉曾爲朔方軍節度使，暉卒，繼業遂代之，故稱朔方留後，或朔方軍留後。

⑨ [校]環慶：原作"環銀"，據《東都事略》卷一一五、《宋史》卷二七七《鄭文寶傳》改。

⑩ [校]蕃：原作"番"，據《宋史》卷二七七《鄭文寶傳》改。

⑪ [校]每：原作"或"，據《宋史》卷二七七《鄭文寶傳》改。

人或呼爲父。① 朝廷議城古威州，遣使訪文寶，言："威州在清遠軍西北八十里，樂山之西。唐大中時，靈武朱叔明收長樂州，邠寧張君緒收六關，② 即其地也。故壘未圮，③ 水甘土沃，有良木薪積之利。④ 約葫蘆、臨洮二河，壓明沙，⑤ 蕭關兩戍，東控五原，北固峽口，足以襟帶西凉，咽喉靈武，城之便。"

明

沐英，定遠人。洪武十年，以徵西副將軍，從鄧愈出塞，渡黃河，耀兵崑崙，轉戰數千里，俘斬萬計。⑥ 論功封西平侯。十三年，脫火赤犯順，英由靈武口渡黃河，歷賀蘭山，涉流沙，分爲四翼。自以驍勇衝其中堅，啣枚夜薄其營，⑦ 生擒脫火赤及知院愛足全部以歸，封黔寧王。卒諡昭靖，配享廟廷。

史昭，⑧ 直隸藁城人。以父敬功授寧夏世襲指揮，遂家焉，累以軍功歷總兵。宣德元年，挂徵西將軍印，鎮寧夏，所統官軍悉聽節制。虜也先脫干爲患，⑨ 昭出奇計擒之，昭用兵有紀律，料敵制勝，所向成功。《家傳》稱：昭出徵，經大漠，人馬渴甚，昭潛心默禱。忽有茅菴，訪之，

---

① ［校］或：原作"每"，據《宋史》卷二七七《鄭文寶傳》改。

② ［校］邠寧：原作"郊寧"，據《宋史》卷二七七《鄭文寶傳》改。按：六關，即石門、驛藏、木峽、制勝、六盤、石峽六关，位於今寧夏固原市境內。

③ ［校］未：此字原脫，據《宋史》卷二七七《鄭文寶傳》補。

④ ［校］薪積：《宋史》卷二七七《鄭文寶傳》作"薪秸"。

⑤ ［校］明沙：《靈州誌蹟》卷二《歷朝宦蹟誌》作"鳴沙"。

⑥ ［校］俘斬：原作"俘獲"，據《明史》卷一二六《鄧愈傳》改。

⑦ ［校］啣枚：原作"啣牧"，據《寧夏府志》卷十二《職官・宦蹟》、《靈州誌蹟》卷二《歷朝宦蹟誌》改。

⑧ ［校］史昭：原同《寧夏府志》卷十二《宦蹟》、《靈州誌蹟》卷二《歷朝宦蹟誌》作"史劍"，據《明宣宗實錄》卷八八、《明史》卷一七四《史昭傳》改。按：文獻未載明朝寧夏總兵中有名"史劍"者。《明宣宗實錄》卷八八、《明史》卷一七四《史昭傳》均載，宣德七年（1432）任寧夏總兵者名"史昭"。自《弘治寧志》卷二《寧夏總鎮・宦蹟・國朝主將》始，"史昭"誤作"史劍"，且載其能以鐵燕子料勝負事，其後，本志及《嘉靖陝志》卷十九《全陝名宦・寧夏總兵》、《嘉靖寧志》卷二《寧夏總鎮・宦蹟・國朝主將》、《朔方新志》卷二《內治・宦蹟・寧夏總兵》、《寧夏府志》卷十二《宦蹟》等均襲《弘治寧志》之誤和所載能以鐵燕子料勝負事。下文合肥人史昭與本條疑爲同一人。

⑨ ［校］也先脫干："先"字原脫，據《寧夏府志》卷十二《職官・宦蹟》、《靈州誌蹟》卷二《歷朝宦蹟誌》補。按：《嘉靖寧志》卷二載"也先脫干之捷"，即此次戰役。

見二尼僧，① 隨所指引，得泉如注，師遂用濟。旋踪蹟之，菴、尼皆不復見。惟遺一包裹，內鐵燕一支、兵書一篋，自是謀略益神。每行軍，則置鐵燕於帳前，以候風色，占驗動靜，毫髮無爽。於花馬池建築四步戰台，② 至今尚存。③ 壽八十三，卒於官。

　　史昭，合肥人。宣德七年，以徵西將軍鎮寧夏。孛的達里麻犯邊，遣兵擊之，至闊台察罕，俘獲甚衆。進都督同知。正統初，昭以寧夏孤懸河外，東抵綏德二千里，④ 曠達難守，請於花馬池築哨馬營，增設烽墩，直接哈剌兀速之境，⑤ 邊備大固。尋進右都督。居寧夏十二年，老成慎重，政舉兵修，邊境無事。

　　王驥，字尚德。正統九年，命與都御史陳鎰巡邊。⑥ 初，寧夏備邊兵，⑦ 半歲一更，後邊事亟，三年乃更。軍士日久疲罷，又益選軍餘防冬，⑧ 家有五六人在邊者，軍用重困。驥請歲一更，當代者以十月至，而代者留至來年正月乃遣歸，⑨ 邊備足而軍不勞。帝善其議，行之諸邊。卒年八十三，贈靖遠侯，諡忠毅。

　　秦紘，⑩ 字世纓，單人。弘治十四年秋，⑪ 寇大入花馬池，敗官軍孔壩溝。詔起紘戶部尚書，總制三邊。紘馳至，祭亡掩骼。奏錄死事指揮朱鼎等五人，⑫ 恤軍士戰没者家。劾治敗將楊琳等四人罪，更易守將。練壯

---

① ［校］僧：此字原脫，據《寧夏府志》卷十二《職官·宦蹟》補。
② ［校］築：原作"置"，據《寧夏府志》卷十二《職官·宦蹟》、《靈州誌蹟》卷二《歷朝宦蹟誌》改。
③ ［校］至：原作"制"，據《靈州志》改。
④ ［校］千：原作"十"，據《明史》卷一七四《史昭傳》改。
⑤ ［校］哈剌兀速：原作"哈喇九連"，據《明史》卷一七四《史昭傳》改。
⑥ ［校］陳鎰：原作"陳謐"，據《明史》卷一七一《王驥傳》改。參見《明史》卷一五九《陳鎰傳》、《吳縣志》卷五《進士》、《雍正陝志》卷五一《名宦》。
⑦ ［校］兵：《明史》卷一七一《王驥傳》作"軍"。
⑧ ［校］餘：此字原脫，據《明史》卷一七一《王驥傳》、《寧夏府志》卷十二《職官·宦蹟》補。
⑨ ［校］正月：原作"十月"，據《明史》卷一七一《王驥傳》改。
⑩ ［校］秦紘：原作"秦絃"，據《明史》卷一七八《秦紘傳》改。
⑪ ［校］弘治：原作"成化"，據《明史》卷一七八《秦紘傳》改。按：《明孝宗實錄》卷一七九"弘治十四年九月甲辰"條、《嘉靖寧志》卷二《宦蹟》載，秦紘於弘治十四年（1501）被起用，爲戶部尚書兼察院右副都御史，總制陝西固原等處軍務。十五年（1502）正式到任。此次起用秦紘，由於蒙古軍隊入侵花馬池。若入侵之事發生在明成化十四年（1478），距弘治十五年（1502）有二十四年，朝廷在事發二十四年之後，才起用秦紘，明顯有誤。
⑫ ［校］指揮：此二字原脫，據《明史》卷一七八《秦紘傳》補。

士，興屯田，申明號令，軍聲大振。又請於花馬池迤西至小鹽池，築十堡以固邊防。① 又作戰車，名"全勝"，② 詔頒其式於諸邊。在事三年，四鎮晏然。卒，贈少保，諡襄毅。

楊一清，丹徒人。③ 弘治十五年，④ 擢左副都御史，⑤ 督理陝西馬政。會寇大入花馬池，詔命一清巡撫陝西。甫受事，寇已退。乃選精卒教演之，創平虜、紅古二城以援固原，築垣瀕河以捍靖虜。又爲三邊總制。安化王寘鐇反，⑥ 一清部將仇鉞捕執之。一清馳至鎮，宣佈德意，安撫士民，不貪其功，夏人德之。

劉天和，麻城人。嘉靖十五年，總制三邊軍務。倣前總督秦紘制雙輪車，⑦ 練諸邊將士。吉囊陷花馬池塞，⑧ 斬失守指揮二人。⑨ 敵侵固原，東出乾溝，⑩ 令任杰等襲其後，捕斬二百級。⑪ 論功加太子太保，兵部尚書。又城鐵柱泉，⑫ 扼北虜入寇之路，邊人賴之。

王崇古，字學甫，蒲州人。嘉靖四十三年，改右僉都御史，巡撫寧

---

① ［校］十：此字上原衍"二"字，據《寧夏府志》卷十二《職官·宦蹟》、《靈州誌蹟》卷二《歷朝宦蹟誌》刪。按：《明史》卷一七八《秦紘傳》載，花馬池迤西至小鹽池二百里，每二十里築一堡。總長二百里，每二十里築一堡，共築十堡。

② ［校］全勝：《明史》卷一七八《秦紘傳》作"全勝車"。

③ ［校］人：此字原脫，據《寧夏府志》卷十二《職官·宦蹟》、《靈州誌蹟》卷二《歷朝宦蹟誌》補。

④ ［校］弘治：原避清高宗弘曆諱改作"宏治"，據《明史》卷一九八《楊一清傳》回改。下同。

⑤ ［校］左副都御史：原作"右副都御史"，據《明史》卷一九八《楊一清傳》改。按：楊一清《關中奏議》卷九中收錄了他的一篇奏議，題作《奏爲衰病乞恩休致事》，成文於弘治十五年十二月。文中楊一清自署"欽升都察院左副都御史，督理陝西馬政。"此亦可證應爲"左副都御史"。

⑥ 安化王寘鐇反：詳見《明史紀事本末》卷四四《寘鐇之叛》。

⑦ ［校］總督："總"字原脫，據《明史》卷二〇〇《劉天和傳》補。

⑧ 《明史》卷二〇〇《劉天和傳》載，吉囊於花馬池遭劉天和伏擊，潰敗而逃，未曾攻陷過花馬池城。

⑨ 《明史》卷二〇〇《劉天和傳》載，斬指揮事發生在吉囊寇固原之時。

⑩ ［校］東出乾溝：原作"東乾溝溝"，據《寧夏府志》卷十二《職官·宦蹟》改。

⑪ 《明史》卷二〇〇《劉天和傳》載，任杰等所斬獲之數量爲四百四十餘級。

⑫ ［校］鐵柱泉：此三字下原衍"城"字，據《嘉靖寧志》卷二《宦蹟》、《寧夏府志》卷十二《職官·宦蹟》、《靈州誌蹟》卷二《歷朝宦蹟誌》刪。《鹽池縣志》卷七《職官志·宦蹟》"劉天和"條同改。

夏。崇古喜談兵，具知諸邊阨塞，① 修戰守，納降附，數出兵搗巢。故寇累殘他鎮，而寧夏獨完。隆慶初，代陳其學，進總督陝西、延、寧、甘肅軍務。崇古指畫地圖，分授諸大將趙岢、雷龍等。數有功。著力兔行牧河東，② 龍潛出興武，襲破其營，斬獲甚多。吉能犯邊，③ 爲防秋兵所遏，移營白城子。龍等出花馬池長城關與戰，④ 大敗之。崇古在陝七年，前後獲首功無算。卒，贈太保，諡襄毅。

李震，字卯泉，鎮番人。⑤ 庠生，襲祖職協守寧夏。王崇古駐花馬池，知套虜有異謀，以輕騎三千屬震，爲虜所覺，部分精銳逆戰，震劈其堅陣，突入帳中，所遇強壯，⑥ 盡殲之。白城子之捷，⑦ 以震功爲最，陞甘肅總兵，挂平寇將軍印，⑧ 修葺五郡磚城。⑨

王效，延綏人。讀書能文辭，嫺將略，⑩ 騎射絕人，⑪ 中武會試。嘉靖十一年冬，充總兵官，代周尚文鎮寧夏。吉囊犯鎮遠關，效與梁震、鄭

---

① ［校］阨：原作"扼"，據《明史》卷二二二《王崇古傳》改。

② ［校］著力兔：原作"著力免"，據《明史》卷二二二《王崇古傳》改。

③ ［校］吉能：原作"吉龍"，據《明史》卷二二二《王崇古傳》、《寧夏府志》卷十二《職官·宦蹟》改。參見《國朝獻徵錄》卷三九《王公崇古墓志銘》、《明穆宗實錄》卷三九"隆慶三年十一月戊寅"條。

④ ［校］花馬池："池"字原脫，據《明史》卷二二二《王崇古傳》補。

⑤ ［校］人：此字原脫，據《寧夏府志》卷十二《職官·宦蹟》、《靈州誌蹟》卷二《歷朝宦蹟誌》補。

⑥ ［校］強：此字原脫，據《乾隆甘志》卷三五《人物》、《寧夏府志》卷十二《職官·宦蹟》、《靈州誌蹟》卷二《歷朝宦蹟誌》補。

⑦ ［校］白城子：原倒作"白子城"，據《乾隆甘志》卷三五《人物》、《寧夏府志》卷十二《職官·宦蹟》、《靈州誌蹟》卷二《歷朝宦蹟誌》乙正。

⑧ ［校］寇：《乾隆甘志》卷三五《人物》、《寧夏府志》卷十二《職官·宦蹟》、《靈州誌蹟》卷二《歷朝宦蹟誌》均作"羌"。

⑨ ［校］葺：原作"茸"，據《乾隆甘志》卷三五《人物》、《寧夏府志》卷十二《職官·宦蹟》、《靈州誌蹟》卷二《歷朝宦蹟誌》改。

⑩ ［校］將略：《明史》卷二一一《王效傳》作"韜略"。

⑪ ［校］絕人：原作"絁人"，據《明史》卷二一一《王效傳》改。按："絕人"即過人。明朝梅膺祚《字彙·未集·系部》："絕，超也。"《明史》有"勇力絕人""膂力絕人""智識絕人""穎敏絕人""姿性絕人""驍勇絕人"，皆爲其例。王效由於具有過人的騎射本領而中武會試。"絁人"明顯有誤。

時、史經敗之柳門，① 追北蜂窩山，② 蹙溺之河，斬首百四十有奇，③ 璽書獎賚。吉囊十萬騎復窺花馬池，效同震拒之不得入，虜趨固原。又趨青山峴，④ 大掠安定、會寧。效移師還援，破之安定，再破之靈州，斬首百五十餘級。十五年，賊據芽菩灘、打磑口等地，⑤ 效率副總兵馮大險、⑥ 任杰奮擊之，⑦ 斬獲無算，乃遠遁。

人物鄉獻誌第十三

見堯於羹，見舜於墻。古人雖往，瘝瘵之間，若或見之。矧爲一邑之賢哲竟使其嘉言善行歷久而愈湮也，可乎哉？今取漢晉以來及國初諸前輩，其言行卓卓者著於編，則後生之士亦可以聞風興起矣。

漢

傅燮，字南容。黃巾賊亂，燮上書陳致亂之由，⑧ 請速行佞臣之誅，言甚剴切，語在本傳。⑨ 中常侍趙忠惡之。會燮功封，忠譖之，帝猶識燮言，不加罪。尋任爲議郎，每公卿有缺，衆議必歸之。帝使忠論討黃巾賊功，忠使弟延致殷勤於燮曰："公當少答我常侍，萬戶侯可得也。"燮正

---

① ［校］鄭時史經：《明史》卷二一一《王效傳》無此四字。

② ［校］追：此字下原衍"追至"二字，據《明史》卷二一一《王效傳》、《寧夏府志》卷十二《職官·宦蹟》、《靈州誌蹟》卷二《歷朝宦蹟誌》刪。按："追"字因換行而衍，"至"字因義同而衍。

③ ［校］百四：原倒作"四百"，據《寧夏府志》卷十二《職官·宦蹟》、《靈州誌蹟》卷二《歷朝宦蹟誌》乙正。

④ ［校］青山峴：原作"青峴山"，據《明史》卷二一一《王效傳》改。

⑤ ［校］打磑口：此同《嘉靖寧志》卷二《俘捷》，《明史》卷二一一《王效傳》作"打鎧口"。按：《嘉靖寧志》卷二《俘捷》載，芽菩灘之捷發生於嘉靖十五年（1536），打磑口之捷發生於嘉靖十六年（1537）。

⑥ ［校］副總兵：原作"總兵"，據《寧夏府志》卷十二《職官·宦蹟》、《靈州誌蹟》卷二《歷朝宦蹟誌》改。

⑦ 《嘉靖寧志》卷二《俘捷》載，芽菩灘之捷，"總兵官王效、副總兵任杰、遊擊將軍鄭時、參將史經會兵擊之，斬首九十餘級，虜乃遠遁。"打磑口之捷，"總兵官王效，副總兵任杰，遊擊鄭時、馮大倫會兵大破之，斬首百級以歸。"

⑧ ［校］致：原作"治"，據《寧夏府志》卷十三《人物·鄉獻》、《靈州誌蹟》卷三《人物鄉獻誌》改。

⑨ 參見《後漢書》卷五八《傅燮傳》。

色："遇與不遇，① 命也；有功不論，時也。傅燮豈求私賞哉！"忠愈恨之，然憚其名，不敢害。出爲漢陽太守，韓遂擁兵十餘萬圍漢陽，城中兵少食盡。燮子幹年十三，言於燮曰："國家昏亂，遂令大人不容於朝。今兵不足以自守，宜還鄉里，徐俟有道而輔之。②"燮慨然曰："汝知吾必死耶？'聖達節，次守節'。③ 殷紂暴虐，伯夷不食周粟而死。吾遭亂世，④ 不能養浩然之志，⑤ 食人之禄，又欲免其難乎？吾行何之，必死於此。汝有此才智，勉之勉之。"遂揮左右進兵，⑥ 臨陣戰没。謚曰壯節侯。

晉

傅祇，字子莊，嘏之子也。性至孝，早歲知名，以才識明練稱。起家太子舍人，累遷散騎黃門郎，⑦ 賜爵關内侯。楊駿輔政，欲悦衆心，⑧ 議晉封爵。祇作書止之，駿不從。駿誅，祇爲侍中，⑨ 多所維正。⑩ 趙王倫輔政，⑪ 以爲中書監。祇以疾辭，倫遣御史輿祇就職。王戎、陳準等相謂曰："傅公在事，吾屬無憂矣。"其爲人、物所倚信如此。帝即位，⑫ 加右僕射、中書監。及洛陽陷，衆共建行臺，⑬ 推祇爲盟主。⑭ 赴告方伯徵義

---

① ［校］與：此字原脱，據《後漢書》卷五八《傅燮傳》補。《鹽池縣志》卷七《職官志・鄉宦》"傅燮"條同改。

② ［校］輔：原作"事"，據《後漢書》卷五八《傅燮傳》、《寧夏府志》卷十三《人物・鄉獻》改。

③ 語出《左傳・成公十五年》。

④ ［校］亂世：《寧夏府志》卷十三《人物・鄉獻》、《靈州誌蹟》卷三《人物鄉獻誌》均作"世亂"。

⑤ ［校］之志：原作"氣"，據《後漢書》卷五八《傅燮傳》、《資治通鑒》卷五八、《通鑒紀事本末》卷八下《韓馬之叛》改。

⑥ ［校］揮：《後漢書》卷五八《傅燮傳》作"麾"。

⑦ ［校］黃門郎："黃門"下原衍"侍"字，據《晉書》卷四七《傅祇傳》删。《鹽池縣志》卷七《職官志・鄉宦》"傅祇"條同改。

⑧ ［校］悦：此字原脱，據《晉書》卷四七《傅祇傳》補。

⑨ 據《晉書》卷四七《傅祇傳》，此時傅祇當官居"常侍"而非"侍中"。

⑩ ［校］維正：原作"推正"，據《晉書》卷四七《傅祇傳》改。《鹽池縣志》卷七《職官志・鄉宦》"傅祇"條同改。

⑪ ［校］輔政：原作"撫政"，據《晉書》卷四七《傅祇傳》改。

⑫ 帝：即西晉懷帝司馬熾。

⑬ ［校］行臺：原作"行營"，據《晉書》卷四七《傅祇傳》改。

⑭ ［校］盟主：原作"監主"，據《晉書》卷四七《傅祇傳》改。

兵，祇自屯盟津。以暴疾薨，自以義誠不終，力疾手筆，①敕厲其二子宣、②暢，辭旨深切，③覽者莫不感激。宣、暢亦並有令名。

傅咸，④字長虞，玄之子。⑤剛簡有大節。襲父爵，拜太子洗馬，⑥累遷御史中丞兼司隸校尉。顧榮稱其"勁直忠果，劾案驚人"。孫瑗，亦以學業知名，位至安成太守。⑦

〔南北朝〕

傅迪，亮之兄也。仕宋，官至尚書。亮方貴，迪每深誡焉，而不從。見仕路屯險，著論曰《演慎》。⑧少帝失德，內懷憂懼。因直宿禁中，見夜蛾赴火，作《感物賦》以寄意。

唐

韓游瓌，⑨始為郭子儀裨將。從討安祿山，功第一。朱泚之亂，游瓌扈衛在奉天。李懷光約游瓌為變，游瓌發其謀，帝詔嘉之。後平賊，功與渾瑊齊。

史敬奉，有才武，走逐奔馬，矛矢在手，前無強敵。破吐蕃，解鹽州圍，益封五十戶。⑩

―――――――

① 〔校〕筆：原作"書"，據《晉書》卷四七《傅祇傳》改。《鹽池縣志》卷七《職官志·鄉宦》"傅祇"條同改。

② 〔校〕厲：原作"勵"，據《晉書》卷四七《傅祇傳》改。《鹽池縣志》卷七《職官志·鄉宦》"傅祇"條同改。

③ 〔校〕辭：原作"詞"，據《晉書》卷四七《傅祇傳》改。《鹽池縣志》卷七《職官志·鄉宦》"傅祇"條同改。

④ 〔校〕傅咸：原作"傅威"，據《晉書》卷四七《傅咸傳》改。

⑤ 〔校〕玄之子："玄"，原避清聖祖玄燁諱改作"元"，據《晉書》卷四七《傅玄傳》回改。下同。"之"字下原衍"之"字，據《寧夏府志》卷十三《人物·鄉獻》、《靈州志蹟》卷三《人物鄉獻誌》刪。

⑥ 〔校〕拜：此字原脫，據《晉書》卷四七《傅咸傳》補。另，據《晉書》卷四七校勘記〔二〕，傅咸拜太子洗馬在襲父爵之前，此列襲爵後，不確。

⑦ 〔校〕位至安成太守："位"原作"守"，據《宋書》卷四三、《南史》卷十五《傅亮傳》改。"安成"原作"安定"，據《宋書》卷四三、《南史》卷十五《傅亮傳》及《乾隆甘志》卷三五《人物·傅瑗》改。

⑧ 《演慎》及下文《感物賦》原文均見載於《宋書》卷四三《傅亮傳》。

⑨ 〔校〕游瓌：原作"游環"，據《舊唐書》卷一四四、《新唐書》卷一五六《韓游瓌傳》改。下同。

⑩ 〔校〕五十：原作"五千"，據《新唐書》卷一七〇、《舊唐書》卷一五二《史敬奉傳》改。

康日知，少事李惟岳，擢趙州刺史。惟岳叛，日知與別駕李瀍及部將百人共盟，① 固州自歸。惟岳怒，遣先鋒兵馬使王武俊攻之，② 日知使客說武俊還，斬惟岳以獻。德宗美其謀，③ 擢深趙觀察使。會武俊拒命，遣將攻趙州，日知破之，上俘京師。徙奉誠軍節度使，又徙晉絳，加檢校尚書左僕射，封會稽郡王。卒，贈太子太師。子志睦亦以功封會稽郡公。
　　宋
　　周美，字之純，以才武稱。真宗幸澶淵，④ 常令宿衛。累遷秩副都總管。⑤ 在邊十餘載，所向有功，諸將服之。
　　斡道冲，⑥ 字宗聖。⑦ 其先事偽夏主，世掌國史。道冲通五經，爲番漢教授，譯《論語註》，別作《解義》二十卷，⑧ 又作《周易卜筮斷》，以其國字書之，行於國中，⑨ 後官至其國之中書宰相。
　　明
　　孟養龍，⑩ 崇禎元年恩貢。工詩文，尚氣節。闖賊遣兵攻城，養龍糾衆捍禦，境内卒全。寧夏道黎士宏撰墓誌，⑪ 詳載其事。著有《吹萬吟》。
　　國朝
　　孟之珪，康熙甲戌進士。⑫ 天姿穎異，品行端方，文章字學，兼有名於時。立條教，闡明理學，至今學者皆宗仰之。

―――――――

① ［校］部將：原作"步將"，據《新唐書》卷一四八《康日知傳》改。
② ［校］先鋒：此二字原脫，據《新唐書》卷一四八《康日知傳》補。
③ ［校］美：原作"善"，據《新唐書》卷一四八《康日知傳》、《寧夏府志》卷十三《人物·鄉獻》改。
④ ［校］澶淵：此同《大明一統志》卷三七《寧夏衛》、《寧夏府志》卷十三《人物·鄉獻》，《宋史》卷三二三《周美傳》作"澶州"。
⑤ ［校］副都總管：此同《寧夏府志》卷十三《人物·鄉獻》，《大明一統志》卷三七《寧夏衛》、《弘治寧志》卷三《靈州守禦千户所·人物》作"廊延副都總管"。
⑥ ［校］斡道冲：原作"斡道沖"，據《道園學古錄》卷四《西夏相斡公畫像贊有序》改。
⑦ ［校］宗聖：原作"賢宗"，據《道園學古錄》卷四《西夏相斡公畫像贊有序》改。
⑧ ［校］《解義》二十卷："解"原作"講"，"二"原作"三"，均據《道園學古錄》卷四《西夏相斡公畫像贊有序》改。
⑨ ［校］國中：原倒作"中國"，據《道園學古錄》卷四《西夏相斡公畫像贊有序》乙正。
⑩ 《寧夏府志》卷十三《人物·鄉獻》繫"孟養龍"事蹟於清朝。
⑪ ［校］黎士宏：《寧夏志》卷十三《人物·鄉獻》作"黎士弘"。
⑫ 甲戌：康熙三十三年（1694）。按：孟之珪中第三甲六名。

李憪，號誠菴，雍正丁未進士。① 累官監察御史，糾彈無隱。後以事罷歸，寓居寧朔縣馬寨堡，② 教授生徒，以脩脯自給，③ 從遊者甚衆。常以平生所身體力行者，書"存誠、行恕、敦孝弟、戒淫行、謹言語、慎威儀、嚴交遊、立志節"八則於學堂，學者欽仰之。

　　王寅，字賓陽，拔貢生。性質和易端方，所學有本源，④ 事親能以志養。工詩古文，教授於家，遊其門者多，以文學著稱。子可久，壬申科舉人。⑤ 孫晟，庚子會試進士，⑥ 翰林院庶吉士。

進士
孟之珪，國朝康熙甲戌。⑦
李憪，乙未，主事，山東道監察御史。⑧
王晟，乾隆庚子，⑨ 翰林院庶吉士。

舉人
孟之珪，⑩ 見《進士》。

―――――――

① 丁未：雍正五年（1727）。按：關於李憪中進士的時間，本志同《寧夏府志》卷十三《人物·鄉獻》。《寧夏府志》卷十四《人物·科貢》、《乾隆甘志》卷三三《選舉》均載，李憪爲康熙乙未科（康熙五十四年，1715）進士。

② ［校］馬寨堡："寨"原同《寧夏府志》卷十三《人物·鄉獻》作"塞"，據《嘉靖寧志》卷一《寧夏總鎮·前衛》、《朔方新志》卷一《地里·堡砦·前衛》、《靈州誌蹟》卷三《人物鄉獻誌》改。

③ ［校］脩：原作"修"，據《寧夏府志》卷十三《人物·鄉獻》、《靈州誌蹟》卷三《人物鄉獻誌》改。

④ ［校］本源：《寧夏府志》卷十三《人物·鄉獻》、《靈州誌蹟》卷三《人物鄉獻誌》均作"源本"。

⑤ ［校］壬申：本志同《寧夏府志》卷十三《人物·鄉獻》、《靈州誌蹟》卷三《人物鄉獻誌》，《寧夏府志》卷十四《人物·科貢》、《宣統甘志》卷三九《學校志·歷代選舉表》均作"丁卯"。"丁卯"，乾隆十二年（1747）；壬申，乾隆十七年（1752）。

⑥ 庚子：乾隆四十五年（1780）。按：王晟中第三甲九名。

⑦ 甲戌：康熙三十三年（1694）。

⑧ ［校］山東：原作"山西"，據《寧夏府志》卷十四《人物·科貢》改。

⑨ 庚子：乾隆四十五年（1780）。

⑩ 《寧夏府志》卷十四《人物·科貢》、《宣統甘志》卷三九《學校志·歷代選舉表》載，孟之珪爲康熙三十二年（1693）癸酉科舉人。

李愻，① 見《進士》。

王晟，② 見《進士》。

林慎修，乙酉。③

貢生

金章，丙戌，④ 華陰縣博。

張臻，己亥，⑤ 經歷。

蔣泰，壬午。⑥

元經，庚寅。⑦

何英，壬辰。⑧

蘇臣。⑨

孫棟，甲子，⑩ 臨汾縣博。

李儒，⑪ 蒲州博。

姚佐，⑫ 絳縣博。

陳升，⑬ 忻州判。

王寅，庚申，⑭ 拔貢。

―――――――

① 《寧夏府志》卷十四《人物·科貢》載，李愻爲康熙四十七年（1708）戊子科舉人。

② 《寧夏府志》卷十四《人物·科貢》、《宣統甘志》卷三九《學校志·歷代選舉表》載，王晟爲乾隆四十二年（1777）丁酉科舉人。

③ 乙酉：乾隆三十年（1765）。

④ 丙戌：明世宗朱厚熜嘉靖五年（1526）。

⑤ 己亥：嘉靖十八年（1539）。

⑥ 壬午：嘉靖元年（1522）。

⑦ 庚寅：嘉靖九年（1530）。

⑧ 壬辰：嘉靖十一年（1532）。

⑨ 《朔方新志》卷三《文學·科貢·後衛貢表》載，蘇臣爲後衛人，嘉靖壬戌（四十一年，1562）貢士。

⑩ 甲子：嘉靖四十三年（1564）。

⑪ 《朔方新志》卷三《文學·科貢·後衛貢表》載，李儒爲後衛人，嘉靖甲子（四十三年，1564）貢士。

⑫ 《朔方新志》卷三《文學·科貢·後衛貢表》載，姚佐爲後衛人，隆慶己巳（三年，1569）貢士。

⑬ 《朔方新志》卷三《文學·科貢·後衛貢表》載，陳升爲萬曆壬辰（二十年，1592）貢士。

⑭ 庚申：乾隆五年（1740）。

孫文售，辛酉。①
王建。②
侯銘。③
郁承業。

武進士
郭震，嘉靖戊戌。④ 南、⑤ 北京提督，陝西總兵，中、左二府僉事。
王綏，雍正庚戌。⑥ 侍衛江南提督。
吳登魁，⑦ 己丑。⑧

武舉
郭震，⑨ 見《進士》。
王綏，⑩ 見《進士》。
吳登魁，⑪ 見《進士》。⑫
買成璋。⑬
買成璟。⑭

---

① 辛酉：乾隆六年（1741）。
② 《寧夏府志》卷十四《人物·科貢》載，王建爲乾隆戊辰（十三年，1748）貢士。
③ 《寧夏府志》卷十四《人物·科貢》載，侯銘、郁承業均爲乾隆癸酉（十八年，1753）貢士。
④ 戊戌：嘉靖十七年（1538）。
⑤ [校]南：此字上原衍"南官"二字，據《寧夏府志》卷十五《人物·武科》刪。
⑥ 庚戌：雍正八年（1730）。
⑦ [校]吳登魁：原作"吳登科"，據《寧夏府志》卷十五《人物·武科》、《靈州誌蹟》卷三《人物鄉獻誌》改。下同。按：《宣統甘志》卷三九《學校志·歷代選舉表》載，吳登科爲雍正十一年（1733）癸丑科武進士，這一時間與"己丑"不相吻合。
⑧ 己丑：乾隆三十四年（1769）。
⑨ 《寧夏府志》卷十五《人物·武科》載，郭震中嘉靖十三年（1534）甲午科武舉。
⑩ 《寧夏府志》卷十五《人物·武科》載，王綏中雍正七年（1729）己酉科武舉。
⑪ 《寧夏府志》卷十五《人物·武科》載，吳登魁中乾隆三十三年（1768）戊子科武舉。
⑫ [校]見《進士》：此三字原脫，據本志書例補。
⑬ 《寧夏府志》卷十五《人物·武科》載，買成璋中雍正二年（1724）甲辰科武舉。
⑭ 《寧夏府志》卷十五《人物·武科》載，買成璟中雍正四年（1726）丙午科武舉。

李榮武。①

馬大昇。②

楊士雄。

朱理。

吳倬。③

忠孝義烈誌第十四

綱常，民彝所賴，以維持於不墜者，忠孝義烈耳。故有蹈烽刃而不惜，撫杯棬而生慟，④咏《柏舟》而矢志，⑤此皆出夫一念之肫摯，有以感通乎神明者也。光昭日月，芳流百世，足以垂於不朽云。

明

蔡應昌，興武所千戶，⑥任花馬池千總。明末羅凸土寇搶掠，應昌勦賊，血戰死。

〔清〕

鄭興基，衛學生，家花馬池。值年荒，父爲虜掠去，興基詢知父在板城，⑦隻身徒步趨父所。板城在北口外，道經山西。時晉省大旱，人相食，興基奮不顧難，決意長往。間關至殺虎口，得達板城，父子相見，抱持大哭，見者俱感動。有喇嘛僧憐其孝，贈馬二匹、銀十兩、衣二襲，令

---

① 《寧夏府志》卷十五《人物·武科》載，李榮武、馬大昇、楊士雄等三人中乾隆二十七年（1762）壬午科武舉。

② ［校］馬大昇：原作"馬大升"，據《寧夏府志》卷十五《人物·武科》、《靈州誌蹟》卷三《人物鄉獻誌》改。

③ 《寧夏府志》卷十五《人物·武科》載，吳倬中乾隆四十四年（1779）己亥科武舉。

④ 《孟子·告子上》："告子曰：'性，猶杞柳也；義，猶杯棬也。以人性爲仁義，猶以杞柳爲杯棬也。'"這里以"杯棬"來比喻人性之仁義。

⑤ 《柏舟》：即《詩經·鄘風·柏舟》。《柏舟》歌頌婦女從一而終，夫死後誓不更嫁的節操。

⑥ ［校］興武所：原倒作"武興所"，據《乾隆甘志》卷三七《忠節》、《寧夏府志》卷十六《人物·忠》乙正。

⑦ ［校］父：此字下原衍"所"字，據《寧夏府志》卷十七《人物·列女》、《靈州誌蹟》卷三《忠孝義烈誌》刪。

其歸，興基遂奉父旋里。

李宗儒，花馬池監生。雍正二年，山堡人多逃竄。儒曰："我家尚有粟三窖，願與鄉里共食之，食盡同竄未晚也。"由是一方胥濟。是年除夕，夢一人偉衣冠，囑曰："明歲鄉試，汝必往，切勿誤。"醒而異之。及期勉強入闈，果中二十四名舉人。

烈女馬氏，許聘營卒羅伏受爲妻。聞夫陣亡，哭五日，不食死。

烈婦李氏，牛彥杰之妻。因夫亡，絕食以身殉葬。道光庚寅，① 旌表其閭。

李氏，生員王式閶妻。年二十七夫亡，時翁姑年邁，遺子甫周歲，家計蕭條。氏晝夜勤苦，訓子澤深成立入泮。守節三十三年終。

蔡氏，馬健明妻。年二十六夫亡，上奉翁姑，下撫幼孤，艱苦備嘗，終始如一。守節五十一年終。

梁氏，魏錦妻。年二十九歲夫亡，守節三十六年終。

姚氏，監生朱士挺妻。年二十五歲夫亡，守節三十八年。遺腹子洙亦勵志讀書，早擢士林。

王氏，何騰遠妻。年二十三歲夫亡，守節三十三年。

郭氏，劉得先妻。年二十七歲夫故，遺腹未產，矢志不移，守節六十五年，壽至九十餘。

沈氏，張仁妻。年二十七夫故，守節四十二年。②

王氏，何光國妻。年二十五夫故，守節四十九年。

常氏，施祈經妻。于歸二年夫故，年十八勤修紡織，孝事翁姑，撫育孤子，③ 教誨成人。苦節三十二年，鄉里並稱其德。

張氏，生員高日棟妻。于歸三年夫故，年二十歲。時二親皆七旬有餘，孤子甫周歲，家貧甚，氏紡織度日，曲盡孝慈。苦節四十一年，④ 毫無怨色。

---

① 庚寅：道光十年（1830）。
② ［校］四十二：原作"二十四"，據《寧夏府志》卷十七《人物·列女》、《靈州誌蹟》卷三《忠孝義烈誌》改。
③ ［校］孤子：原作"幼子"，據《寧夏府志》卷十七《人物·列女》、《靈州誌蹟》卷三《忠孝義烈誌》改。
④ ［校］四十一：原作"四十餘"，據《寧夏府志》卷十七《人物·列女》、《靈州誌蹟》卷三《忠孝義烈誌》改。

鍾氏，盧復嗣妻。年十九夫故，家計拮据，茹苦終身。守節三十年卒。

王氏，萬挺妻。年二十一夫故，守節三十九年。

吳氏，郭嵐妻。年二十歲夫故，守節三十九年。

藝文誌第十五

立德、立功、立言，謂之"三不朽"。夫能所以不朽者，必其言有關夫政教、切於事勢也。不然，古今文字夥矣，何以有傳，有不傳耶？今輯花馬池藝文誌蹟一編，率採其言可坊表者錄之，真不廢江河萬古流者也。

請復兵餉原額疏　　巡撫　楊應聘

題爲"兵餉不敷，搜借久空。套虜渝盟，貼危可虞。懇乞聖明，亟復原額，補發借歉，① 以濟兵食，以資戰守"事。

臣猥以譾庸，誤蒙皇上任使，② 受以兩河衝邊重寄，③ 臣感恩思奮，④ 誓欲捐糜此軀，⑤ 以圖報稱。故視事之始，即清查本鎮錢糧、兵馬數目。見得廣裕庫冊報軍餉等項，率開借支市本。詢及借過各項，大都鮮到即還，還後復借，而借出之數常多，還入之數常不足。年復一年，不足者竟成烏有。因面問前任該道僉事龔文選並見任監收同知王廷極，⑥ 俱面稱軍

---

① ［校］歉：《寧夏府志》卷十八《藝文·疏奏·請復兵餉原額疏》、《靈州誌蹟》卷三《藝文誌·請復兵餉原額疏》均作"欠"。下文"補發借歉者"句之"歉"同。

② ［校］皇上：《寧夏府志》卷十八《藝文·疏奏·請復兵餉原額疏》、《靈州誌蹟》卷三《藝文誌·請復兵餉原額疏》均作"我皇上"。

③ ［校］受以兩河：原作"授以西河"，據《朔方新志》卷二《內治·錢糧》、《寧夏府志》卷十八《藝文·疏奏·請復兵餉原額疏》改。

④ ［校］奮：此字原脫，據《寧夏府志》卷十八《藝文·疏奏·請復兵餉原額疏》、《靈州誌蹟》卷三《藝文誌·請復兵餉原額疏》補。

⑤ ［校］捐糜："糜"字原脫，據《寧夏府志》卷十八《藝文·疏奏·請復兵餉原額疏》、《靈州誌蹟》卷三《藝文誌·請復兵餉原額疏》補。

⑥ ［校］面：原作"而"，據《寧夏府志》卷十八《藝文·疏奏·請復兵餉原額疏》、《靈州誌蹟》卷三《藝文誌·請復兵餉原額疏》改。

餉缺乏之由。① 蓋自壬辰遭變，② 善後添兵，題增淮蘆引價銀四萬五千兩。原是計口計食，經制已定之數。乃自萬曆三十七年，該部停革，以至軍餉坐靡。③ 節年那借市本，業已積至十三四萬，虛懸在册。今軍餉既無終歲之計，而市本且有瓶罄之恥。興言至此，皆蹙頞攢眉，憂形於色。彼時諸虜尚爾相安，外侮未形。臣仍照前撫臣崔景榮原議量討，再復弍萬常額，亦不敢外討補發借欵者。祇仰體内帑匱詘，時際不偶，期以節省自任。欲將逃故斟酌勿補，漸次縮兵，④ 良非得已。

不虞自閏八月以來，突遭套虜吉能、⑤ 火落赤發難，延鎮東西號召，⑥ 以圖牽制兩河。諸酋咸思蠢動，分地謀犯，羽檄交馳，無處不備，亦無處不寡。鎮城聽調軍丁，止於前、後二司，不過五百。正、遊二營，量留貼防。近城堡分又多，步卒一經調發，壁壘遂空，幾於無人。岌岌危殆之勢，真同纍卵。臣嘆恒居無事，⑦ 每嫌兵多耗餉。及目擊此時，又不勝空拳搏虎之恐。⑧ 總計寧夏一鎮，全兵纔三萬三千餘名。⑨ 除各墩堡哨守及驛遞儀校外，⑩ 實在營陣應敵之兵不過萬餘。以兩河孤懸、三面受敵之地，而兵力僅僅若此，雖增之不易，而汰之實難。兵不容汰，餉豈容減？

① 面稱：此同《寧夏府志》卷十八《藝文·疏奏·請復兵餉原額疏》，《朔方新志》卷二《内治·錢糧》作"回稱"。

② 壬辰：萬曆二十年（1592）。

③ ［校］以至：《寧夏府志》卷十八《藝文·疏奏·請復兵餉原額疏》、《靈州誌蹟》卷三《藝文誌·請復兵餉原額疏》均作"以致"。

④ ［校］縮兵：《寧夏府志》卷十八《藝文·疏奏·請復兵餉原額疏》、《靈州誌蹟》卷三《藝文誌·請復兵餉原額疏》均作"縮兵就餉"。

⑤ ［校］突：原作"徒"，據《寧夏府志》卷十八《藝文·疏奏·請復兵餉原額疏》、《靈州誌蹟》卷三《藝文誌·請復兵餉原額疏》改。

⑥ ［校］召：原作"名"，據《朔方新志》卷二《内治·錢糧》、《寧夏府志》卷十八《藝文·疏奏·請復兵餉原額疏》改。

⑦ ［校］恒居：《寧夏府志》卷十八《藝文·疏奏·請復兵餉原額疏》、《靈州誌蹟》卷三《藝文誌·請復兵餉原額疏》均作"居恒"。

⑧ ［校］搏：原作"博"，據《寧夏府志》卷十八《藝文·疏奏·請復兵餉原額疏》、《靈州誌蹟》卷三《藝文誌·請復兵餉原額疏》改。

⑨ ［校］三千：原作"四千"，據《寧夏府志》卷十八《藝文·疏奏·請復兵餉原額疏》、《靈州誌蹟》卷三《藝文誌·請復兵餉原額疏》改。

⑩ ［校］除：此字原脱，據《寧夏府志》卷十八《藝文·疏奏·請復兵餉原額疏》、《靈州誌蹟》卷三《藝文誌·請復兵餉原額疏》補。

此不待智者而決也。計闔鎮額餉，①總少月餘之支，尚有閏月不與。且本鎮未款之前，原有京運客兵銀二萬兩，②專供防秋客兵支用。後因虜款停革一萬，止發一萬兩，充作市本。節年防秋客兵俱支此銀，聊足相當。此俱就平時無事言之耳。③今秋虜氛驟發，調固原等處兵馬防援日久，支用錢糧數倍。此時兼值歲歉，穀價騰湧，鹽粮銀易，嚴併交納，④隨納隨支，猶不接濟。每粟一鍾，可費往年之二。更苦天旱，野無茭草。收買載運，即至近者，不下百餘里外。每芻一束，費又不啻往年之三。⑤目下客兵雖退，而倉場之竭，主兵之需，固未已也。況諸虜不過因草枯暫爾跧伏，然業已敗盟，款事便難收拾。⑥明歲光景，尚不可知。兵端既肇，戰守宜備。所以備戰守、鼓士氣者，全在糧芻。食不預足軍馬，何所仰給？士不飽食，戰守何以責成？即欲及時儲峙，而出入懸絕，輾轉實難。驕虜變動若彼，軍餉匱詘如此。所有原停引價，若不控籲議復，比至明歲，⑦夏秋馬壯，羣醜控弦鳴鏑而來，芻餉不繼，騰飽無資。士卒既不能枵腹與狂虜角旦夕之命，而前有強敵，⑧後有嚴法，一呼庚癸，⑨真可寒心。

　　臣縱不敢自愛髮膚，⑩誓竭駑鈍，亦豈有奇謀密術，能點賀蘭之石爲金，煮黄流之水爲粥，以飼此不得不用命之卒，而保此至危至重之鎮哉。

----

①　[校] 闔：原作"閣"，據《朔方新志》卷二《内治·錢糧》、《寧夏府志》卷十八《藝文·疏奏·請復兵餉原額疏》改。
②　[校] 客兵：原作"額兵"，據《寧夏府志》卷十八《藝文·疏奏·請復兵餉原額疏》、《靈州誌蹟》卷三《藝文誌·請復兵餉原額疏》改。
③　[校] 俱：原作"係"，據《朔方新志》卷二《内治·錢糧》、《寧夏府志》卷十八《藝文·疏奏·請復兵餉原額疏》改。
④　[校] 嚴：此字原脱，據《朔方新志》卷二《内治·錢糧》、《寧夏府志》卷十八《藝文·疏奏·請復兵餉原額疏》補。
⑤　[校] 費：此字原脱，據《寧夏府志》卷十八《藝文·疏奏·請復兵餉原額疏》、《靈州誌蹟》卷三《藝文誌·請復兵餉原額疏》補。
⑥　[校] 便：原作"更"，據《寧夏府志》卷十八《藝文·疏奏·請復兵餉原額疏》、《靈州誌蹟》卷三《藝文誌·請復兵餉原額疏》改。
⑦　[校] 比：原作"彼"，據《寧夏府志》卷十八《藝文·疏奏·請復兵餉原額疏》改。
⑧　[校] 強敵：原作"勁敵"，據《朔方新志》卷二《内治·錢糧》、《寧夏府志》卷十八《藝文·疏奏·請復兵餉原額疏》改。
⑨　庚癸：古代軍中隱語，謂告貸糧食。
⑩　[校] 縱不敢：原作"不"，據《寧夏府志》卷十八《藝文·疏奏·請復兵餉原額疏》、《靈州誌蹟》卷三《藝文誌·請復兵餉原額疏》改。

謹會同總督劉敏寬、巡按龍遇奇合詞上請，① 懇乞聖明，軫念封疆安危，關係匪細。② 亟敕該部覆議，合無每年量復二萬常額外，將節年停過宿餉。雖不敢望如前請十萬之數，亦乞量補五萬，稍抵借過各項虛懸缺額。庶幾緩急應手，而士卒之心可安，戰守之氣可鼓，③ 內憂外侮之盟可消，斗懸之孤鎮可保無虞矣。

謹題。

鹽法議　張鍊

夫食鹽，山澤自然之利，天地所以養民也。④ 上古無徵，近古薄徵，以佐國用。要在先不病民，而後利國為可貴耳。關中食鹽，一出於河東，一出於花馬池，一出於靈州，⑤ 一出於西漳。⑥ 靈州、西漳去三輔絕遠，專供靈、夏、洮、岷西北兵民之用，⑦ 無容議矣。花馬池鹽，北供延、⑧ 慶、平三府，寧、榆二鎮；南與河東鹽並行於三輔間。河東鹽，上下公行，謂之官鹽；花馬池鹽，私自貿易，謂之私鹽。民間便於私鹽而不便於官鹽者，百年於茲矣。

必欲行河東官鹽，其弊有四：蓋行鹽郡縣，各有分界，所司徒知紙上

---

① ［校］巡按龍遇奇："按"原作"撫"，"龍"原作"龔"，均據《寧夏府志》卷十八《藝文·疏奏·請復兵餉原額疏》、《靈州誌蹟》卷三《藝文誌·請復兵餉原額疏》改。

② ［校］細：原作"輕"，據《寧夏府志》卷十八《藝文·疏奏·請復兵餉原額疏》、《靈州誌蹟》卷三《藝文誌·請復兵餉原額疏》改。

③ ［校］戰守：原作"戰士"，據《寧夏府志》卷十八《藝文·疏奏·請復兵餉原額疏》、《靈州誌蹟》卷三《藝文誌·請復兵餉原額疏》改。

④ ［校］天地：此二字下原衍"之"字，據《康熙陝志》卷三二、《雍正陝志》卷八七、《寧夏府志》卷十八《藝文·議·鹽法議》、《靈州誌蹟》卷三《藝文誌·鹽法議》刪。

⑤ ［校］於：此字原脫，據《康熙陝志》卷三二、《雍正陝志》卷八七、《寧夏府志》卷十八《藝文·議·鹽法議》、《靈州誌蹟》卷三《藝文誌·鹽法議》補。

⑥ ［校］西漳：此同《乾隆甘志》卷四六、《寧夏府志》卷十八《藝文·議·鹽法議》、《靈州誌蹟》卷三《藝文誌·鹽法議》，《康熙陝志》卷三二《藝文·鹽法議》作"西章"。下同。

⑦ ［校］岷：原作"氓"，據《康熙陝志》卷三二、《雍正陝志》卷八七、《寧夏府志》卷十八《藝文·議·鹽法議》、《靈州誌蹟》卷三《藝文誌·鹽法議》改。

⑧ ［校］北：此字原脫，據《康熙陝志》卷三二、《雍正陝志》卷八七、《寧夏府志》卷十八《藝文·議·鹽法議》補。

陳蹟。河東鹽行三省，不可越縮。若究其實，在山西、①河南，不知若何。②其在關中，自長安以西，河東美鹽絕蹟，不至。間有至者，皆泥滓苦惡，③中人不以入口。唯耕夫孀婦，④黽勉食之，計其所售無幾也。名雖謂行，其實未嘗行之，一也。往年商人慮惡鹽不售，告發郡縣，使所在輦運外加樣鹽包，封印記之。⑤及以給民，封者自佳，輦者自惡。唱户分鹽，畏如飲鴆。計賑徵價，峻於正稅。今雖暫止，既爲故事，恐不能已，二也。商人賣鹽於販夫，⑥隨以小票，鹽盡，票不收毀。官鹽不至西路則無票，無票則通責店肆。負販細人，請東路自買未毀之票繳官，公人亦幸免責。不問來由，⑦互相欺抵，三也。買票既久⑧，奸人依式私製盜賣。僥倖者冒利，敗露者破家。雖有防禦，迄今未已，四也。

必欲禁花馬池私鹽，其弊有五：關中民貧，衣食驅遣，賦稅催切。罄家所有，走北地販鹽，冀獲升斗之利。⑨一爲公人所獲，身入陷阱，家計盡空，一也。貧人既爲囚繫，内無供饋，冬月多斃於獄。考驛遞囚帳，鹽徒居半，死者又居强半，⑩民命可恤，二也。小販懼捕，結聚大夥，經山谿要隘，偶遇公人。勢强則抵敵，勢弱則冒險奔逃，投崖落澗，人畜死傷

---

① ［校］在山西："在"字原脱，"山西"原作"三東"，據《康熙陝志》卷三二、《雍正陝志》卷八七、《寧夏府志》卷十八《藝文·議·鹽法議》改。

② ［校］不知若何：《康熙陝志》卷三二、《雍正陝志》卷八七、《寧夏府志》卷十八均作"未知何如。"

③ ［校］泥滓：原作"混澤"，據《康熙陝志》卷三二、《雍正陝志》卷八七、《寧夏府志》卷十八《藝文·議·鹽法議》改。

④ ［校］孀：《康熙陝志》卷三二、《雍正陝志》卷八七、《寧夏府志》卷十八《藝文·議·鹽法議》均作"寡"。

⑤ ［校］記：原作"及"，據《康熙陝志》卷三二、《雍正陝志》卷八七《藝文·鹽法議》改。《鹽池縣志》卷十《藝文誌·鹽法議》同改。

⑥ ［校］於：《康熙陝志》卷三二、《雍正陝志》卷八七、《寧夏府志》卷十八《藝文·議·鹽法議》、《靈州誌蹟》卷三《藝文誌·鹽法議》均作"與"。

⑦ ［校］來由：《康熙陝志》卷三二、《雍正陝志》卷八七、《寧夏府志》卷十八《藝文·議·鹽法議》、《靈州誌蹟》卷三《藝文誌·鹽法議》均作"由來"。

⑧ ［校］既久：《康熙陝志》卷三二、《雍正陝志》卷八七、《寧夏府志》卷十八《藝文·議·鹽法議》、《靈州誌蹟》卷三《藝文誌·鹽法議》均作"日久"。

⑨ ［校］獲升斗：《康熙陝志》卷三二、《雍正陝志》卷八七《藝文·鹽法議》均作"倖斗升"。

⑩ ［校］强：原作"於"，據《康熙陝志》卷三二、《雍正陝志》卷八七、《寧夏府志》卷十八《藝文·議·鹽法議》改。

塗地，三也。公人與有力慣販者交關，① 終歲不捕，反爲導護。惟單弱貧瘠者捕之，或以升斗惡鹽强入路人筐袋，執以報公，使無辜受害，四也。衆役工食，悉有定例。惟巡捕工食私幫，② 公費歲增十倍。官吏比銷，徒御勞悴，動經時月，侯文曠職，旅食空囊。或罰或貸，俱爲無補，五也。

夫物力不齊，物之情也。好美惡惡，趨利就便，民之情也。所欲與聚，所惡勿施，哀多益寡，因俗成務，司國計者之情也。以物力言，河東舊商帶支坐困，③ 新商起納無幾。澆曬徒勞，增課未減，公私俱稱欻矣。④ 河東一池雖差大，供三省則不足；花馬二池雖差小，供三郡二鎮則有餘，自然之勢也。以人情言，河東鹽，百方督之使行，至以沙泥勒售假票，⑤ 甘罪而終不能行。花馬池鹽，百方禁之使不得行，⑥ 至於比屋破產，接踵喪生，而終不能禁者。民之大欲大惡，不可强也。以國計言，河東歲課一十九萬有奇，⑦ 花馬二池歲課不盈數千。河東鹽一引三錢有奇，二池鹽一石六分有奇。如是相懸者，意河東與天下六運，自祖宗朝皆有定額，⑧ 由來久遠。二池迫近塞垣，棄取不時，故課亦微渺。後來因循，取足原辦而止耳。夫河東鹽既不能及遠，二池鹽卒不能禁。民間又不可一日無鹽，而盜買盜賣，終非常理。今當直開二池鹽禁，使西鳳、漢中沛然通行。計三

---

① ［校］與：原作"無"，據《康熙陝志》卷三二、《雍正陝志》卷八七、《寧夏府志》卷十八《藝文·議·鹽法議》改。

② ［校］巡捕："巡"字原脫，據《康熙陝志》卷三二、《雍正陝志》卷八七、《寧夏府志》卷十八《藝文·議·鹽法議》、《靈州誌蹟》卷三《藝文誌·鹽法議》補。

③ ［校］帶：原作"常"，據《康熙陝志》卷三二、《雍正陝志》卷八七、《寧夏府志》卷十八《藝文·議·鹽法議》、《靈州誌蹟》卷三《藝文誌·鹽法議》改。

④ ［校］欻：原作"因"，據《康熙陝志》卷三二、《雍正陝志》卷八七、《寧夏府志》卷十八《藝文·議·鹽法議》、《靈州誌蹟》卷三《藝文誌·鹽法議》改。

⑤ ［校］沙泥：《康熙陝志》卷三二、《雍正陝志》卷八七、《寧夏府志》卷十八《藝文·議·鹽法議》、《靈州誌蹟》卷三《藝文誌·鹽法議》均作"泥沙"。

⑥ ［校］得：此字原脫，據《康熙陝志》卷三二、《雍正陝志》卷八七、《寧夏府志》卷十八《藝文·議·鹽法議》、《靈州誌蹟》卷三《藝文誌·鹽法議》補。

⑦ ［校］歲課：原作"稅課"，據《康熙陝志》卷三二、《雍正陝志》卷八七、《寧夏府志》卷十八《藝文·議·鹽法議》、《靈州誌蹟》卷三《藝文誌·鹽法議》改。下文"歲課不盈數千"、"歲課即照河東"等句之"歲課"同。

⑧ ［校］皆：《康熙陝志》卷三二、《雍正陝志》卷八七、《寧夏府志》卷十八《藝文·議·鹽法議》均作"俱。"

府所當常食河東鹽一十二萬有奇,① 歲課即照河東,責三府代辦,以其事權統歸河東巡鹽御史,則達觀無異,督禁有程。兩地歲徵,四鎮年例,② 保無纖爽,而關中可少事矣。

夫居害者擇其寡,興利者取其多。倘今不弛二池鹽禁,則愚民被逮,③ 供餽爲費,罪贖爲費,④ 奸人騙詐爲費,兵民歲增工食爲費,官吏比銷爲費。一切顯隱猥雜,不可會計。財足抵河東、花馬二池正課,出於千瘡百痛,徒然費之,⑤ 而下殘民命,上損國體,有餘殃也。⑥ 倘今一弛二池之禁,則愚民被逮,供餽可省,罪贖可省,奸人騙詐可省,歲增工食可省,官吏比銷可省。一切顯隱猥雜,不可會計。財足抵河東、花馬二池正課,出於不識不知,漠然省之,而下活民命,上全國體,又餘福也。夫人情不甚相遠,⑦ 比聞鹽法侍御,皆一時英碩,表表長者。使其聞見悉如關中人習知利害,⑧ 則亦何憚而不爲良處哉?但其受命而來也。惟以行官鹽、禁私鹽爲職,而反是則駭矣。地非素履,事未前聞。雖聖人有所不知焉,⑨ 何可遽望改易其常耶?雖然安國家,利百姓,大夫出疆之義也⑩。究理從長,議政從便,人心不昧,因革有時,

①［校］河東鹽:原倒作"鹽河東",據《康熙陝志》卷三二、《雍正陝志》卷八七、《寧夏府志》卷十八《藝文·議·鹽法議》乙正。

②［校］年例:原作"平例",據《康熙陝志》卷三二、《雍正陝志》卷八七、《寧夏府志》卷十八《藝文·議·鹽法議》、《靈州誌蹟》卷三《藝文誌·鹽法議》改。

③［校］逮:原作"迺",據《康熙陝志》卷三二、《雍正陝志》卷八七、《寧夏府志》卷十八《藝文·議·鹽法議》改。

④［校］罪贖:原倒作"贖罪",據《康熙陝志》卷三二、《雍正陝志》卷八七、《寧夏府志》卷十八《藝文·議·鹽法議》乙正。下文"罪贖可省"句之"罪贖"同。

⑤［校］費:原作"廢",據《康熙陝志》卷三二、《雍正陝志》卷八七、《寧夏府志》卷十八《藝文·議·鹽法議》、《靈州誌蹟》卷三《藝文誌·鹽法議》改。

⑥［校］有:《康熙陝志》卷三二、《雍正陝志》卷八七、《寧夏府志》卷十八《藝文·議·鹽法議》均作"又"。

⑦［校］相遠:此同《乾隆甘志》卷四六、《寧夏府志》卷十八《藝文·議·鹽法議》,《康熙陝志》卷三二《藝文·鹽法議》無"相"字。

⑧［校］利害:《康熙陝志》卷三二、《雍正陝志》卷八七、《寧夏府志》卷十八《藝文·議·鹽法議》均作"利病"。

⑨［校］知焉:《康熙陝志》卷三二、《雍正陝志》卷八七、《寧夏府志》卷十八《藝文·議·鹽法議》均作"知者"。

⑩［校］之義:《康熙陝志》卷三二、《雍正陝志》卷八七、《寧夏府志》卷十八《藝文·議·鹽法議》均無"之"字。

此又關斯民之幸不幸也。

朔方形勝賦① 明 副使 曹璉

粵夏州之大郡，實陝右之名邦。當三邊之屏翰，關千里之封疆。廓岡阜而爲垣，瀋川澤而爲湟。角黿鼉而爲道，卧螗蛆而爲梁。帶河渠之重阻，②奠屯戍之基張。墾良田之萬頃，撑喬木之千章。鹽池滉瀁瀆其隈，菊井馥郁馨其傍。桑梓相接，棟宇相望。若率土而論其邊陲，則非列郡之所擬方也。

今爲載瞻其四維也。漢隴蟠其西，晉洛梗其東。北跨沙漠之險，南吞巴蜀之雄。山奔突而若馳，水旋繞如環雍。③廓遐郊其坦夷，④聳孤城之崇隆。內則廛街衢兮輻輳，紛輿馬兮交通。外則經溝塍兮刻鏤，昀原隰兮腴豐。任土作貢而域雍兮星分井鬼，罷侯置守而隸靈兮民雜漢戎。出河朔山川之外，臨藩落境界之中。青窺華嶽之隱隱，翠挹岷峨之重重。⑤遙躋西嶺之屹屹，近俯東湖之溶溶。營興廣武，坊旌效忠。壩濱積石，關邇臨潼。橋橫通濟兮接賓之舖連棟，園開麗景兮望春之樓凌空。澹清潭兮天光雲影，翠秀色兮綠水芙蓉。赫連春曉兮日烘桃李，靈武秋高兮風墜梧桐。斜陽夕照荒坰兮落花啼鳥，飛瀑暗懸峭壁兮玉澗垂虹。轆轤咿軋兮影落蘆溝之夜月，漁歌欸乃兮響窮古渡之秋風。於是高臺日上，長塔烟浮。晴虹之影乍弄，蒲牢之聲初收。大河之水未波，蠡山之雲不流。薦華實之蔽野，漫黍稷之盈疇。石關雪積兮銀鋪曲徑，漢渠春漲兮練拖平邱。駪驥如雲兮花馬之池，鱒鯽盈肆兮應理之州。平羅城兮執訊獲醜，鳴沙洲兮落雁浮鷗。城傾黑水兮頹雉殘堞，津問黃沙兮短櫂輕舟。神槎湮兮猶存博望之蹟，石峽鑿兮尚傳大禹之遊。高塚巍峩兮元昊之魂已冷，古刹煨爐兮文殊

---

① ［校］朔方形勝賦：《嘉靖寧志》卷八《文苑》題作《西夏形勝賦》。

② ［校］阻：此同《嘉靖寧志》卷八《文苑·文·西夏形勝賦》、《朔方新志》卷四《詞翰·朔方形勝賦》，《寧夏府志》卷十八《藝文·議·朔方形勝賦》、《靈州誌蹟》卷三《藝文誌·朔方形勝賦》均作"沮"。

③ ［校］如：原作"而若"，據《嘉靖寧志》卷八《文苑·文·西夏形勝賦》、《寧夏府志》卷十八《藝文·賦·朔方形勝賦》、《靈州誌蹟》卷三《藝文誌·朔方形勝賦》改。

④ ［校］坦夷：原作"垣夷"，據《嘉靖寧志》卷八《文苑·文·西夏形勝賦》、《寧夏府志》卷十八《藝文·賦·朔方形勝賦》、《靈州誌蹟》卷三《藝文誌·朔方形勝賦》改。

⑤ ［校］挹岷峨：原作"移氓峨"，據《嘉靖寧志》卷八《文苑·文·西夏形勝賦》、《寧夏府志》卷十八《藝文·賦·朔方形勝賦》、《靈州誌蹟》卷三《藝文誌·朔方形勝賦》改。

之像常留。表賀獻俘而忠貫日月兮唐將之精靈耿耿，書抗僞號而義重邱山兮宋賢之遺韻悠悠。① 此名天下，播海陬，而爲西夏之勝槪。可與江南而匹儔者，然猶未也。

若乃考其四時也。春則杏塢桃溪，霞鮮霧靄。秋則鶴汀鳧渚，月朗風微。夏則蓮濯碧沼之金波，嬌如太液池邊之姬媵。冬則柏傲賀蘭之暗雪，癯若首陽山下之夷齊。與夫觀鷹鸇之雄度，則凛凛乎周家之尚父也。睹芝蘭之葱倩，則奕奕乎謝庭之子姪也。對松竹之森立，則挺挺乎汲黯之剛直也。翫鷗鷺之瑩潔，則皎皎乎楊震之清白也。以至芳林鶯語，柳樹蟬聲，又有若回琴點瑟之立夫孔楹也。此皆玩耳目，娱心志，而爲西夏之美觀，不減江南之佳致者。

是使騷人墨客、碩士英賢尋幽覽勝，遊樂流連。於以羅珍饌，② 列綺筵。③ 飛羽觴，奏管絃。品題詞藻，繡句錦篇。觥籌交錯，屢舞僛僛。撫乾坤之坱圠，掃亭障之烽烟。詢古今於父老，④ 稽成敗於遺編。方其王命南仲，往城于方，此何時乎？迨漢郭璜繕城置驛，浚渠溉田，省費億萬計，⑤ 蓋一盛也。整居焦穫，侵鎬及方，此何時乎？迨唐李聽興仆舉廢，復田省餉，人賴其利，又一盛也。嗟夫時有盛衰，治有隆替。天道循環，斯亦何泥？

方今聖主，起運應符。丕建人極，重熙皇圖。混車書於六合，覃恩威於九區。登斯民於懷葛，躋斯世於唐虞。剗兹夏州，超秩往古。詩禮彬彬，衣冠楚楚。建學立師，修文偃武。尚陶匏，貴簪組。祛異端，禦狎

---

① ［校］義：《嘉靖寧志》卷八《文苑·文·西夏形勝賦》、《寧夏府志》卷十八《藝文·賦·朔方形勝賦》均作"名"。按：《靈州誌蹟》卷三《藝文誌·朔方形勝賦》無此字。《花馬池誌》的内容抄錄自《靈州誌蹟》，《靈州誌蹟》中此處脱一字，編修者大概受上文"忠"字的影响而在此處加一"義"字。

② ［校］珍饌：原作"饌珍"，據《嘉靖寧志》卷八《文苑·文·西夏形勝賦》、《寧夏府志》卷十八《藝文·賦·朔方形勝賦》、《靈州誌蹟》卷三《藝文誌·朔方形勝賦》改。

③ ［校］綺：原作"倚"，據《嘉靖寧志》卷八《文苑·文·西夏形勝賦》、《寧夏府志》卷十八《藝文·賦·朔方形勝賦》、《靈州誌蹟》卷三《藝文誌·朔方形勝賦》改。

④ ［校］父老：《嘉靖寧志》卷八《文苑·文·西夏形勝賦》作"老故"，《靈州誌蹟》卷三《藝文誌·朔方形勝賦》作"故老"。

⑤ ［校］億：《嘉靖寧志》卷八《文苑·文·西夏形勝賦》、《寧夏府志》卷十八《藝文·賦·朔方形勝賦》、《靈州誌蹟》卷三《藝文誌·朔方形勝賦》均無此字。

侮。抑工商之浮華，敦士農之寒苦。① 沙漠塵空，閭閻安堵。白叟黃童，謳歌鼓舞。熊羆奮勇於陣行，麋鹿潛行於巢所。弓矢藏於服韔，干戈戢於庫府。而況蔭土封者，惟德惟義，遠超樂善之東平。握將柄者，有翼有嚴，② 端繼爲憲之吉甫。予也一介之書生，敢擬韓、范之參伍。聊泚筆而紀行，議者幸無誚其狂魯。

鐵柱泉記③　管律

去花馬池之西南，興武營之東南，小鹽池之東北，均九十里。交會之處，水湧甘冽，是爲鐵柱泉。日飲數萬騎弗之涸，幅幀數百里皆沃壤可耕之地。④ 北虜入寇，往返必飲於茲。是故散掠靈、夏，長驅平、鞏，實深藉之。⑤ 以嬰其患也，⑥ 並沃壤視爲棄土百七十年矣。

嘉靖十五年丙申，都察院左都御史兼兵部左侍郎松石劉公奉聖天子命，制三邊軍務。乃躬涉諸邊，意在悉關隘之險夷，⑦ 城寨之虛實，兵馬之強弱，道路之緩急，而後畫禦戎之策，以授諸將。是故霜行藿食，弗避厥勞。至鐵柱泉，駐瞻移時，喟然諭諸將曰："禦戎上策，其在茲矣。可城之使寇絕飲，固不戰自憊。何前哲弗於是是圖哉?⑧"維時巡撫寧夏右副都御史宇川張公，謀與公協，乃力襄之。

---

① ［校］敦：原作"登"，據《嘉靖寧志》卷八《文苑·文·西夏形勝賦》、《寧夏府志》卷十八《藝文·賦·朔方形勝賦》、《靈州誌蹟》卷三《藝文誌·朔方形勝賦》改。

② ［校］有翼有嚴：《嘉靖寧志》卷八《文苑·文·西夏形勝賦》、《寧夏府志》卷十八《藝文·賦·朔方形勝賦》、《靈州誌蹟》卷三《藝文誌·朔方形勝賦》均作"有嚴有翼"。

③ ［校］鐵柱泉記：《嘉靖寧志》卷三《寧夏後衛》"鐵柱泉"條題作《城鐵柱泉碑》。

④ ［校］幅幀：原作"輻幀"，據《嘉靖寧志》卷三《寧夏後衛》"鐵柱泉"條《城鐵柱泉碑》、《朔方新志》卷四《詞翰·鐵柱泉記》、《寧夏府志》卷十九《藝文·記·鐵柱泉記》、《靈州誌蹟》卷四《藝文誌·鐵柱泉記》改。

⑤ ［校］深：此字原脫，據《嘉靖寧志》卷三《寧夏後衛》"鐵柱泉"條《城鐵柱泉碑》、《朔方新志》卷四《詞翰·鐵柱泉記》補。《鹽池縣志》卷十《藝文志·鐵柱泉記》同改。

⑥ ［校］以嬰其患：《嘉靖寧志》卷三《寧夏後衛》"鐵柱泉"條《城鐵柱泉碑》、《寧夏府志》卷十九《藝文·記·鐵柱泉記》、《靈州誌蹟》卷四《藝文誌·鐵柱泉記》均作"以其嬰是患"。

⑦ ［校］險夷：《嘉靖寧志》卷三《寧夏後衛》"鐵柱泉"條《城鐵柱泉碑》、《寧夏府志》卷十九《藝文·記·鐵柱泉記》、《靈州誌蹟》卷四《藝文誌·鐵柱泉記》均作"夷險"。

⑧ ［校］哉：原作"耶"，據《嘉靖寧志》卷三《寧夏後衛》"鐵柱泉"條《城鐵柱泉碑》、《寧夏府志》卷十九《藝文·記·鐵柱泉記》、《靈州誌蹟》卷四《藝文誌·鐵柱泉記》改。

即年秋七月丙申，按察司僉事譚大夫闔度垣墉，① 量高厚，計丈尺。鎮守、總兵官、都督効帥師徒，具楨幹，② 役畚鍤。人樂趨事，競效乃力。越八月丁酉，城成。環四里許，高四尋有奇，而厚如之。城以衛泉，隍以衛城，工圖永堅。百七十年，要害必爭之地，一旦成巨防矣。置兵千五，兼募土人守之。設官操馭，皆檢其才且能者。慮風雨不蔽之患，則給屋以居之。因地之利而利，則給田以耕之。草萊闢，禾黍蕃，又可以作牧而庶孳畜。③ 棄於百七十年者，一旦大有資矣。其廨宇倉場，④ 匪一不備；宏綱細節，匪一不舉。炫觀奪目，疑非草創之者。先時虜常内覘，河東諸堡爲備甚勤。而必先之以食，雖翔價博易，猶虞弗濟。泉既城，虜憚南牧，則戍減費省，糴之，價自不能騰，實又肇來者無窮之益。是皆出於公之卓識特見，而能乎人所未能。

今年丁酉，⑤ 去兹泉南又百里許，亘東西爲墻塹，於所謂梁家泉者亦城之。重關疊險，禦暴之計益密矣。⑥ 借虜騁驕忘忌入之，騎不得飲。進則爲新邊所扼，退則爲大邊所邀，天授之矣。用是以息中原之擾，以休番戍之兵，以寛饋餉之役，豈第徵公出將入相之才之德而已。⑦ 功在社稷，與黃河、賀蘭實相悠久，⑧ 謂有紀極哉？是故不可以不記也。⑨

---

① ［校］按察司：《嘉靖寧志》卷三《寧夏後衛》"鐵柱泉"條《城鐵柱泉碑》作"按察"。

② ［校］楨幹：《嘉靖寧志》卷三《寧夏後衛》"鐵柱泉"條《城鐵柱泉碑》、《寧夏府志》卷十九《藝文·記·鐵柱泉記》、《靈州誌蹟》卷四《藝文誌·鐵柱泉記》均作"楨幹"。

③ ［校］庶：原作"厚"，據《嘉靖寧志》卷三《寧夏後衛》"鐵柱泉"條《城鐵柱泉碑》、《寧夏府志》卷十九《藝文·記·鐵柱泉記》、《靈州誌蹟》卷四《藝文誌·鐵柱泉記》改。

④ ［校］廨宇：原作"廳宇"，據《嘉靖寧志》卷三《寧夏後衛》"鐵柱泉"條《城鐵柱泉碑》、《寧夏府志》卷十九《藝文·記·鐵柱泉記》、《靈州誌蹟》卷四《藝文誌·鐵柱泉記》改。

⑤ ［校］丁酉：此二字原脫，據《嘉靖寧志》卷三《寧夏後衛》"鐵柱泉"條《城鐵柱泉碑》、《寧夏府志》卷十九《藝文·記·鐵柱泉記》、《靈州誌蹟》卷四《藝文誌·鐵柱泉記》補。丁酉，嘉靖十六年（1537）。

⑥ ［校］益：原作"亦"，據《嘉靖寧志》卷三《寧夏後衛》"鐵柱泉"條《城鐵柱泉碑》、《寧夏府志》卷十九《藝文·記·鐵柱泉記》、《靈州誌蹟》卷四《藝文誌·鐵柱泉記》改。

⑦ ［校］第：《嘉靖寧志》卷三《寧夏後衛》"鐵柱泉"條《城鐵柱泉碑》作"啻"。

⑧ ［校］悠久：《嘉靖寧志》卷三《寧夏後衛》"鐵柱泉"條《城鐵柱泉碑》作"遠邇"。

⑨ ［校］故：此字原脫，據《嘉靖寧志》卷三《寧夏後衛》"鐵柱泉"條《城鐵柱泉碑》、《寧夏府志》卷十九《藝文·記·鐵柱泉記》、《靈州誌蹟》卷四《藝文誌·鐵柱泉記》補。

松石，名天和，① 湖南麻城人。字川，名文魁，中州蘭陽人。② 俱正德戊辰進士。③ 譚誾，西蜀蓬溪人，正德辛未進士。④ 王效，陝西榆林人，正德丁丑武舉。⑤ 法得備書。

重修邊牆記⑥　巡撫　趙時春

國家威制四夷，嚴阻封守，而陝西屯四鎮强兵，以控遏北虜，花馬池尤爲襟喉。減其北而益之堉，⑦ 樓櫓臺燎、鋪墩守哨之具，星列棋佈，⑧ 式罔不備。

成化以來，其制漸渝。黠酋乘利，稍益破壞，以便侵盜。而大將率綺紈纓弁子，⑨ 莫或耆禦，朝議益少之。始務遴梟將以功，⑩ 首級差相統制，而巡撫、都御史居中畫其計，督監司主饋餉。更請置總制陝西三邊軍務，以上卿

---

① ［校］名天和：此三字原脫，據《嘉靖寧志》卷三《寧夏後衛》"鐵柱泉"條《城鐵柱泉碑》、《寧夏府志》卷十九《藝文·記·鐵柱泉記》、《靈州誌蹟》卷四《藝文誌·鐵柱泉記》補。

② ［校］中州蘭陽：原作"中南陽"，據《嘉靖寧志》卷三《寧夏後衛》"鐵柱泉"條《城鐵柱泉碑》、《寧夏府志》卷十九《藝文·記·鐵柱泉記》、《靈州誌蹟》卷四《藝文誌·鐵柱泉記》改。參見《乾隆甘志》卷三〇《名宦》。

③ 戊辰：明武宗朱厚照正德三年（1508）。按：劉天和中第二甲三十二名，張文魁中第三甲二百二十六名。

④ 辛未：正德六年（1511）。按：譚誾中第三甲一百五名。

⑤ 丁丑：正德十二年（1517）。詳見《光緒榆林府志》卷十八《選舉志·武舉》。

⑥ ［校］重修邊墻記：《浚谷文集》卷二題作《重修花馬池邊墻記》。

⑦ ［校］減其北："減"原作"域"，據《浚谷文集》卷二《重修花馬池邊墻記》、《嘉靖寧志》卷三《寧夏後衛·邊防·重修邊墻記》、《朔方新志》卷四《詞翰·重修邊墻記》改。"其北"，此同《朔方新志》卷四《詞翰·重修邊墻記》、《寧夏府志》卷十九《藝文·記·重修邊墻記》，《浚谷文集》卷二《重修花馬池邊墻記》、《嘉靖寧志》卷三《寧夏後衛·邊防·重修邊墻記》均作"其下"。

⑧ ［校］列：原作"羅"，據《浚谷文集》卷二《重修花馬池邊墻記》、《嘉靖寧志》卷三《寧夏後衛·邊防·重修邊墻記》、《朔方新志》卷四《詞翰·重修邊墻記》、《寧夏府志》卷十九《藝文·記·重修邊墻記》、《靈州誌蹟》卷四《藝文誌·重修邊墻記》、《寧靈廳志草·藝文·重修邊墻記》改。

⑨ ［校］綺紈：原倒作"紈綺"，據《浚谷文集》卷二《重修花馬池邊墻記》、《嘉靖寧志》卷三《寧夏後衛·邊防·重修邊墻記》、《朔方新志》卷四《詞翰·重修邊墻記》、《寧夏府志》卷十九《藝文·記·重修邊墻記》、《靈州誌蹟》卷四《藝文誌·重修邊墻記》、《寧靈廳志草·藝文·重修邊墻記》乙正。

⑩ ［校］梟將：此同《嘉靖寧志》卷三《寧夏後衛·邊防·重修邊墻記》、《朔方新志》卷四《詞翰·重修邊墻記》、《寧夏府志》卷十九《藝文·記·重修邊墻記》，《浚谷文集》卷二《重修花馬池邊墻記》作"梟剽"。《鹽池縣志》卷十《藝文志·重修邊墻記》同。

居之。士衆知爵賞，可力致則飆起，①而諸將奏功相繼，虜頗慴伏北引矣。

　　嘉靖十年，總制、兵部尚書兼右都御史王公瓊始興復之。虜尚屯結，恫喝未克，即敘時用。唐公龍來代，②博采群獻，③惟良是是。凡厥邊保，④悉恢故制。寧夏夾河西，⑤邐亘數百里，頹垣墊洳，於崇於濬。嘉靖十四年秋，工乃告竣。⑥請給官費僅二萬兩，役不踰數千人，無敢勞怨。行者如居，掠斂用息。是役也，相其謀者，則巡撫都御史楊公志學、張公文魁；⑦繩其任者，則巡按御史毛君鳳韶、⑧周君鐵；督其事者，則按察司僉事劉君恩、⑨譚君誾。至於擁衛士衆，遏絕軼突，則總兵官、都督王

---

①　[校] 力致：原作"立致"，據《浚谷文集》卷二《重修花馬池邊墻記》、《嘉靖寧志》卷三《寧夏後衛·邊防·重修邊墻記》、《朔方新志》卷四《詞翰·重修邊墻記》、《寧夏府志》卷十九《藝文·記·重修邊墻記》、《靈州誌蹟》卷四《藝文誌·重修邊墻記》、《寧靈廳志草·藝文·重修邊墻記》改。

②　[校] 唐公龍："龍"字原脫，據《浚谷文集》卷二《重修花馬池邊墻記》、《嘉靖寧志》卷三《寧夏後衛·邊防·重修邊墻記》、《朔方新志》卷四《詞翰·重修邊墻記》、《寧夏府志》卷十九《藝文·記·重修邊墻記》、《靈州誌蹟》卷四《藝文誌·重修邊墻記》、《寧靈廳志草·藝文·重修邊墻記》補。

③　[校] 群獻：《浚谷文集》卷二《重修花馬池邊墻記》作"群獸"。《鹽池縣志》卷十《藝文志·重修邊墻記》同。

④　[校] 保：原作"堡"，據《浚谷文集》卷二《重修花馬池邊墻記》、《嘉靖寧志》卷三《寧夏後衛·邊防·重修邊墻記》、《朔方新志》卷四《詞翰·重修邊墻記》、《寧夏府志》卷十九《藝文·記·重修邊墻記》、《靈州誌蹟》卷四《藝文誌·重修邊墻記》、《寧靈廳志草·藝文·重修邊墻記》改。

⑤　[校] 河西：《浚谷文集》卷二《重修花馬池邊墻記》作"河東西"。《鹽池縣志》卷十《藝文志·重修邊墻記》同。

⑥　[校] 工：此字原脫，據《浚谷文集》卷二《重修花馬池邊墻記》、《嘉靖寧志》卷三《寧夏後衛·邊防·重修邊墻記》、《朔方新志》卷四《詞翰·重修邊墻記》、《寧夏府志》卷十九《藝文·記·重修邊墻記》、《靈州誌蹟》卷四《藝文誌·重修邊墻記》、《寧靈廳志草·藝文·重修邊墻記》補。

⑦　[校] 巡撫都御史楊公志學、張公文魁："巡撫"下原衍"寧夏"二字，據《浚谷文集》卷二《重修花馬池邊墻記》刪。"楊公志學、張公文魁"，《浚谷文集》卷二《重修花馬池邊墻記》兩"公"後均作"某"。《鹽池縣志》卷十《藝文志·重修邊墻記》同。

⑧　[校] 巡按御史：《浚谷文集》卷二《重修花馬池邊墻記》作"巡撫按監察御史"。《鹽池縣志》卷十《藝文志·重修邊墻記》同。

⑨　[校] 按察司：《浚谷文集》卷二《重修花馬池邊墻記》作"按察"。《鹽池縣志》卷十《藝文志·重修邊墻記》同。

效。① 咸協共王役,② 贊襄洪猷。③ 是用勒銘,以永後範。銘曰:

　　敻高墉兮繚坤維,踞蓐收兮環彪螭。鎮貊貉兮伏獫猶,揚威稜兮永庚夷。④

東長城關記略⑤　　副使　齊之鸞

河東棄不毛千里,皆古朔方地。成化間,即其處築長城三百餘里,顧虜日抄掠,而城復卑薄,⑥ 安足爲障乎?嘉靖己丑,⑦ 虜入寇,總制王公瓊破走之。乃憑城極目套壤,嘆曰:"城去營遠,賊至不即知。夷城入,信轡飛掣。設險守國,重門禦暴,不如是也。吾欲沿營畫塹,聯外内輔車掎角之勢。"⑧ 乃疏論之,以之鸞與張大用領其事,庚寅秋就緒,⑨ 及冬虜入,果不能越。因復疏,請自紅山堡之黑水溝,至定邊之南山口,皆大爲

---

　　① [校]至於擁衛士衆,遏絕軼突,則總兵官、都督王效:《浚谷文集》卷二《重修花馬池邊墻記》無此十八字。《鹽池縣志》卷十《藝文志·重修邊墻記》同。

　　② [校]咸:《浚谷文集》卷二《重修花馬池邊墻記》無此字。《鹽池縣志》卷十《藝文志·重修邊墻記》同。

　　③ [校]洪:原作"鴻",據《浚谷文集》卷二《重修花馬池邊墻記》、《嘉靖寧志》卷三《寧夏後衛·邊防·重修邊墻記》、《朔方新志》卷四《詞翰·重修邊墻記》、《寧夏府志》卷十九《藝文·記·重修邊墻記》、《靈州誌蹟》卷四《藝文誌·重修邊墻記》、《寧靈廳志草·藝文·重修邊墻記》改。

　　④ [校]庚夷:原作"世熙",據《浚谷文集》卷二《重修花馬池邊墻記》改。

　　⑤ 《嘉靖寧志》卷三《寧夏後衛·邊防》載齊之鸞撰《東關門記》。本《東長城關記略》節略自《東關門記》。

　　⑥ [校]卑:原作"單",據《嘉靖寧志》卷三《寧夏後衛·邊防·東關門記》、《朔方新志》卷四《詞翰·東長城關記略》、《寧夏府志》卷十九《藝文·記·東長城關記略》改。

　　⑦ [校]己丑:原作"乙丑",據《嘉靖寧志》卷三《寧夏後衛·邊防·東關門記》改。《鹽池縣志》卷十《藝文志·東長城關記略》同改。按:《明史》卷七三《職官志》載,"總制"於嘉靖十九年(1540)已改稱爲總督。嘉靖乙丑即嘉靖四十四年(1565),文中仍稱"總制",可知"乙丑"之說有誤。嘉靖四十四年,陝西三邊總督應是郭乾。王瓊於嘉靖七年(1528)代王憲總督陝西三邊軍務,嘉靖十年(1531)卸任還京,由唐龍代其三邊總督之職。嘉靖己丑即嘉靖八年(1529),恰好在王瓊的任期内。由此可知,"己丑"之說爲是。

　　⑧ [校]外内:原倒作"内外",據《嘉靖寧志》卷三《寧夏後衛·邊防·東關門記》、《朔方新志》卷四《詞翰·東長城關記略》、《寧夏府志》卷十九《藝文·記·東長城關記略》、《靈州誌蹟》卷四《藝文誌·東長城關記略》乙正。

　　⑨ [校]秋:此字原脫,據《嘉靖寧志》卷三《寧夏後衛·邊防·東關門記》、《朔方新志》卷四《詞翰·東長城關記略》、《寧夏府志》卷十九《藝文·記·東長城關記略》、《靈州誌蹟》卷四《藝文誌·東長城關記略》補。

深溝高壘，峻華夷出入之防。塹深廣皆二丈，堤壘高一丈，廣二丈。沙土易圮處則爲墻，高者長二丈餘有差，而塹制視以深淺焉。① 關南四：清水、興武、安邊，② 以營、堡名。在花馬池營東者爲總要，則題曰"長城關"。高臺層樓，雕甍虎視。憑欄遠眺，朔方形勢，畢呈於下。毛卜喇堡，設闉門一。又視夷險三五里，③ 置周廬敵臺若干所，皆設戍二十人。乘城，擊、刺、射、蔽之器咸具。

平虜大捷記④　狀元翰林　康海

嘉靖十三年甲午，⑤ 虜酋吉囊盤據河套數年，秣馬勵兵，將圖大舉入寇。⑥ 兵部尚書、兼都察院右都御史唐公龍，⑦ 與總兵官都督同知劉文講畫戰守之法，⑧ 緩急遠近，部署咸定。

七月初，寧夏報吉囊結營於花馬池。唐公下令曰：⑨ "賊寇延綏，鎮

---

①　[校] 深淺：原倒作"淺深"，據《嘉靖寧志》卷三《寧夏後衛·邊防·東關門記》、《朔方新志》卷四《詞翰·東長城關記略》、《寧夏府志》卷十九《藝文·記·東長城關記略》、《靈州誌蹟》卷四《藝文誌·東長城關記略》乙正。

②　[校] 安邊：《嘉靖寧志》卷三《寧夏後衛·邊防·東關門記》作"安定"。

③　[校] 夷險：原倒作"險夷"，據《嘉靖寧志》卷三《寧夏後衛·邊防·東關門記》、《朔方新志》卷四《詞翰·東長城關記略》、《寧夏府志》卷十九《藝文·記·東長城關記略》、《靈州誌蹟》卷四《藝文誌·東長城關記略》乙正。《鹽池縣志》卷十《藝文志·東長城關記略》同改。

④　[校] 平虜大捷記：《康對山先生集》卷三五《碑》題作《嘉靖甲午平虜之碑》，《嘉靖寧志》卷八《文苑》作《大明嘉靖平虜之碑》，《朔方新志》卷四《詞翰》題作《總督唐龍平虜大捷記》。

⑤　[校] 甲午：原作"甲子"，據《康對山先生集》卷三五《碑·嘉靖甲午平虜之碑》、《明經世文編》卷一四〇《康對山集》、《嘉靖寧志》卷八《文苑·文·大明嘉靖平虜之碑》改。《鹽池縣志》卷十《藝文志·平虜大捷記》同改。

⑥　[校] 寇：《康對山先生集》卷三五《碑·嘉靖甲午平虜之碑》作"寇我邊"。《鹽池縣志》卷十《藝文志·平虜大捷記》同。

⑦　[校] 兼都察院右都御史唐公龍："兼"字原脫，據《康對山先生集》卷三五《碑·嘉靖甲午平虜之碑》、《嘉靖寧志》卷八《文苑·文·大明嘉靖平虜之碑》、《朔方新志》卷四《詞翰·總督唐龍平虜大捷記》補。"右"，《康對山先生集》卷三五《碑·嘉靖甲午平虜之碑》作"左"。"龍"，《康對山先生集》卷三五《碑·嘉靖甲午平虜之碑》無此字。

⑧　[校] 同知：《康對山先生集》卷三五《碑·嘉靖甲午平虜之碑》、《明經世文編》卷一四〇《康對山集》均作"僉事"。《鹽池縣志》卷十《藝文志·平虜大捷記》同。

⑨　[校] 公：此字下原衍"遂"字，據《康對山先生集》卷三五《碑·嘉靖甲午平虜之碑》、《嘉靖寧志》卷八《文苑·文·大明嘉靖平虜之碑》、《朔方新志》卷四《詞翰·總督唐龍平虜大捷記》刪。《鹽池縣志》卷十《藝文志·平虜大捷記》同改。

西將軍張鳳主之；① 寇寧夏，徵西將軍王效主之；② 寇固原，都督劉文主之；其當衝截突，副總兵都督僉事梁震主之。"十四日己卯，虜由定邊乾溝剷崖擁入鐵柱泉，③ 劉文堵截，不得犯固原。二十三日戊子，乃從青沙峴入寇安、會、金三縣，文率所部參將霍璽、崔高、④ 彭濬、⑤ 守備吳英、崔天爵馳兵往赴。⑥ 明日己丑，⑦ 戰於會寧柳家岔及葛家山，⑧ 斬其桀者數十人，虜懼思遁。文曰："賊歸，必自青沙峴。遊擊將軍李勳、守備陶希皋可趨青沙峴，伏道以俟。紅古城、半箇城，零賊之所必犯。指揮王縉可按兵截殺。二城無事，海剌都、乾鹽池、⑨ 鳴沙州、⑩ 石溝可安堵矣。"

八月四日戊戌，虜果合衆出青沙峴。文督戰當衝，伏兵盡起，復大敗虜衆，而王縉於半箇城與指揮田國亦破零賊。前後斬首一百二十又七，所獲韃馬一百三十又二，⑪ 甲胄、器械、衣物一千九百三十又七。梁震與參將吳吉、遊擊徐淮、⑫ 守備戴經遇虜於乾溝，大戰破之。斬首一百八十又五，所獲韃馬

---

① ［校］鎮西：《康對山先生集》卷三五《碑·嘉靖甲午平虜之碑》、《明經世文編》卷一四〇《康對山集》均作"定朔"。《鹽池縣志》卷十《藝文志·平虜大捷記》同。

② ［校］徵西：《康對山先生集》卷三五《碑·嘉靖甲午平虜之碑》、《明經世文編》卷一四〇《康對山集》均作"平西"。《鹽池縣志》卷十《藝文志·平虜大捷記》同。

③ ［校］擁：此字原脫，據《康對山先生集》卷三五《碑·嘉靖甲午平虜之碑》、《嘉靖寧志》卷八《文苑·文·大明嘉靖平虜之碑》補。《鹽池縣志》卷十《藝文志·平虜大捷記》同改。

④ ［校］崔高：《嘉靖寧志》卷八《文苑·文·大明嘉靖平虜之碑》作"崔嵩"。《鹽池縣志》卷十《藝文志·平虜大捷記》同。

⑤ ［校］霍璽、崔高、彭濬：《康對山先生集》卷三五《碑·嘉靖甲午平虜之碑》作"某"。《鹽池縣志》卷十《藝文志·平虜大捷記》同。

⑥ ［校］吳英、崔天爵：《康對山先生集》卷三五《碑·嘉靖甲午平虜之碑》作"某"。《鹽池縣志》卷十《藝文志·平虜大捷記》同。

⑦ ［校］己丑：《康對山先生集》卷三五《碑·嘉靖甲午平虜之碑》作"乙丑"。《鹽池縣志》卷十《藝文志·平虜大捷記》同。

⑧ ［校］柳家岔：《康對山先生集》卷三五《碑·嘉靖甲午平虜之碑》、《明經世文編》卷一四〇《康對山集》均作"柳家營"。《鹽池縣志》卷十《藝文志·平虜大捷記》同。

⑨ ［校］乾鹽池：《康對山先生集》卷三五《碑·嘉靖甲午平虜之碑》、《明經世文編》卷一四〇《康對山集》均作"鹽池"。下同。《鹽池縣志》卷十《藝文志·平虜大捷記》同。

⑩ ［校］鳴沙州：《康對山先生集》卷三五《碑·嘉靖甲午平虜之碑》、《明經世文編》卷一四〇《康對山集》均作"鳴沙洲"。

⑪ ［校］韃馬：原作"達馬"，據《康對山先生集》卷三五《碑·嘉靖甲午平虜之碑》改。下同。《鹽池縣志》卷十《藝文志·平虜大捷記》同改。

⑫ ［校］遊擊徐淮：《康對山先生集》卷三五《碑·嘉靖甲午平虜之碑》無此四字。《鹽池縣志》卷十《藝文志·平虜大捷記》同。

二百又四，器物四千七百四十又七。王效與副總兵苗鸞，① 遊擊蔣存禮、鄭時又遇虜於興武營，② 大戰破之。參將史經、劉潮分佈韋州，③ 張年又從苗鸞擺邊，遇劉文驅虜，結營北奔，各哨奮勇而前，前後斬首一百三十，④ 所獲韉馬二百又二，器物二千一百六十又六。虜幸得及老營，晝夜急遁。⑤ 故海剌都、乾鹽池、鳴沙州、⑥ 石溝，號牛羊富有之地，⑦ 雖經行，⑧ 不敢正目。視昔年駐掠豳、⑨ 隴，而諸將閉門籲天，不能得一遺鏃，何如哉？

十萬之虜，經年在套，秣馬勵兵，欲圖大舉。⑩ 二旬之內，連復三捷。⑪ 蓋惟皇上神武聖文，⑫ 知人善任。故唐公得以悉心壯猷，諸將得

---

① ［校］副總兵苗鸞："副總兵"，《康對山先生集》卷三五《碑·嘉靖甲午平虜之碑》、《明經世文編》卷一四〇《康對山集》均作"副將"。"鸞"，《康對山先生集》卷三五《碑·嘉靖甲午平虜之碑》、《嘉靖寧志》卷八《文苑·文·大明嘉靖平虜之碑》均作"鑾"。下同。《鹽池縣志》卷十《藝文志·平虜大捷記》同。

② ［校］蔣存禮、鄭時：原倒作"鄭時蔣存禮"，據《康對山先生集》卷三五《碑·嘉靖甲午平虜之碑》乙正。《鹽池縣志》卷十《藝文志·平虜大捷記》同改。

③ ［校］劉潮：原作"劉朝"，據《康對山先生集》卷三五《碑·嘉靖甲午平虜之碑》、《明經世文編》卷一四〇《康對山集》、《嘉靖寧志》卷八《文苑·文·大明嘉靖平虜之碑》改。《鹽池縣志》卷十《藝文志·平虜大捷記》同改。

④ ［校］前：此字原脫，據《康對山先生集》卷三五《碑·嘉靖甲午平虜之碑》、《明經世文編》卷一四〇《康對山集》補。按：因上句末有"前"字而脫。

⑤ ［校］急：《康對山先生集》卷三五《碑·嘉靖甲午平虜之碑》、《明經世文編》卷一四〇《康對山集》、《嘉靖寧志》卷八《文苑·文·大明嘉靖平虜之碑》均作"亟"。

⑥ ［校］州：《康對山先生集》卷三五《碑·嘉靖甲午平虜之碑》、《明經世文編》卷一四〇《康對山集》、《嘉靖寧志》卷八《文苑·文·大明嘉靖平虜之碑》均無此字。

⑦ ［校］牛羊：《康對山先生集》卷三五《碑·嘉靖甲午平虜之碑》、《明經世文編》卷一四〇《康對山集》均作"青牛"。《鹽池縣志》卷十《藝文志·平虜大捷記》同。

⑧ ［校］雖經行："雖"，《康對山先生集》卷三五《碑·嘉靖甲午平虜之碑》作"雖具"。"經行"，原作"緩行"，據《康對山先生集》卷三五《碑·嘉靖甲午平虜之碑》、《嘉靖寧志》卷八《文苑·文·大明嘉靖平虜之碑》改。《鹽池縣志》卷十《藝文志·平虜大捷記》同。

⑨ ［校］年：此字原脫，據《康對山先生集》卷三五《碑·嘉靖甲午平虜之碑》補。《鹽池縣志》卷十《藝文志·平虜大捷記》同改。

⑩ ［校］欲：原作"舉"，據《康對山先生集》卷三五《碑·嘉靖甲午平虜之碑》、《明經世文編》卷一四〇《康對山集》、《嘉靖寧志》卷八《文苑·文·大明嘉靖平虜之碑》、《朔方新志》卷四《詞翰·總督唐龍平虜大捷記》改。

⑪ ［校］復：《康對山先生集》卷三五《碑·嘉靖甲午平虜之碑》、《明經世文編》卷一四〇《康對山集》均作"獲"。《鹽池縣志》卷十《藝文志·平虜大捷記》同。

⑫ ［校］皇上："上"字原脫，據《康對山先生集》卷三五《碑·嘉靖甲午平虜之碑》、《明經世文編》卷一四〇《康對山集》、《嘉靖寧志》卷八《文苑·文·大明嘉靖平虜之碑》、《朔方新志》卷四《詞翰·總督唐龍平虜大捷記》補。

以攄忠自奮爾。語言"上下相須，① 千古爲難"，豈不信哉？唐公受命以來，寒暑僅四閱也。斬獲虜首，殆及千餘。② 威寧細溝之功，北徵已後，③ 謂爲再見。今日之捷，④ 視威寧細溝，不知相去幾許。廟堂與本兵大臣，必有以休休之心翊贊皇度者矣。⑤ 方諸簡册，周宣、漢武，不足言也。邊方父老，以予撰碑敍述其事，用告將來，辭曰：

惟明九葉，⑥ 篤生聖皇。允文允武，帝德用昌。因心弘化，寵綏萬邦。内治既洽，恩被邊疆。⑦ 惠德有賚，拂義必匡。元臣若德，逖惠厥常。⑧ 蠢茲酋虜，⑨ 潛蠕幽荒。教既未逮，螫亦屢猖。盤據河套，未遂驅攘。豈天厭逆，乃爾乖方。⑩ 屢犯屢挫，曾不戒戢。公壯

---

① ［校］語言：《康對山先生集》卷三五《碑·嘉靖甲午平虜之碑》、《明經世文編》卷一四〇《康對山集》均作"語曰"。《鹽池縣志》卷十《藝文志·平虜大捷記》同。

② ［校］千餘：原作"千數"，據《康對山先生集》卷三五《碑·嘉靖甲午平虜之碑》、《明經世文編》卷一四〇《康對山集》、《嘉靖寧志》卷八《文苑·文·大明嘉靖平虜之碑》、《朔方新志》卷四《詞翰·總督唐龍平虜大捷記》改。

③ ［校］已後：《康對山先生集》卷三五《碑·嘉靖甲午平虜之碑》作"以後"。《鹽池縣志》卷十《藝文志·平虜大捷記》同。

④ ［校］今日之捷：《康對山先生集》卷三五《碑·嘉靖甲午平虜之碑》無此四字。《鹽池縣志》卷十《藝文志·平虜大捷記》同。

⑤ ［校］者：此字原脱，據《康對山先生集》卷三五《碑·嘉靖甲午平虜之碑》補。《鹽池縣志》卷十《藝文志·平虜大捷記》同改。

⑥ ［校］葉：原作"業"，據《康對山先生集》卷三五《碑·嘉靖甲午平虜之碑》、《明經世文編》卷一四〇《康對山集》、《嘉靖寧志》卷八《文苑·文·大明嘉靖平虜之碑》、《朔方新志》卷四《詞翰·總督唐龍平虜大捷記》改。

⑦ ［校］邊疆：《康對山先生集》卷三五《碑·嘉靖甲午平虜之碑》作"邊防"。《鹽池縣志》卷十《藝文志·平虜大捷記》同。

⑧ ［校］元臣若德逖惠厥常：《康對山先生集》卷三五《碑·嘉靖甲午平虜之碑》、《明經世文編》卷一四〇《康對山集》此八字在下文"螫亦屢猖"之後。"逖"原作"迪"，據《康對山先生集》卷三五《碑·嘉靖甲午平虜之碑》、《明經世文編》卷一四〇《康對山集》、《嘉靖寧志》卷八《文苑·文·大明嘉靖平虜之碑》、《朔方新志》卷四《詞翰·總督唐龍平虜大捷記》改。《鹽池縣志》卷十《藝文志·平虜大捷記》同。

⑨ ［校］酋：原作"醜"，據《康對山先生集》卷三五《碑·嘉靖甲午平虜之碑》、《明經世文編》卷一四〇《康對山集》、《嘉靖寧志》卷八《文苑·文·大明嘉靖平虜之碑》、《朔方新志》卷四《詞翰·總督唐龍平虜大捷記》改。

⑩ ［校］豈天厭逆乃爾乖方：此八字原脱，據《康對山先生集》卷三五《碑·嘉靖甲午平虜之碑》、《明經世文編》卷一四〇《康對山集》補。《鹽池縣志》卷十《藝文志·平虜大捷記》同改。

其猷，① 九伐斯張。② 青沙之役，易若驅羊。興武既祗，乾溝亦襄。大舉反釗，鼠竄惟囊。恭維神武，所嚮必餟。況此元老，惟德之行。弗崇虛譽，克屏譎狂。稽勳考勩，③ 而無否臧。④ 元戎丕奮，參佐孔良。節制四載，其武湯湯。邪佞莫入，夸毗是惶。⑤ 皇心勿二，⑥ 公德愈光。甲午之捷，萬古所望。後賢秉鉞，尚慎勿忘。

九日登花馬池城⑦　　明　王瓊
白池青草古鹽州，　倚嘯高城豁望眸。⑧
河朔氈廬千里迥，⑨ 涇原旌節隔年留。⑩
轅門菊酒生豪興，　雁塞風雲愜壯遊。

---

①　[校]公壯其猷：《康對山先生集》卷三五《碑·嘉靖甲午平虜之碑》、《明經世文編》卷一四〇《康對山集》均作"公用赫怒"。

②　[校]九伐：《康對山先生集》卷三五《碑·嘉靖甲午平虜之碑》、《明經世文編》卷一四〇《康對山集》均作"大伐"。

③　[校]考：原作"者"，據《康對山先生集》卷三五《碑·嘉靖甲午平虜之碑》、《明經世文編》卷一四〇《康對山集》改。

④　[校]而無否臧："而無"，《康對山先生集》卷三五《碑·嘉靖甲午平虜之碑》、《明經世文編》卷一四〇《康對山集》均作"咸協"。"臧"原作"藏"，據《康對山先生集》卷三五《碑·嘉靖甲午平虜之碑》、《明經世文編》卷一四〇《康對山集》、《嘉靖寧志》卷八《文苑·文·大明嘉靖平虜之碑》、《朔方新志》卷四《詞翰·總督唐龍平虜大捷記》改。《鹽池縣志》卷十《藝文志·平虜大捷記》同。

⑤　[校]邪佞莫入夸毗是惶：此八字原脫，據《康對山先生集》卷三五《碑·嘉靖甲午平虜之碑》、《明經世文編》卷一四〇《康對山集》補。《鹽池縣志》卷十《藝文志·平虜大捷記》同改。

⑥　[校]勿：原作"無"，據《康對山先生集》卷三五《碑·嘉靖甲午平虜之碑》、《明經世文編》卷一四〇《康對山集》、《嘉靖寧志》卷八《文苑·文·大明嘉靖平虜之碑》、《朔方新志》卷四《詞翰·總督唐龍平虜大捷記》改。

⑦　[校]花馬池城："池"字原脫，據《朔方新志》卷五《詞翰·詩·九日登花馬池城》、《寧夏府志》卷二一《藝文·詩·九日登花馬池城》、《靈州誌蹟》卷四《藝文誌·九日登花馬池城》補。

⑧　[校]望眸：原作"遠眸"，據《朔方新志》卷五《詞翰·詩·九日登花馬池城》、《寧夏府志》卷二一《藝文·詩·九日登花馬池城》、《靈州誌蹟》卷四《藝文誌·九日登花馬池城》改。

⑨　[校]河朔：原作"河翔"，據《朔方新志》卷五《詞翰·詩·九日登花馬池城》、《寧夏府志》卷二一《藝文·詩·九日登花馬池城》改。

⑩　[校]涇原：原作"涇源"，據《嘉靖寧志》卷三《寧夏後衛·形勝》引《九日登花馬池城》、《朔方新志》卷五《詞翰·詩·九日登花馬池城》改。

諸將祇今多衛霍,① 佇看露布上龍樓。

興武暫憩② 楊一清
簇簇青山隱戍樓, 暫時登眺使人愁。
西風畫角孤城晚,③ 落日晴沙萬里秋。
甲士解鞍休戰馬, 農兒持券買耕牛。
翻思未築邊墙日,④ 曾得清平似此不。

鹽州過飲馬泉⑤ 唐 李益
綠楊著水草如烟,⑥ 舊是胡兒飲馬泉。⑦
幾處吹笳明月夜, 何人倚劍白雲天?⑧
從來凍合關山路, 今日分流漢使前。
莫遣行人照容鬢, 恐驚憔悴入新年。

宿小鹽池 總制 石茂華
弭節鹽池側,秋光淡戍臺。
雁聲雲外墮,夜雨樹間來。
猛士安能得,邊愁不可裁。

---

① ［校］祇：原作"至"，據《嘉靖寧志》卷三《寧夏後衛‧形勝》引《九日登花馬池城》、《朔方新志》卷五《詞翰‧詩‧九日登花馬池城》改。

② ［校］興武暫憩：《弘治寧志》卷八《雜詠類》題作《興武營》，《雍正陝志》卷九六、《御選明詩》卷七六、《明詩綜》卷二八皆題作《孤山堡》。

③ ［校］晚：《弘治寧志》卷八《雜詠類‧興武營》作"曉"。

④ ［校］翻思：此同《弘治寧志》卷八《雜詠類‧興武營》，《雍正陝志》卷九六、《御選明詩》卷七六、《明詩綜》卷二八《孤山堡》皆作"回思"。

⑤ ［校］鹽州過飲馬泉：《文苑英華》卷二九九《軍旅‧邊塞》題作《過五原至飲馬泉》，《全唐詩》卷二八三題作《鹽州過胡兒飲馬泉》，《五原廳志略》卷二《藝文志》題作《過九原飲馬泉》。

⑥ ［校］草：《文苑英華》卷二九九《軍旅‧邊塞‧過五原至飲馬泉》作"宛"。

⑦ ［校］胡兒：原作"鹽州"，據《全唐詩》卷二八三《鹽州過胡兒飲馬泉》、《文苑英華》卷二九九《軍旅‧邊塞‧過五原至飲馬泉》改。《鹽池縣志》卷十《藝文志‧鹽州過飲馬泉》同改。

⑧ ［校］人：此同《全唐詩》卷二八三《鹽州過胡兒飲馬泉》，《文苑英華》卷二九九《軍旅‧邊塞‧過五原至飲馬泉》作"時"。

長歌聊徙倚，或有伏車哀。

邊牆　楊芳燦
野日荒荒外，邊墻入望遙。
風高原散馬，雲逈塞盤鵰。
蒸土頹垣在，沉沙折戟銷。
登臨無限感，戰壘認前朝。

前題　郭楷　雪莊
一帶繚垣峙，雄邊制四鄰。
黃沙今夜月，白骨古時人。
飲馬窟猶在，鳴刁蹟已陳。
時清烽戍減，耕牧樂斯民。

前題　侯士驤
古堞儼周遭，黃雲補斷壕。
客心沉戍角，邊日淡黴袍。①
野闊牛羊小，天空鷹隼高。
康時本無外，設險笑徒勞。

前題　秦崙源
野霧冷冥冥，　斜陽下古亭。
客愁侵夜柝，　戍火亂秋星。②
土銼眠難穩，③　村醪醉易醒。
他年談舊事，　曾向塞垣經。

---

　① ［校］淡：《靈州誌蹟》卷四《藝文誌·前題》、《寧靈廳志草·藝文·前題》均作"澹"。

　② ［校］火：原作"大"，據《靈州誌蹟》卷四《藝文誌·前題》、《寧靈廳志草·藝文·前題》改。

　③ ［校］土銼：原作"士挫"，據《靈州誌蹟》卷四《藝文誌·前題》、《寧靈廳志草·藝文·前題》改。

前題　松江　俞訥

斥堠烽烟静，　沿壕長緑莎。
高臺蹲健鶻，　荒磧臥明駝。
地利宜耕牧，　邊氓息鎧戈。
驅車經廢堞，① 懷古漫悲歌。

前題　楊承憲

縱目長城外，黃雲幾萬層。
霜高秋試馬，風勁客呼鷹。
自有四夷守，休誇一障乘。
數聲邊角動，平楚暮烟凝。

歷代祥異誌第十六

　　天垂象，見吉凶，聖人象之。故經傳所載日食、星隕、神降石，言種種祥異，雖不經見，然亦在所不諱。誰謂異怪之事，聖人弗道耶。因採錄之，以備《五行志》之遺。

　　貞觀二十年九月辛亥，② 地震，有聲如雷。

　　大中三年十月辛巳，上都及靈武、鹽、夏等州地震，壞廬舍，壓死數千人。

　　咸通十四年，陰晦。

　　六年秋，③ 夏州雲霧晦冥，旦及禺中，乃解。

　　調露元年，鳴鵐群飛入塞，相繼蔽野。至二年正月，還，復北飛至靈、夏北，悉墮地而死。視之，皆無首。

---

①　[校] 驅車：原倒作"車驅"，據《靈州誌蹟》卷四《藝文誌·前題》、《寧靈廳志草·藝文·前題》乙正。

②　[校] 二十年九月辛亥：原作"二十九年九月丁亥"，據《寧夏府志》卷二二《祥異》、《靈州誌蹟》卷四《歷代祥異誌》、《宣統甘志》卷二《天文志·附祥異》改。

③　六年：唐僖宗李儇乾符六年（879）。

至道二年，靈、夏等州地震，城郭盧舍多壞，占曰"兵饑"。是時，①西夏入寇。

　　雍正十一年又十月，霜花雪縰，四十餘日。

　　景泰間，有李姓者至鐵柱泉，傍有窟，偕一僕爇燈以入，行二十餘步，② 推開一石門，有銅鑄釋像，傍有二僧屍，覆以錦衾，其面如生，而金貝之類環具左右。李恣意取之，將出，風颯颯，燈息門閉，鼓鈸齊鳴。李恐懼欲死，棄盡所取者，俄於傍窟匍匐而出。明日，集衆往掘之，堅不能入。朔方志。③

　　城東門樓，曉起望之，空際之中有金波玉浪，奔瀉澎湃，倒湧如潮，真佳景也。然不常見，見則年穀豐稔，境内清平。即人之見之者，亦必有喜慶事。

---

　　① ［校］是時：原作"是歲"，據《寧夏府志》卷二二《祥異》、《靈州誌蹟》卷四《歷代祥異誌》改。
　　② ［校］二十餘步：《朔方新志》卷三《古蹟》作"二十步"。
　　③ 參見《朔方新志》卷三《古蹟》。

（民國）鹽池縣志

（民國）陳步瀛 纂修　孫佳 校注

鹽池縣形勢圖

鹽池縣志序

　　鹽池原爲靈州分州，民國二年劃設縣治，迄今將近四十年。而對於縣志之創修，歷任邑宰均未注意及之，以致政教、風俗、文化、民情、山川、物産等皆無記載，誠一大憾。民國三十六年春，余奉命主政桑邦。兵燹之後，滿目淒涼。大軍雲集，差務頻繁。撫綏流亡，救恤災黎。日馳驟於皇華車馬之間，案牘尚虞塵封，獄辭間束高閣，奚暇計及邑志修否也？越明年，春盡夏初，始得寧息，乃悉心民間事。中樞所索之《中國行政區域志資料調查表》，由余親身考查、撰述，歷半年，工作完成。然多屬簡要，未能詳盡。以無記載可以參考，深感縣志需要創修。每於公餘之暇，採訪記載，作爲初稿。後之有志君子陸續添纂，用期大成，則斯志之成完篇，永垂不朽，是余最所感禱者也。

　　民國三十七年秋八月，鹽池縣縣長陳步瀛序。

鹽池縣志凡例

　　事莫難於創始。本縣設治，迄今將近四十年，縣志未修者，以創始困難，歷任邑宰未犯難以爲耶？

　　國共戰事未息，轄境尚未全復臨封，多無縣志，參考資料缺乏，在萬分困難中編纂斯志。簡略居多，不過作創始之舉，以期後之君子陸續增纂耳。

　　志貴乎記實。所分門類，雖未盡合體制，爲求記實，故無所拘泥也。

　　城垣、壇廟、公廨，迭經兵燹，多已毀壞，與志載不同。惟備述無遺，以備參考。

　　山川堡寨，均注明方向、里數，易於辨識。

　　田賦悉依舊制，新畫韋州下馬關等處尚未徵糧，所撥田畝賦稅，無從考察，尚待補遺。

　　戶口變異甚大，新舊並記，用資對照。

　　邊備一項，惜無詳志，可考僅列數，則附於兵防志內。

　　職官制今昔不同，就有可考，歷述無遺，用勵來茲。

　　人物志，自民國以來，所有忠義節烈足以矜式者，均記載無漏。民國以前，詳《靈武志》內。因迭遭兵燹，無存志可考。

條議、詩文，有關本縣形勢、風俗者，採擇纂輯，以資識見。

經濟、歷史二門，似於體制未協，但爲記實，採擇增輯，以備參考。

此志由本縣長親自主筆，科員劉生煥謄清，舍弟步漢校對。① 不無簡略遺漏，識者諒之。

鹽池縣志目錄

卷一　地理志
　　　疆域　〔沿革〕　形勝　山川　古蹟　風俗　變異
卷二　建置志
　　　設縣　城垣　公署　公所　壇廟　堡寨　關梁　倉庫　警察
　　　郵政　市集
卷三　田賦志
　　　額賦　鹽法　統捐
卷四　行政區劃
　　　附鄉保表　附人口表
卷五　教育志
　　　學額　社學義學　學校　學校分佈　社會教育
卷六　兵防志
　　　兵制　防地　營盤
卷七　職官志
　　　歷代官制　歷代職官　宦蹟　鄉宦
卷八　人物志
　　　義行　孝友　忠義　節烈
卷九　選舉志
　　　科第
卷十　藝文志
　　　條議　詩選
卷十一　經濟志

---

① 步漢：指陳步瀛三弟陳步漢。

　　　　出産　畜牧
卷十二　歷史志
　　　　匪患起因及蕩平包括歷代

地理志卷一

疆域

鹽邑治在郡城之東南，《道志》：① 在東北。東至陝西定邊界三十里，② 西至靈武縣馮家圈界一百六十里，《道志》：西至靈武縣白家灘界一百七十里。南至甘肅環縣界二百一十，③ 北至二道邊牆土堆綏遠界一百四十里，④ 東南至陝西定邊界四十里，西南至靈武縣海子井一百六十里，《道志》：二十里。東北至邊牆外土堆約百餘里，西北至邊牆外土堆約百餘里，距寧夏省城三百里。⑤《道志》：三百三十里。⑥

以上境界，據《朔方道志》所載，加以更正，縣屬之舊界也。民國二十五年，共黨佔據縣城後，縣境被其所佔四分之三，縣府移於惠安堡。以轄境過小，不符縣治，二十九年省令劃同心縣之下馬關、韋州堡，金積縣之紅寺堡等屬鹽池。三十六年，縣城收復，縣境擴大，疆域亦隨之變更，茲記於下。

東至陝西定邊界三十里，西至靈武縣馮家圈界一百六十里，南至甘肅環縣界二百五十里，北至高麗烏蘇八十里，東南至陝西定邊界八十里，西南至馬段頭三百四十里，東北至二道川五十里，西北至三段地一百三十里。

東西寬約二百華里，南北長約四百華里，面積八萬方公里。東至定邊縣治六十里，西至靈武縣治二百六十里，南至慶陽縣治五百四十里，西北至寧夏省城三百里，東北至榆林五百五十里，西南至同心縣治四百一

---

① 道志：即馬福祥、陳必淮等修（民國）《朔方道志》。下同。
② ［校］陝西定邊界：《朔方道志》卷二《輿地志‧疆域分圖》作"陝西榆林道屬定邊縣界"。下文"東南至陝西定邊界四十里"句之"陝西定邊界"同。
③ ［校］甘肅：《朔方道志》卷二《輿地志‧疆域分圖》作"隴東道屬"。
④ ［校］綏遠：《朔方道志》卷二《輿地志‧疆域分圖》作"蒙古"。
⑤ ［校］寧夏省城：《朔方道志》卷二《輿地志‧疆域分圖》作"朔方道治"。
⑥ ［校］十：此字下原衍"六"字，據《朔方道志》卷二《輿地志‧疆域分圖》刪。

十里。

沿革

鹽池，古羌戎地。秦屬北地郡。漢爲靈州。元魏爲大興郡。西魏爲五原郡，又爲西安州，又爲鹽州。隋大業初，改爲五原縣，又爲鹽州。唐仍之，貞元初，陷吐蕃，九年收復。五代及宋，皆爲鹽州。咸平五年，[1] 陷於西夏。元廢爲儇州地。明爲寧夏後衛，又改爲花馬池所。清仍之，屬寧夏府。民國二年，改鹽池縣。四年，復將靈武舊"靈州"。所屬之惠安堡、舊設鹽捕通判，今裁。鹽積、舊名"鹽池堡"，以與縣名同，今改"鹽積堡"。萌城、隰寧四堡劃歸鹽池管轄，隸寧夏省。二十五年，共黨陷縣城，縣境被其所佔四分之三，縣府移於惠安堡。以轄境過小，二十九年，劃同心縣下馬關、韋州堡，金積縣紅寺堡等屬鹽池。三十六年春三月，縣城收復。

形勝

鹽池，東經榆林，直赴幽燕，南達平、固，而往陝、甘，西接寧夏，北通包、綏，形勢極其險要。有明一代，防邊極嚴。自鹽至寧，三十里一堡，六十里一城，均設重兵爲之防守。

花馬池接延綏界三百六十里，有長城關，在花馬池城北六十里，明總制王瓊所築。關上有樓，高聳雄壯，下設閘門，外立市場，番漢交易月三次。橫城即紅城子，舊市場去閘門三十里，今即在門外。

安定營、興武營、紅山堡，皆各有閘門，今並廢。採《朔方道志》。[2]

鹽池，關聳長城，泉湧鐵柱。既鹽積之爲富，復寶塔之稱雄。按：鹽池即舊花馬池，自有明棄套以後，深山大河，勢反在虜，沿邊百里，盡屬敵衝。是故虜窺平、固，則犯花馬；擄掠環、慶，則出花馬。虜趨靈武，取道清水營、興武營一帶，又無一不連花馬。築邊城，建營寨，古人之經營至矣。今雖情勢略異，而邊防籌畫，要不容以今昔分也。

山川[3]

方山，在縣城東北一百里。

---

[1] ［校］咸平：原作"咸年"，據宋真宗年號用字改。
[2] 參見《朔方道志》卷二《輿地志·邊界》。
[3] 山川：此標題原與"古蹟"一行，據本志書例和內容分列。

靈應山，在縣城南七十里，山含石質。

玄洞山，在縣城南一百一十里，山含石質。

麥垛山，在縣城西一百里。

寶山，在縣城南一百二十里。

大蠱山，在縣城西南二百五十里。宋時，有避難者悟道於此。①層巒疊嶂，②蒼翠如染。明慶藩長史劉昉以其峯如蠱，③故名之曰"蠱"。多奇花異卉，良藥珍禽。山東有寺，名雲青寺。雨暘禱之，輒有應。慶藩諸墓，皆在其下。舊有宮殿，今毀。

小螺山，在縣城西南二百五十里，亦曰"小蠱山"。套虜入寇，常駐牧於此。

琥八山，在韋州南八十里。琥八，方言，猶華言色駁雜也。

打剌坡山，在韋州南四十里。

打狼山，在下馬關南三十里。《明一統志》"狼山"即此，④套虜由韋州入犯鎮原、平凉道。今改之，蓋俗呼"打拉頂"也。

三山，在韋州堡東一百里，三峯對峙。

椁子山，在三山南。溪澗險惡，豺虎所居，⑤人蹟罕到。

青沙峴，在縣城西南二百里。明嘉靖十三年，套虜吉囊入寇，兵部尚書劉虎遣劉文邀擊於此。

青龍山，在縣城西南二百廿里。有楊將軍廟，斷碑稱：⑥宋時，楊將軍業遇契丹，戰死。按：史載楊業與契丹戰死陳家谷，其子延玉殉之。在朔州地，今立廟於此。又以其子延玉陪祀，殆如虛傳。⑦自蕭關至靈武，

---

① ［校］難：《朔方道志》卷二《輿地志·山川》作"秋"。

② ［校］巒：原作"蠻"，據《乾隆甘志》卷六《山川》、《寧夏府志》卷三《地理·山川》改。

③ ［校］長史：原作"長吏"，據《正統寧志》卷上《山川》、《嘉靖寧志》卷三《韋州·山川》、《乾隆甘志》卷六《山川》、《寧夏府志》卷三《地理·山川》、《宣統甘志》卷七《輿地志·山川》改。

④ ［校］此：原作"北"，據《乾隆甘志》卷六《山川》、《寧夏府志》卷三《地理·山川》改。

⑤ ［校］虎：原作"狼"，據《明一統志》卷三七《寧夏衛》、《乾隆甘志》卷六《山川》、《宣統甘志》卷七《輿地志·山川》改。

⑥ 《隴右金石錄》著錄此斷碑題爲《楊將軍戰死碑》。

⑦ ［校］虛：《朔方道志》卷二《輿地志·山川》作"俗"。

楊家血戰多年，立廟祀以答其忠勇歟。然山下亦有陳家谷，姑存以備考。

太陽山，一名炭窰山，在韋州北，距縣二百里。

石射山，為青龍山小支脈。

老爺山，由甘肅鎮原縣屬之三岔，經環縣之趙家廟而至本縣境内，為下馬關正東之大山也。

烟墩山，在縣城西南一百六十里，産煤、瓷等。

煤山子，在韋州西南二十里，産煤。

五原，在縣北。《元和志》：① 故五原郡，以其地有五原，故名。五原，謂龍遊原、乞地千原、青嶺原、可嵐貞原、橫槽原。

沙窩井，在惠安堡北五里許，味甘而清，雖旱不竭。居民行旅，咸利賴之。

羊坊井，在惠安堡北五里。

苦水河，發源於慶陽環縣之仙城驛，繞至韋州太陽山下，始與縣川水合，北流靈武入黄河，此下馬關東川水道也。

東湖，在韋州堡東一里。

鴛鴦湖，在東湖北三里。

富泉，② 在下馬關西北三十里，蠱山之南。引以灌田，即今之紅城水也。

旱海，③ 在下馬關北四十里。宋張洎曰：④ 自威州抵靈州，有旱海七百里，斥鹵枯瀉，無溪澗川谷。⑤ 趙珣曰：鹽、夏、清遠軍，並係沙磧，俗謂"旱海"。自儻州出青崗川，本靈州大路。自北過美利砦，漸入平、夏，徑旱海，中至耀德、清邊鎮，入靈州。按：旱海皆沙磧，距韋州東北或數里，或數十里，抵靈州屬之海子井，東極蒙古，浩渺無際。

四股泉，在惠安堡南八十里。

---

① 參見《元和郡縣圖志》卷四《關内道·鹽州》。

② 《朔方道志》卷二《輿地志·山川》載，富泉在鎮戎縣西北三十里蠱山之南。

③ 《朔方道志》卷二《輿地志·山川》載，旱海在鎮戎縣北四十里。

④ ［校］張洎：原作"張泊"，據《長編》卷三九、《宋史》卷二六七《張洎傳》、《乾隆甘志》卷六《山川》、《宣統甘志》卷七《輿地志·山川》改。

⑤ ［校］澗：原作"間"，據《乾隆甘志》卷六《山川》、《寧夏府志》卷三《地理·山川》、《宣統甘志》卷七《輿地志·山川》改。

煖泉①，在惠安堡西南二十里，冬不結冰，故名。

鐵柱泉，在縣城西九十里，鐵柱湧泉，即此也。泉水噴湧，深不可測。

月兒泉，在縣城西南五十里。

紅山子溝，在縣城西南二十里。

左家溝，在縣城西三十里。

楊成記溝，在縣城南八十里。

龍踏井，在縣城西北一百二十里，興武營南二里。俗謂康熙訪寧夏，道經於此，所踏之井。

白馬坊溝，在縣城南四十里。

韋州河，在韋州城南半里，水清味甘。

萌城河，由萌城西經隰寧堡，與煖泉會流。

硝池河，發源於惠安堡東、賀坊溝西，與韋州、萌城兩河會流，出通溝門，經老虎溝，入靈武之石溝驛。

古蹟

鹽州廢城，今屬鹽池縣地。舊志："在靈州東南三百里。"②今花馬池營是。隋置鹽川郡，③西魏置西安州。《元和志》：④貞觀二年，平梁師都，復置鹽州。《新唐志》：⑤貞元三年，沒於吐蕃。九年，復城之。有鹽州府，又有保塞軍。宋咸平以後，入西夏，仍曰鹽州。

温池廢縣，今屬鹽池縣地，在惠安堡北。唐神龍元年置，⑥屬靈州縣，側有鹽池。五代時，廢產鹽。

五原廢縣，今鹽池縣地。漢置朐衍縣，屬北地郡。西魏改五原郡。正統九年，建興武營，五原西。按：縣在榆林界。

---

① ［校］煖泉：原作"暖泉"，據下文"與煖泉會流"改。

② ［校］在靈州東南：原作"東南至靈州"，據《朔方新志》卷三《古蹟》改。

③ ［校］鹽川：原作"鹽州"，據《寧夏府志》卷四《地理·古蹟》、《朔方道志》卷三《輿地志·古蹟》改。

④ 參見《元和郡縣圖志》卷四《關內道·鹽州》。

⑤ 參見《新唐書》卷三七《地理志》。

⑥ ［校］元年：原作"五年"，據《舊唐書》卷三八、《新唐書》卷三七《地理志》改。

韋州廢城，今屬鹽池縣地。① 西夏置。《宋史》：② 嘉祐六年，③ 夏人改韋州監軍司爲祥祐軍，後又改靜塞軍。元廢。

地宮，在今鹽池縣韋州堡慶府內，明慶王建以避暑者。

楊將軍廟，在下馬關東北四十里，④ 青龍山有斷碑稱：宋時，楊將軍遇契丹戰死處，其子都尉楊延玉陪祀。與史載不同。

雲興寺，在蠡山上，年久失修，寺院頹廢。

宏佛寺，在花馬城內。明萬曆年修，中佛像百尊，均用赤金描塑。現被共黨焚毀。

花馬池，縣城東門有謝王寵翰林題"花馬池"三字，⑤ 非斜視不能辨認。取其並足而立，側目而視之意。又城內東南隅文廟匾額題有"萬世師表"四字，爲清康熙親筆所書，皆毀於兵燹。

金頂塔，在韋州堡舊城南。建築年代，碑碣殘缺，無法稽考。凡九級，後因地震傾圮。明慶藩時，邑人籌資重修，又增四級，共十三級，加金頂於上，因名。

擺宴井，在惠安堡東七十里，俗謂"鄂旗小王失名。會宋將軍狄青擺宴處"。

霽城波影，花馬池東三十里，長城南有鹽場堡，北有苟池，與花馬池縣城東西相對。每遇天朗氣清、旭日東升，湖光反射映於城之東墻，側目視之，則見城墻上水光接天，儼如水湖奇景可觀。又有城頭古寺、草地牧羊、黃沙龍躍、天池飲馬、官樹烏棲、鐵柱湧泉、鹽池凝雪，是爲"鹽池八景"。詩序均毀於兵燹，良深婉惜。

明慶王墓，在本縣韋州堡大蠡山下，⑥ 即明靖王、康王、懷王、莊王、恭王、定王、惠王、端王、憲王、端和世子，並慶藩分封之眞寧、安化、弘農、豐林、壽陽、延川、華陰諸王墓也。

---

① ［校］鹽池縣：《朔方道志》卷三《輿地志·古蹟》作"鎭戎縣"。下文"在今鹽池縣韋州堡慶府內"句之"鹽池縣"同。

② 參見《宋史》卷四八五《夏國傳》。

③ ［校］祐：原作"祜"，據《宋史》卷四八五《夏國傳》改。下同。

④ ［校］下馬關：《朔方道志》卷三《輿地志·古蹟》作"今鎭戎縣"。

⑤ ［校］謝王寵：原作"謝王春"，據《乾隆甘志》卷三三《選舉》、《寧夏府志》卷十三《人物·鄉獻》、《靈州誌蹟》卷三《人物鄉獻誌》及鹽池縣出土謝王寵墓碑改。參見銀川美術館編《寧夏歷代碑刻集》之《清通義大夫謝觀齋墓志銘》，第154頁。

⑥ ［校］本縣：《朔方道志》卷三《輿地志·古蹟》作"鎭戎"。

風俗

地近蒙疆，居民咸賴畜牧。

以畜牧爲利，以産鹽爲資。

地廣人稀，畜牧而外，兼事農商。

漢回雜處，風氣剛勁，民性淳良。

地多沙漠，風氣滯塞，畜牧而外，依貿易生活，人猶古直。

操作勤苦，飲食極粗。

寒早而暑遲，三月而冰未泮，四月而草始萌，麥成在夏至之後，霜降或中秋之期，盛暑不廢羔裘，嚴寒必資土室。

地近沙漠，鄙居蒙邊，氣候一日三變。"早穿皮衣午穿紗，抱上火爐吃西瓜。早穿棉來午穿單，晚上重裘不禦寒。"可以證氣候之變化，足以知邊民之苦矣。

時令

元旦，男女夙興肅衣冠，燃香燭，拜天地、先祖。卑幼拜尊長畢，出賀親友，呼曰"拜年"。又預爲三日炊，曰"年飯"。

四日，乃更炊生米，長輩贈與晚輩錢鈔，謂之"增歲錢"。

五日黎明，洒掃地上雜沓，備香表，舉以送之於街。鄉村則送之於大路，名曰"送五窮"。是日拘忌，非至戚不相往來。

新歲，必擇吉日，備香楮，就郊外喜神方迎拜，然後外行作事，始無禁忌，俗名"出行"。

七日黃昏後，弱女幼子懷餅焚香，赴街相呼，鄉村則於門外呼之，名曰"招魂"。七日，食麵餅，① 名曰"招魂"。

上元，食元宵，前後三夜，街市皆燃燈，照徹通衢，猶如白晝。上元前後四五日，以人裝土神，② 或五色花臉，或高脚。又裝一婦人，手執掃帚前行，掃除不祥之意。鳴鑼擂鼓，游行街道，名曰"社賀"。

廿三夕，家戶堆蒺藜於門外，③ 以火焚之，撒以鹽，老幼越跳，名曰

---

① ［校］食麵餅：《朔方道志》卷三《輿地志·風俗》作"食麵餅擊銅器相呼"。
② ［校］土神：《朔方道志》卷三《輿地志·風俗》作"土地神"。
③ ［校］堆：原作"推"，據《朔方道志》卷三《輿地志·風俗》改。

"燎疳"。① 既而揚其灰，名曰"六穀花"，以占豐年。

二月二日，家户炒豆、黍、蕎麥各花以啖之，俗謂"炸臭虫"。又是日，將元旦所作爐餅，集老幼於庭食之，名"團圓餅"，取一年團圓之義。

二月上丁後，至清明，擇吉日，具牲醴，載紙標，② 爲墓祭，名"修治先塋"。③

三月清明，掃墓祭祖。若遇閏年，於墓上添土。

五月五日端午，貼符，插菖蒲、艾葉，飲雄黄酒，啖角黍。閨中並以綵絲作符，剪艾虎，相饋送。

七月十五日，獻瓜果，祭先祖。

中秋祀月，作月餅，陳瓜果，比屋皆然。

九月九日重陽，食糕，④ 間有爲登高會者。

孟冬之朔，祀先祖，薦湯餅，俗謂"敬寒衣"。

冬至日，祀先祖，焚紙錢。

十二月初八，煑粥雜以豆、肉，曰"臘八粥"。

二十三夜，以鷄、酒、餅、飴祀竈，鷄陳而不殺。至除夕，始薦熟，曰"接竈"。

除夕，貼春聯，易門神，具酒肴。長幼以次稱壽，燃燈徹夜，曰"守歲"。並祀先祖，焚香、焚紙、爆竹、飲酒。

冠禮

久廢不行。惟於婚禮納徵時，女家以冠、履、衣、物相答，必有梳、篦、鏡、匣，曰"冠巾"。蓋亦存其意云。《朔方道志》。⑤

婚禮

媒妁既通，必取男女年庚對合，無冲尅，然後定議，此古"問名"之意。定禮，男家用綵幣、鐲鑠或梭布、簪珥。女家以冠佩或鍼黹相答，此古"納吉"之意。婚期既定，男家備禮盒、酒果，倩賓送期於女家，

---

① ［校］燎疳：《花馬池誌蹟·風俗土産誌第七·風俗》作"燎疳"。
② ［校］紙標："紙"字原脱，據《朔方道志》卷三《輿地志·風俗》補。
③ ［校］塋：原作"瑩"，據文意逕改。
④ ［校］食糕：《朔方道志》卷三《輿地志·風俗》作"食糕飲菊酒"。
⑤ 參見《朔方道志》卷三《輿地志·風俗》。

曰"通信"，此古"請期"之禮。既復送綵幣、① 茶果、羊、酒並衣物、首飾，送女家，曰"下聘"，亦古"納徵"之禮。先期，女家備妝奩送男家，曰"鋪床"。至期，男家又以大蒸饅并果盤，隨綵輿赴女家，曰"催妝"。倩女賓爲新婦冠笄，② 曰"冠带"。女家請女賓隨輿至男家，曰"送親"。接親多用綵轎鼓吹，貧者以車，世族之家亦有奠雁親迎者。新婦三日謁翁姑，贄以鍼黹，同室長幼各拜見，曰"分大小"。舊府志。③

婚不書庚貼，但憑媒妁一言爲定。初定親，送茶葉、燒酒，次送財禮、首飾、布疋，豐約不等，娶不親迎。新婦入門，偕婿行禮，三日謁翁姑，④ 四日婿偕新婦如岳家，⑤ 謁其尊長，並謁新婦之外舅，禮如前。

喪禮

俗最重。衰絰冠履，⑥ 多遵古制。蔴巾衰衣，必大祥後始易。惟期、功以下，近亦多就簡便，未能盡如古禮。七日，行大殮，親友多會弔。及葬前一日，親友各以奠儀往祭，喪家備酒食相酬。每進食羹，孝子必出，稽顙謝。禮甚煩瑣，羸弱者至憊不支。送葬男女多至數十百人，喪家爲備酒食、車乘。力薄不能辦者，或留殯數十年，不敢舉相傳。明季，近邊各堡點虜常伺葬出刼衣物，故葬時必多請姻戚以爲之備。迄今數百年，以備虜之舉，竟易而爲喪家之累。

每遇婚喪大事，親友男女多至數十百人，留住事主家三五日，以俟事畢而去。每日，酒肉相酬，力薄者不能舉辦，誠一陋俗。

祭禮

祭無宗祠，各奉主於其家。凡除夕新歲，必設饌。清明，出郊展墓，具酒肴，焚紙錢。七月十五、十月朔，具紙楮，祭於户外。五月五日、八月中秋，奠於堂。

---

① ［校］綵幣：原作"采幣"，據上文"男家用綵幣"改。
② ［校］女賓：原作"女家"，據《寧夏府志》卷四《地理·風俗》改。參見《宣統甘志》卷十一《輿地志·風俗》。
③ 參見《寧夏府志》卷四《地理·風俗》。
④ ［校］三日：《朔方道志》卷三《輿地志·風俗》、《宣統甘志》卷十一《輿地志·風俗》均作"次日"。
⑤ ［校］四日：《朔方道志》卷三《輿地志·風俗》、《宣統甘志》卷十一《輿地志·風俗》均作"九日"。
⑥ ［校］衰絰：原作"衰經"，據《寧夏府志》卷四《地理·風俗》、《宣統甘志》卷十一《輿地志·風俗》改。

變異

唐大中三年十月辛巳，①上都及靈武、鹽、夏等州地震，壞廬舍，壓死數千人。

宋〔紹興〕十三年三月，②地震，逾月不止，③地裂湧泉，出黑沙，歲大饑。十四年，彗星見坤宮，五十餘日而滅。占其分，在夏國。

明崇禎七年，寧夏遍地皆鼠，卿尾食苗。

清同治元年，彗星見於西北，大如箕，光芒數十丈。

同治八年冬，④惠安堡民人惠澤之妻孕三年產，忽小腹潰裂，子從孔出，如人形，頃刻子死，腹合無痕。

民國六年二月初旬，鹽池大風，飛沙捲石，對面不能見人，昏暗如夜。⑤

八年四月初八日，鹽池隰寧堡薛姓土窨哨眼出蛇數百條，辰出午入，未出申入，每日出入二次，均東西向，日久始沒。

八年五月二十六日，鹽池暴風大起，塵霾四塞，屋瓦齊飛，逾時乃已。

九年九月初十日，鹽池地震，相繼震蕩五月之久，每次震動約十分鐘。⑥

九年十一月初七日申刻，寧夏地大震，人不能立。如舟行大江狂風巨浪之中，繼微震月餘，人多野宿，不敢入室。隴東一帶尤甚，海城民屋、衙署、祠宇、墻垣坍圮無存，⑦張家川兩岸山圮，川爲之平。餘亦地多坼裂，⑧黑水噴湧，共壓傷斃約十萬餘人。

---

① ［校］辛巳：原作"幸巳"，據《朔方道志》卷一《天文志·祥異》改。

② 十三年：宋高宗趙構紹興十三年（1143）。

③ ［校］月：原作"日"，據《朔方道志》卷一《天文志·祥異》改。

④ ［校］八年：原作"九年"，據《朔方道志》卷一《天文志·祥異》改。按：《朔方道志》卷一《天文志·祥異》原作"是年冬"，爲承前省略，指同治八年（1869）。

⑤ "六年二月初旬"條原誤排印於下文"三十一年十一月"條之後，今據本志書例移至此處。

⑥ "九年九月初十日"條原誤排印於下文"三十一年十一月"條之後，今據本志書例移至此處。

⑦ ［校］坍圮："坍"字原脫，據《朔方道志》卷一《天文志·祥異》補。

⑧ ［校］坼裂：原作"圻裂"，據《朔方道志》卷一《天文志·祥異》改。

民國十四年六月，徐家河灣徐萬福之妻周氏一胎生三子。

二十九年九月，惠安堡姜仲元之妻徐氏一胎生二男。

三十一年十一月，惠安堡徐福之妻劉氏一胎生二女。

民國三十二年七月十九日正午，下馬關所屬可可川農夫獲糜。忽風雲大作，頃刻之間，天空忽顯龍一尾，全體出現降升之際，聲如雷鳴，塵霾四塞，田間獲倒之糜及農夫之衣被抓飛半空。農諺有云："龍掛角，十田九空忙；龍出現，一斗打八石。"此豐年之兆也。

三十四年三月十五日晚九時，天空現紅光一道，由西南而東北下降，轟然有聲，如房屋倒塌。十月初旬，雷鳴。十一月間，馬蓮草、毛頭草多有開花者。

建置志卷二

設縣

邊荒地廣，一邑可分數邑；民貧而少，數邑可併一邑。鹽池，自民國二年設縣以來，數經變更，原轄十堡爲四區。二十五年，共黨侵佔縣境四分之三，縣府偏設惠安堡，一邑而分爲兩邑。二十九年，以轄境過小，畫同心縣下馬關、韋州堡，金積縣紅寺堡屬之。三十六年，縣城光復，舊縣境收復，數邑而歸爲一邑。延袤八百里，管理難周，施政不易，名爲九鄉，實有數縣，以與內地各縣相較，朝令夕達，遍及全縣，誠不可同日而語也。

城垣

鹽池縣城，即舊花馬池城。明爲後衛所，舊城築於正統八年，在塞北花馬鹽池北。① 天順間，改築今地。城門二：東曰永寧，北曰威勝。萬曆三年，開南門曰廣惠。八年，巡撫蕭大亨甃以磚石。清乾隆六年重修，周圍七里三分，址厚二丈五尺，頂厚一丈五尺，門樓三座，池深一丈，寬二丈。清駐州同參將均裁，今改縣治。

---

① ［校］塞北：《朔方道志》卷四《建置志·城池并圖》作"塞外"。

附　縣屬城池

興武營城，距縣城一百二十里，① 周圍三里八分。明正統間，巡撫金廉築。萬曆十三年，巡撫晉應槐甃以磚石。清乾隆六年重修，高二丈五尺，址厚二丈七尺，頂厚一丈五尺，東、南二門，門樓二座，池深一丈，寬二丈。清駐都司，今裁。

惠安堡城，距縣城一百八十里，周圍二里四分。明巡撫黃嘉善甃以磚石，巡撫崔景榮題設鹽捕通判。高三丈，址厚二丈五尺，頂厚一丈五尺，門二道，門樓二座，南北敵樓三座。清仍駐通判，今裁。

鐵柱泉城，距縣城一百二十里，實有九十里。明嘉靖十五年，總制劉天和築，周圍四里，高四尋，厚亦如之。置兵五千，兼募土人守之，以絕套虜水草。今盡為沙掩矣。②

安定堡城，係土城，距縣城六十里。明設守備，清仍之，今裁。

毛卜喇城，係土城，距縣城一百五十里。③ 清駐把總，今裁。

下馬關城，④ 即明下馬關。初名長城關，後以總制防秋必先下馬於此，故易名下馬關。嘉靖五年築，外磚內土，周圍五里七分，高厚均三丈五尺。西城沒於溪。清光緒二年，平涼道魏光燾飭部將吳禧德等新築西面土城一道，周圍四里五分，炮臺八座，雉堞七百有二，南北櫓樓俱備。明先設守備，萬曆二十二年，題改參將，每秋防總制移師駐焉。清由固原提標派守備一員，把總二員，外委二員分駐，均裁。

韋州堡城，距縣城二百三十里，周圍二里。明弘治間，巡撫王珣築東關門二道。清駐把總，今裁。

鹽積堡城，在惠安堡北十五里。建築年代無從稽考。相傳在宋元昊時，為新寧縣。

紅城子水城，在韋州東南十五里。建築年代無從稽考。

公署

鹽池縣署，在城東街，舊花馬池州同署，規模狹隘。清同治年，被回

---

① ［校］縣城："城"字原脫，據《朔方道志》卷四《建置志·城池并圖》補。
② ［校］掩：《朔方道志》卷四《建置志·城池并圖》作"淹"。
③ ［校］五十：《朔方道志》卷四《建置志·城池并圖》作"三十"。
④ ［校］下馬關：《朔方道志》卷四《建置志·城池并圖》作"鎮戎縣"。

蹂躪。宣統三年，復陷於匪，二堂全燬，三堂僅存廂房。民國二年，改鹽池縣。三年，知事王之臣稟將參將廢署改建，去任未果。民國四年，知事姚家琳請以參將廢署木料補修二堂，頭門、三堂均加修葺，署之曰"鹽池縣行政公署"。

　　管獄員署，在縣署右。民國二年，設獄。

　　警察所，在鼓樓北街。民國二年設。

　　附　縣署取銷公署

以下公署均於民國二年取銷，歸入公產。

　　鹽捕通判署，在惠安堡城內。原屬靈州，民國四年，畫歸鹽池。舊志：① 舊有鹽大使署，久廢。

　　參將署，在城大街。軍器局在署內。火藥局在城北。教場，東門外。

　　興武營都司署，在興武營城內。軍器局在城東。火藥局在城西北。教場在城外東南。

　　安定堡把總署，在安定堡內。火藥局在署內。教場在城外北。

　　毛卜喇把總署，在毛卜喇堡內。火藥局在堡內。教場在堡外。

　　下馬關舊鎮戎縣署，在城中街，舊名平遠。② 清光緒三年設，即明之下馬關也。舊爲固原直隸州屬。③ 民國二年，改隸寧夏道，易名鎮戎。二十五年，遭匪燬焚。二十九年，畫歸鹽池。

　　舊管獄員署，在廢縣署右。民國二年，典史署改設獄，今廢。

　　舊儒學署，在城東。

　　舊守備署，在城內。舊值秋防，由固原提標派守備駐此。

　　韋州堡把總署，在韋州堡內。軍器、火藥局，俱在署內。

公所

　　商務會，在城內東街。

　　百貨徵收局，在城內北街，賃民房。

　　郵政局，在城內中街，賃民房。

　　牲畜稅局，在北關，賃民房。

---

① 參見《寧夏府志》卷五《建置·公署·靈州》。
② [校] 名：此字原脫，據《朔方道志》卷四《建置志·公署并圖》補。
③ [校] 爲：原作"名"，據《朔方道志》卷四《建置志·公署并圖》改。

鹽稅局，在城內東街，賃民房。

《朔方道志》所載圮廢公所：① 鹽池倉、紅寺堡倉、韋州倉、興武營倉、毛卜喇倉、安定堡倉、鐵柱泉倉，均圮廢久矣。又有批驗鹽引所，原設萌城。明弘治末，改慶陽府北關內。嘉靖間，巡撫張潤奏，仍其舊。後改惠安堡。鹽課司、巡檢司，皆在惠安堡。

壇廟

社稷壇，尚未建置，現於城外廟內祀之。

風雲雷雨壇，尚未建置，現於城外廟內祀之。

先農壇，在城北門外。

文廟，在城內東街，一在惠安堡。清初建，乾隆時重修，同治年，兵燹燬。

關帝廟，在城內南街，一在惠安堡南關西隅。清同治年，兵燹燬。光緒年，堡紳劉學恭重修。宣統年，紳商劉炳、張復元重修。

文昌宮，在城東街，一在惠安堡南關外。清初建，同治年，兵燹燬。一在惠安堡東南，康熙時建，尋圮。乾隆時，通判李閶棱重修。同治初，燬於匪。

城隍廟，在西城根。

龍王廟，在惠安堡鳳池。清同治年，燬於匪。

火神廟，在城內東南隅。

奎文閣，在惠安堡東南隅。清初建，乾隆時，通判李閶棱與堡紳移建之。同治年，焚於匪。

風神廟，在城東南隅。

三官廟，在南城根。

玄帝廟，在城內西城頭。

東嶽廟，在城東門外，一在惠安堡南關外。清初建，同治年，燬於匪。

太白廟，在西水頭。

鹽神廟，在惠安堡。清同治年，燬於匪。光緒十年，堡紳劉學恭重修。

---

① 參見《朔方道志》卷四《建置志·公署并圖》。

玉皇閣，在惠安堡北城門上，坍圮。宣統元年，堡紳劉炳、茹馨補修。

娘娘廟，在城東門外。

馬王廟，在城內中街。

財神廟，在城內西街。

眼光廟，在城內北城頭。

山陝會館，在惠安堡南關外。清初建，同治年，燬於匪。

弘福寺，在城內十字南街。

城頭寺，在城內東南隅。

廣慈菴，在城內西街。

三清殿，在城內北城頭。

無量殿，在城南十里。

附　下馬關祠宇廟觀

文廟，在城內鐘鼓樓南。

文昌宮，在南城門根。

武廟，在城內鐘鼓樓南。

魁星閣，在南門城樓。

城隍廟，在鐘鼓樓東南。

龍王廟，在南門外。附祀風神，又紅城水三座。

玉皇廟，在紅城水。

無量廟，一在城北門外，一在紅城水。

娘娘廟，一在鐘鼓樓東，一在紅城水。

佛祖廟，在城南門外。

財神樓，在韋州堡內。

財神樓，在北門外，以觀音大士附祀。

牛王廟，在北門外，以藥王、馬王附祀。

老君廟，在鐘鼓樓東北。

楊將軍廟，在青龍山。有斷碑稱，大將楊業與契丹戰沒處，其子延玉陪祀之。①

---

① ［校］延玉：原作"廷玉"，據本志卷一《地理志》"青龍山"條、《長編》卷二七"太宗雍熙三年（986）八月"條、《宋史》卷二七二《楊業傳》改。

忠義祠，在城南門根。
節孝祠，在城南門根。
雲興寺，在大蠡山，一名"雲清寺"。
康濟寺，在韋州堡內，今廢。
清眞寺，在韋州堡，又另有禮拜寺五處。

堡寨

孫家水，在城東南一百九十里。
南水頭，在城南九十里。
高平堡，在城西三十里。
安定堡，在城西六十里，有閻門，清設守備。
西水頭，在城西六十里。
鐵柱泉，在城西九十里，有泉甘冽。明嘉靖間，總制劉天和以套匪出入，必飲馬於此，因築城包其泉，絕虜水道。城周四里，今盡爲沙壓，僅露門樓。
興武營，在城西一百二十里，城周三里八分，有閻門，清設都司。
毛卜喇堡，在城西一百五十里，[1] 清設把總。
張貴堡，在城西南一百二十里。
寺兒掌，在城西南一百六十里。
永興堡，在城西九十里。
惠安堡，在城西南一百八十里，[2] 城周二里四分，清駐鹽捕通判。
鹽積堡，原名鹽池堡，以與縣名同易今名。在城西南一百九十里，明置操守。
隰寧堡，在城西南一百七十里。
萌城堡，在城西南二百二十里。
韋州堡，在城西南二百三十里，夏元昊築。宋嘉祐七年，[3] 夏人改韋

---

[1] ［校］五十：《朔方道志》卷五《建置志·堡寨》作"七十"。
[2] ［校］西：《朔方道志》卷五《建置志·堡寨》作"東"。下文"西南一百九十里"、"西南一百七十里"、"西南二百二十里"等句之"西"同。
[3] ［校］七年：原作"六年"，據《宋史》卷四八五《夏國傳》改。

州監軍司爲祥祐軍，① 後改靜塞軍。② 明弘治間，巡撫王珣重修，城周二里。清康熙十四年，提督陳福遣兵復惠安、韋州。

下馬關，原平遠縣城，後改鎮戎縣，又改同心縣。在縣城西南二百七十里。民國二十九年，畫歸本縣。

紅城水，在縣城西南二百四十里，原屬平遠縣。民國二十九年，畫歸本縣。

紅寺堡，在縣城西南三百二十里，原屬金積縣。民國二十九年，畫歸本縣。

按：鹽池縣，係舊靈州花馬池分州改設，所有各堡，由靈州畫分。民國四年，又畫歸惠安、鹽積、隰寧、萌城四堡。二十九年，畫同心之下馬關、韋州堡、紅城水，金積縣之紅寺堡等屬之。又《朔方道志》所載柳楊堡在城北二十里，野狐井在城西南五十里，均屬本縣。

關梁

長城關，在城北六十里，即明總制王瓊所築之溝壘也。長五十里，關上有樓，高聳雄壯，下設閘門。外立市場，漢蒙交易，月三次。舊設守備監市，③ 營兵防守，今廢。

下馬關，在城西南二百七十里，初名長城關，後以總制防秋必先下馬於此，故易名下馬。明嘉靖五年築，外磚內土，西城後沒於溪。清光緒二年，平涼道魏光燾新築，西面土城一道。

倉庫

倉一在本署西，偏庫在堂左。按：鹽池舊爲花馬池分州。國初，改爲鹽池縣。清宣統三年，衙署、庫房均被賊燬。

下馬關倉，在城內，庫在堂左。

---

① ［校］爲：原作"馬"，據《宋史》卷四八五《夏國傳》改。
② ［校］祥祐軍與靜塞軍是兩個不同的軍事區劃，非前後之異名。《宋史》卷四八五《夏國傳》載："又改西壽監軍司爲保泰軍，石州監軍司爲靜塞軍，韋州監軍司爲祥祐軍。"故本志曰"後又改靜塞軍"誤。
③ ［校］監市：原作"監守"，據《宣統甘志》卷九《輿地志·關梁》改。

警察

本城總局一所，惠安堡分局一所，警官六名，警兵六十名。

郵政

清設驛站，歸靈州管理。馬四匹，夫三名。西六十里至安定堡驛，馬四匹，夫三名。再西一百二十里至興武營，馬四匹，夫三名。興武營西六十里至清水營，再西爲紅山堡、橫城而達寧夏。

民國設三等郵政局，局長一員，差夫十名。東六十里至定邊，西五十里至牛毛井子，再西經沙坑子、清水營、紅山堡、橫城而達寧夏。

市集

市集六處。

縣城列肆數十處，逐日交易。

惠安堡列肆數十處，① 逐日交易。

大水坑列肆數十處，三、六、九日交易。

寶塔列肆數十處，逐日交易。

下馬關列肆數十處，三、六、九日交易。

韋州堡列肆數十處，逐日交易。

田賦志卷三

額賦

原由靈州分管額地八百九十五頃五畝三分八厘。内民地八百八十九頃一十五畝三分八厘，每畝徵黄米七合；屯地五頃九十畝，② 每畝徵青豆三升。

應徵粮六百四十石一斗七合七勺。内黄米六百二十二石四斗七合七勺，青豆一十七石七斗。

---

① ［校］數十：《朔方道志》卷五《建置志·市集》作"十餘"。下文"寶塔列肆數十處""下馬關列肆數十處""韋州堡列肆數十處"等句之"數十"同。

② ［校］屯地：《寧夏府志》卷七《田賦·賦額》作"屯田"。

應徵地丁銀一十兩一錢八分二厘。

以上係舊志所載，① 清乾隆四十五年以前，花馬池州同分管靈州之額徵。

自乾隆四十五年後至民國十一年止，除歷年荒蕪無徵糧四百石七斗八升七合七勺，除歷年荒蕪無徵地丁銀三兩九錢五分。

民國二年，又由靈州撥歸萌城、隰寧、鹽積三堡，原額地三十一頃六十三畝四毫內。原撥四堡內，惠安向徵鹽課，未額丁糧。

一則田，一十五頃八十四畝三分。

二則田，一十頃三十九畝二分四毫。

三則田，五頃三十九畝五分。

應徵糧，九十五石二斗一升二合四勺。

應徵地丁銀，九十八兩四錢九分六厘。

又自民國二年至民國十二年止，② 除歷年荒蕪無徵糧七十六石九斗五升三合四勺，除歷年荒蕪無徵地丁銀八十一兩一錢九分八厘。

今實徵正糧二百五十八石五斗五升五合四勺，耗羨糧三十八石七斗七升五合零。

今實徵地丁正銀二十三兩五錢三分一厘，耗羨銀三兩五錢二分五厘零。

鹽法

《唐·食貨志》載：③"鹽州五原有烏池、白池、瓦池、細項池，靈州有溫泉池、兩井池、長尾池、五泉池、紅桃池、迴樂池、弘靜池，④ 會州有河池，三州皆輸米以代鹽。⑤"寧夏鹽池，至唐始見於史。

宋初，鹽莢只聽州縣給賣，初未嘗有客鈔也。慶曆八年，⑥ 以兵部員

---

① 參見《寧夏府志》卷七《田賦·賦額》。
② [校]民國二年：原作"民國一年"，據《朔方道志》卷八《貢賦志·額徵》改。
③ 參見《新唐書》卷五四《食貨志》。
④ [校]弘靜池：原同《靈州誌蹟》卷二《丁稅賦額誌·鹽法》作"宏靜池"，據《新唐書》卷五四《食貨志》回改。
⑤ [校]輸米：原作"轉粟"，據《新唐書》卷五四《食貨志》改。
⑥ [校]慶曆：原作"天聖"，據《宋史》卷一八一《食貨志》、《長編》卷一六五改。

外郎范祥鈔法，① 令商人就邊郡入，錢四貫八百售一鈔，至解池請鹽二百觔，任其私賣得錢，以實塞下，省數十郡搬運之勞。行之既久，鹽價時有低昂。又於京師置都鹽院，陝西轉運司自遣官主之。京師食鹽，觔不足三十五錢，則斂而不發，以長鹽價，② 過四十，則大發庫鹽，以壓商利，使鹽價有常而鈔法有定。行之數十年，③ 人以爲利。

元至元二年，監察御史帖木兒不花及廉訪使胡通奉疏：陝西百姓許食解鹽，地遠，腳力艱澀。今後若因大河以東之民分定課程，④ 買食解鹽；大河以西之民計口攤課，⑤ 任食韋、紅之鹽，則官不被擾，民無蕩產之禍矣。且解鹽結之於風，韋、紅鹽產之於地，東鹽味苦，西鹽味甘，又豈肯舍其美而就其惡乎？使陝西百姓一概均攤解鹽之課，令食韋紅之鹽，則鹽吏免巡禁之勞，⑥ 而民亦受惠矣。因命陝西行省等官與總帥汪通議，俱稱當從帖木兒不花、胡通奉所言，以黃河爲界，聽民食用。

明世宗嘉靖八年，議准花馬大池歲增三萬三千六百二十六引，小池則增二萬二千四十七引，每引二錢五分，臥引銀一錢，共一萬九千六百十五兩，送平涼府收貯，專備祿糧。十四年，題准靈州小鹽池額鹽三千一百零五引，專供花馬池一帶修邊支用。其加增鹽三萬引，召商開中三邊輪流買馬，或接濟軍餉支用。花馬池，明代始行著稱。初稱花馬池營，繼稱花馬池所。相傳池中發現花馬，是年鹽產頓豐，因而得名。有謂因課鹽買馬而名者，然於花字不叶，姑存疑焉。三十四年乙卯，奏准陝西行鹽地方，每鹽二百觔爲一引，每引收課銀四錢五分。西鹽二分搭配漳鹽八分，⑦ 俱聽分守。隴右道監理收銀，年終解送花馬池營管糧衙門，防秋兵馬支用。

穆宗隆慶五年，題准花馬池大、小二池鹽，每引照鹽四倍河東，令各鹽商報納，每引增銀一錢二分，共五錢二分。其臥引銀一錢二分，西路斗

---

① [校]兵部員外郎范祥："兵部"，此同《夢溪筆談》卷十一《官政》，《長編》卷一六五、《治蹟統類》卷二八《用度損益》作"屯田"。"范祥"原作"范詳"，據《長編》卷一六五、《治蹟統類》卷二八《用度損益》、《夢溪筆談》卷十一《官政》改。

② [校]鹽價：原作"下價"，據《夢溪筆談》卷十一《官政》改。

③ [校]數十年："十"字原脫，據《夢溪筆談》卷十一《官政》補。

④ [校]因：《元史》卷九七《食貨志》作"令"。

⑤ [校]口：原作"日"，據《元史》卷九七《食貨志》改。

⑥ [校]鹽：原作"監"，據《元史》卷九七《食貨志》改。

⑦ [校]二分：此同《寧夏府志》卷七《田賦·鹽法》，《靈州誌蹟》卷二《丁稅賦額誌·鹽法》作"三分"。

底銀一錢五分，共增課銀七千有奇。

清初，設寧夏鹽捕廳管理靈州花馬小池，其產鹽地方周圍三十六里零。池設有壕墻，按年疏築，限隔內外。舊鹽井二百眼，撈鹽六萬一千四百四十石，原額每石一引，共引六萬一千四百四十張，每引徵課銀一錢一分五厘五。①

康熙十五年至二十五年，遞有加增。

雍正六年，又查出新井二百二眼，共四百二眼。雍正十三年，增引六千張，共引六萬七千四百四十張，每引徵銀二錢一分五厘五，共徵課銀一萬四千五百三十三兩三錢二分，按年解布政司。額產鹽六萬七千四百四十石，在於平、慶兩府各廳、州、縣並寧夏河東各營堡行銷。原額中衛所屬鳴沙等十堡，②額引一千三百八十九張，徵課銀二百九十九兩三錢二分九厘五毫。靈州所屬吳忠等十九堡，額引二千三百八十六張，徵課銀五百一十四兩一錢八分三厘。

新通志載：橫城堡尚有額課銀三十七兩五錢八分四厘，③安定堡額課銀八兩六錢二分，④寧夏共課銀八百五十六兩六錢一分三厘。與舊志稍異。

同治後，廢引行票，課化爲厘。光緒末年，又改統捐。民國六年，又改商包辦，聽民買食，舊制一律取銷。

舊志云：鹽池之在三山兒者，曰大鹽池；在故鹽城之西北者，⑤曰小鹽池。其他名字羅等池最多，皆分隸大小鹽池。⑥其鹽大都不勞人力，因風而生，殆天產以資邊需者也。

又《地理志》：⑦懷遠縣有鹽池三。去城北各三十里俱有池，其產不

---

① ［校］五厘五：《朔方道志》卷九《貢賦志·鹽法》作"五厘五毫"。下文"二錢一分五厘五"句之"五厘五"同。

② ［校］所屬："所"字原脫，據《朔方道志》卷九《貢賦志·鹽法》補。

③ ［校］三：《朔方道志》卷九《貢賦志·鹽法》作"二"。

④ ［校］課銀："銀"字原脫，據《朔方道志》卷九《貢賦志·鹽法》補。

⑤ ［校］鹽：此字下原衍"池"字，據《寧夏府志》卷七《田賦·鹽法》刪。按：鹽城，即鹽州古城。據考古發現其遺址位於今鹽池縣城西南75公里的西破城，在今鹽池縣馮記溝鄉老鹽池村。參見任曉霞撰《鹽州古城今何在》。《朔方新志》卷一《食貨·鹽法》、《嘉靖寧志》卷三《中路靈州·鹽池》均作"鹽州城"。

⑥ ［校］大小："小"字原脫，據《弘治寧志》卷三《靈州守禦千戶所·屬城》補。

⑦ 參見《舊唐書》卷三八《地理志·關內道》。

多，官亦不禁，不知於古何名。河東邊外有花馬、紅柳、鍋底三池，以邊外棄。

按：新採訪花馬小池在鹽池縣，屬惠安堡之西，即舊白鹽池。又相傳舊有鳳棲於池畔，亦名"鳳池"。自北而南相接十餘里，分北、中、南三池，又名"三池"。新舊共井四百二眼，壩夫四百二名，築土爲畦，汲井水溉其中，數日成鹽。額鹽六萬一千四百四十石，額引六萬一千四百四十張，每引徵課銀一錢一分五厘五毫。清康熙十五年至二十五年，兩次增加銀一錢。雍正十三年，增引六千張，共引六萬七千四百四十張，共徵課銀一萬四千五百三十三兩三錢二分。除動支文廟、鹽神廟祭祀銀三十二兩九錢九分九厘，餘悉解司。同治亂後，廢引行票，課化爲厘。有比較，無定額。光緒末年，又改統捐，每鹽一石，抽銀一錢五分，漸增至一兩二錢。民國六年，又改商包辦，每鹽百觔取洋銀二元。八年，奉文減洋四角。今因之。

又按：花馬小池爲惠安堡池，而花馬大池則即鹽場堡大鹽池也。明初，屬寧夏衛，以鹽易馬，故名花馬。嘉靖九年，總制王瓊以去靈州遠，改歸定邊衛。清同治年，陝甘總督左宗棠進兵甘肅，仍請歸甘。由甘委員經徵以助軍餉，嗣又改爲統捐，與小池一例。近則用作外債抵押品矣。舊志以花馬等池棄在邊外，未免失考。大池西南十六里尚有爛泥池，周十六里在鹽、定二縣交界地，東九里屬定邊境，西七里屬鹽池境。又大池西南三十里有蓮花池，一名連環池，周十八里亦在兩縣交界地。東南角十里屬定邊境，西北角八里屬鹽池境。① 又有紅崖池，周十二里哇哇池，三池相連，周十里波羅池有水無鹽，均在定邊境。惟無紅柳、鍋底等池，今昔異名，亦未可知。至邊牆外之大池，周八十里狗池，周三十里倭波池，周八里則在鄂爾多斯境。《定邊志》論之甚詳，② 附錄以備參考。

《定邊縣志》云：大鹽池在鹽場堡城外，曰花馬池。《明史·食貨志》：③ 洪武三年，户部奏陝西察罕腦兒地有大、小二鹽池，請設鹽課提舉司。此即大鹽池也。明初，隸寧夏衛。嘉靖九年，改屬定邊衛。池周十

---

① ［校］西北：原作"西南"，據《朔方道志》卷九《貢賦志·鹽法》改。
② 《定邊志》：即黃沛鑒定、江廷球檢校、宋謙增輯《定邊縣志》。
③ ［校］史：此字原脫，據《定邊縣志》卷五《田賦志·鹽法》補。參見《明史》卷七五《職官志·鹽課提舉司》。

六里許，① 南風至，即水成鹽，自然凝結。

郡志按：花馬大池，坐落定邊縣，地方距府城五百五十里，距縣城二十里，周圍一十六里。舊志：② 周圍二十七里。本西秦牧地，即土治鹽，故名花馬池，原隸甘肅靈州。明嘉靖九年，總制王瓊以大池去靈州遠且密邇延綏，奏准改屬延綏鎮鹽場堡。每年二月間，於池內開治壩畦，③ 引水入池灌畦，風起波生，日曬成鹽，用力極易。惟天旱少水，④ 或雨水過溢，所產差少。爛泥池，在大池西南一十六里，⑤ 周廣一十六里。東九里，屬定邊。西七里，屬甘肅靈州，今鹽池縣。蓮花池又名連環池，在大池西南三十里，周廣一十八里。東南角一十里，屬定邊。西北角八里，⑥ 屬甘肅靈州。花馬名池，明天順中，以鹽易馬，故名之。

又《鹽池圖說》：花馬大池，在鹽場堡北，距縣二十里，⑦ 池周十六里許。每歲春間，開治壩畦，引水灌溉，風起波生，自然凝鹽，此官池也。其餘爛泥、⑧ 波羅、蓮花、哇哇、紅崖五池，產鹽無定，向聽居民撈曬食用。至蒙古大池、倭波、狗池，均係口外鄂套貝勒所轄地方。兹分別圖，分述於左。

《說》曰：⑨ 花馬池，清設分州，今改鹽池縣。花馬大池可於陝屬定邊及鹽池之間，舊以花定名區，蓋即本此池。在寧夏省治東南，距寧約計三百一十里，池身南北三里，東西七里許，周圍謂祇一十六里，恐不止此。其南偏西一十六里，有名濫泥池者，東屬定邊，西屬靈州，又南四五里爲波羅池，又南十里則蓮花池在焉，二池地段管轄均同濫泥池。大花馬池所產之鹽，名曰花鹽，不假人工，天然生產。每年春末夏初，雨水霑足而又曬曝適時，即能凝結成粒。夏季，鹽已成熟，土著客籍均得入池，撈

---

① ［校］池：原作"地"，據《定邊縣志》卷五《田賦志·鹽法》改。
② 參見《雍正陝志》卷四一《鹽法》。
③ ［校］治：原作"始"，據《定邊縣志》卷五《田賦志·鹽法》改。下同。
④ ［校］少水：原倒作"水少"，據《定邊縣志》卷五《田賦志·鹽法》乙正。
⑤ ［校］一：此字原脫，據《定邊縣志》卷五《田賦志·鹽法》補。下文"東南角一十里"句之"一"同。
⑥ ［校］八里：原作"六里"，據《定邊縣志》卷五《田賦志·鹽法》改。參見《定邊縣志·鹽池圖》。
⑦ ［校］縣：此字原脫，據《朔方道志》卷九《貢賦志·鹽法》補。
⑧ ［校］泥：此字下原衍"池"字，據《朔方道志》卷九《貢賦志·鹽法》刪。
⑨ 《說》指《鹽池圖說》。下同。

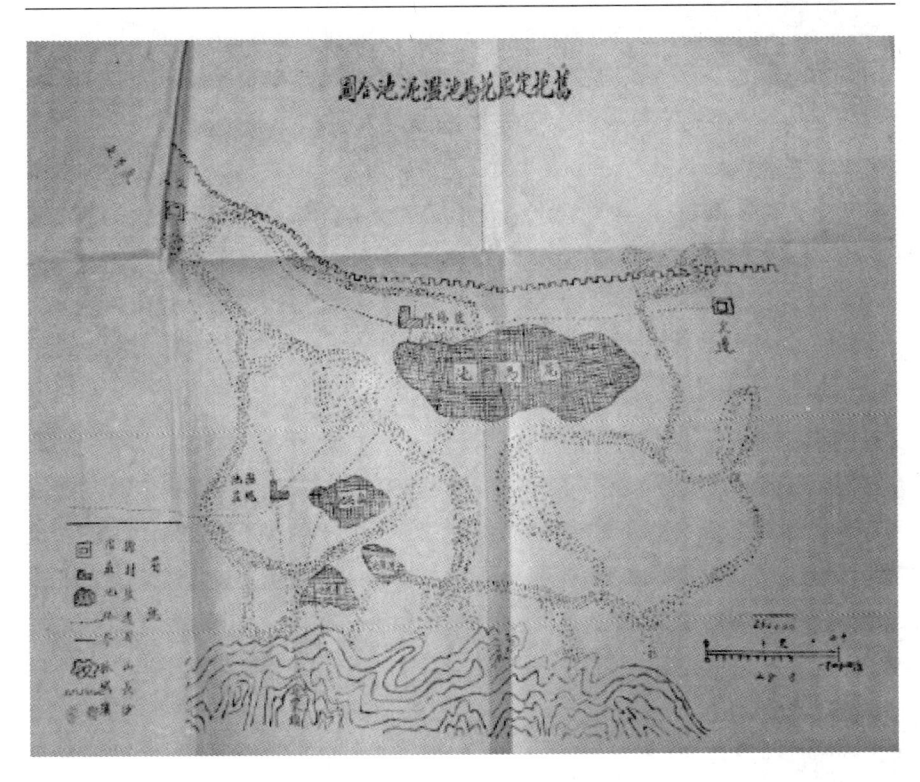

舊花定區花馬池、濫泥池合圖

取於池畔堆積，以土覆之，待價而沽，每擔現值一元，名爲鹽本，其實僅勞筋力，不費資本。蓋池產本爲公家所有，不過向聽民人撈售，不加禁遏故耳。濫泥池等所產，名曰浪鹽，生產則半由人力。春夏之交，土人於池內開治壩畦，引水灌漑，如田之下種然，故又名種鹽。每年產量，以晴雨是否適時爲收數豐歉之標準，故與花馬大池均無定額可言。有謂濫泥池每年能產四萬擔者，然亦未足爲據。波羅池向不產鹽，另有紅崖池、娃娃池，晚近更無出產。日久沙壅，舊蹟盡泯。更歷數年，將有不識其名者矣。

《說》曰：北大池、倭波池、狗池，均屬內蒙古鄂爾多斯旗牧地。明代，本屬中國，後因防禦外寇之故，建築邊墙，遂將該三池棄置邊外。前清入主華夏，因而分屬該旗北大池，在花馬池直北，相距一百餘里。狗池、倭波池，皆在花馬大池之東。民國十年，飭由定邊榷運分局先向該旗多羅郡王租用狗池、倭波池兩池，訂定兩池撈鹽工人，一聽蒙人自由僱用。鄰近住户採取食用，公家從寬免稅。十五年，加租北大池，并立合

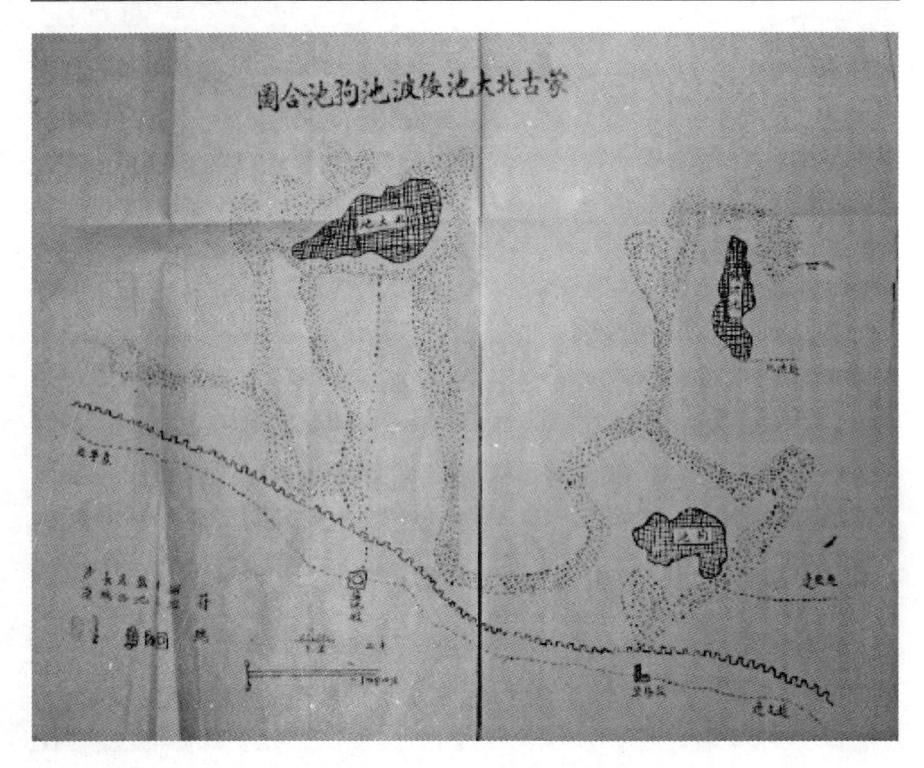

蒙古北大池、倭波池、狗池合圖

同。蒙户食鹽，應由郡王派員主管證明，確係零星食用，始在免稅之列，不得私自撈取，或有私運販賣情弊。十六年，續訂租約租金，增至四千六百元。規定：撈鹽工人，無論蒙漢，須由蒙官造册送局，發給撈鹽證，以便稽查，並不得尅扣工價。或致撈鹽太少，鹽本定爲每駝一元，騾馬八角，牛七角，驢四角四分，三池均係人種鹽製法，甚爲簡單。每年舊曆初夏時，蒙人治畦灌水，一遇雨淋日曬，即可成鹽。鹽質略同花馬池，色白，均名蒙白鹽，味亦差近。惟產量無定，視雨水之多寡爲產量之豐歉。其鹽行銷陝北、漢南等處，倭波池東北七十里有新發現之葫蘆蘇腦兒鹽池。此外，尚有悟聖池、夯蓋池等等，年產頗富，因未載入租約之中。現由蒙人偷運内地，勢必影響稅收，亟應交涉封禁爲上。

《說》曰：惠安池，一名小花馬池，分南、北、中三段，爲靈武縣之轄境，位於縣境東南，距寧夏省二百九十餘里，全部南北長約十里，東西寬約八里，地居惠安堡之西南。此外，又有鹼池一個，在該堡直北之亂山腳下，相距二十餘里，則有海子井池。在堡之東北方面，一名狗池，東西

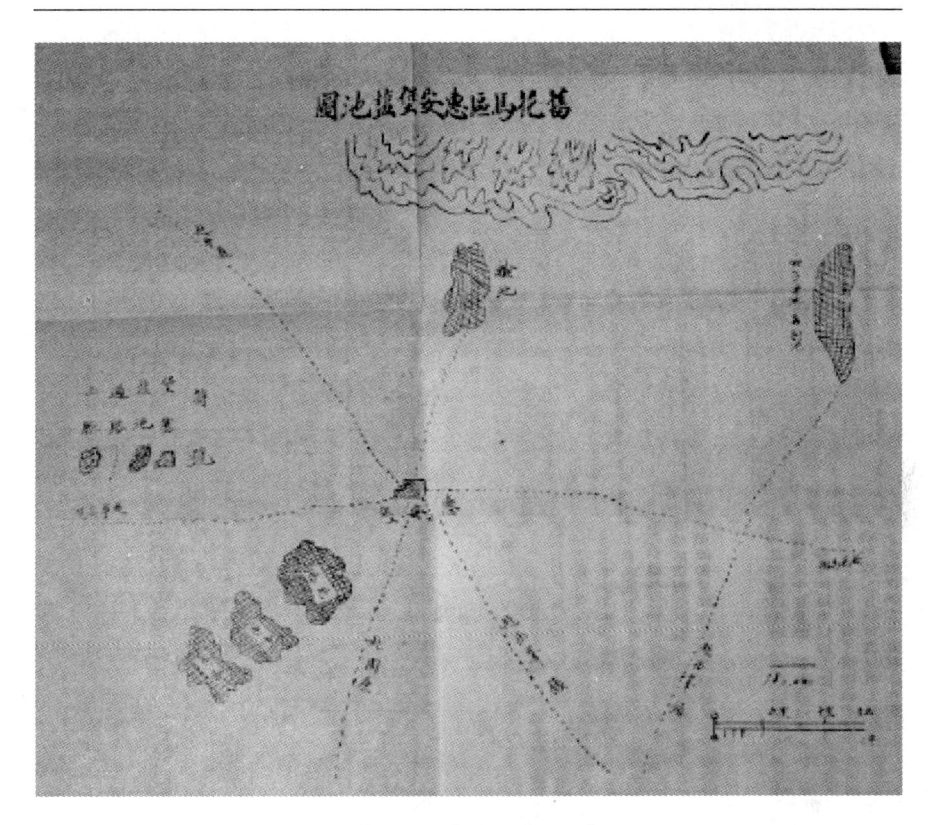

《舊花馬區惠安堡鹽池圖》

三里，南北十里許，則又距堡五十餘里。惠安池製鹽須相天時，先將井水汲出，再和宿水、淡水溉於町畦之中，俟鹽花將起未起之時，略略灑以鹹水。鹹水者，井水也。宿，即隔年收貯之雨水；淡，即現時所收之甘雨。經此作用，土人名曰種鹽。隔日，復益以水，如值風和日曬，四五日內即可凝結成鹽；設遇霪雨暴風，則所費手續即歸無效。故每個鹽戶均有鹽井一二口，鹽壩若干畦，又有水濠兩道：一盛雨水，一貯井內鹹水，以為之備。三池每年產量共約四萬餘担，每担鹽價祇須二角五分，行銷寧夏、靈武、金積、鎮戎及平涼、鳳翔一帶，鹽色白質，味美。各池均有歷年撈取未淨之鹽底，粒大顆方，名曰老鹽。鹽戶不肯輕易挖動，謂係鹽之老根，關係來年生產。雖得善價，不願出售云。

附　鹽根用法

《定邊志》載：鹽課大使蘇廷舒《鹽根療疾說》云：此鹽有根而後生，即古龜茲遺種也。方正堅瑩，中含土眼，具天圓地方之義。以之治病投症，多而最效。① 非若河東形如青礬者，功遠不及此，即川東靈安場之鹽井石，形類冰片，專治眼科，用亦遜之。好事者攜至三江，開水沖服，療胃疼，立愈噎膈，危症治之，亦效。余嘗欲廣其傳，遂以些須寄京，適有遠年胃疼諸藥罔效醫者，謂非西塞鹽根不能療用，兩粒沖服，立刻疼止，永遠除根。再牲口患眼熱毒，兼有雲翳，以半粒納牲口兩大眼角，以半粒嚼爛噴之，淚盡翳退。牲口患黃疸，用烏雞一隻，口咬斷頭，以雞頸納牲口，口內飲盡熱血，預搗鹽根數粒，取雞腸連糞和鹽根微搗，葱煎黃酒沖服淨盡，其症立失。至昏目，常洗即生光明。火眼，頻洗數次退紅。本地惟治牲口二法，屢經奇驗。餘則霍亂，沖服見效。牙疼，口噙亦效。熱毒，數粒擦抹，尤良。他症，千里漸驗，愈遠愈神。明亮者，眼科配藥。墨色者，雜用最宜。實爲關西定邊縣官池之至寶也。余爲斯地蒞政使，故驗之詳而知之切，因述其大略云爾。

統捐

統捐即釐金之易名。清咸豐年，東南多事，議請抽釐，以佐軍餉，此釐金之名所自始。原定事平即止，不料時局多艱，內患外憂，紛來沓至，釐金遂恃，爲籌餉之一大宗。寧夏各處釐金設自同治回亂戡定以後，② 花馬池、惠安堡各設分局。光緒末年，一律改爲統捐，各收各解。初徵百貨，兼收土藥，其牲畜皮毛尚歸縣帶收。③ 嗣又分設土藥局、皮毛局、牲畜稅局，後因禁煙森嚴，④ 土藥改爲禁煙局。民國三年，設駝捐局。又以郵局包帶貨物，設包裹局。名目繁多，分卡林立，有比較，無定額，均由各局直接財政廳，惟駝捐由地方官徵解。至於印花稅以及當稅、契稅，各行牙帖稅經常之制，向由地方官經理者，謂之雜稅。本縣徵收印花稅洋四百元。民國三年，增設印花發商粘貼。契稅銀無定額，牙帖二張，共稅洋八分。

---

① ［校］最：原作"取"，據《定邊縣志》卷五《田賦志·物產》改。
② ［校］寧夏各處：《朔方道志》卷九《貢賦志·統捐》作"甘肅"。
③ ［校］縣：《朔方道志》卷九《貢賦志·統捐》作"府縣"。
④ ［校］禁煙：《朔方道志》卷九《貢賦志·統捐》作"煙禁"。

行政區劃卷四

成立縣後，曾劃爲四區十堡。第一區轄有西水堡、鐵柱堡。第二區轄有邊三堡、外屬堡。第三區轄有南水堡、裏三堡。第四區轄有惠安堡、鹽積堡、隰寧堡、萌城堡。民國二十五年夏六月二十日，縣城陷共黨一、二、三區，爲其佔據縣政府，移於惠安堡辦公。以轄境過小，二十九年，省府復劃金積縣之紅寺堡，同心縣之韋州、下馬關、紅城水等處歸鹽池，共編爲六個鄉：第一鄉轄惠安堡、鹽積堡、隰寧堡。第二鄉轄萌城堡。第三鄉轄韋州堡。第四鄉轄紅城子水。第五鄉轄下馬關。第六鄉轄紅寺堡。三十六年春三月二十四日，縣城光復，收回舊三區六堡，編爲新三鄉，即西水堡、鐵柱堡爲第七鄉，邊三堡、外屬堡爲第八鄉，南水堡、裏三堡爲第九鄉。面積增大，地面遼闊。政治之推進困難，良多建議，劃分兩縣，尚未見諸實行也。

附《鄉保表》

鄉別	鄉公所	保名	保公所	備考
第一鄉	惠安堡	第一保、第二保	惠安堡、隰寧堡	
第二鄉	牛皮溝	第一保、第二保	萌城堡、牛皮溝	
第三鄉	韋州堡	第一保、第二保、第三保	韋州堡	
第四鄉	紅城水	第一保	紅城水	
第五鄉	下馬關	第一保、第二保	下馬關、東灘	
第六鄉	關口灣	第一保、第二保	紅寺堡、關口灣	
第七鄉	花馬池	第一保、第二保、第三保	花馬池、東郭莊	
		第四保、第五保、第六保	史莊子、石山子、田家掌	
		第七保、第八保、第九保	張家溝、鴉兒溝、鐵柱堡	
第八鄉	土溝	第一保、第二保	八岔梁、海牛灘	
		第三保、第四保、第五保	土溝、高里烏蘇、余莊子	
		第六保、第七保	徐家圈、孫家廟子	
第九鄉	二道湖	第一保、第二保	吳家口、大水坑	
		第三保、第四保、第五保	雙圪塔、石山溝、張家圪老	
		第六保、第七保、第八保	南梁、二道溝、皖家石溝	
		第九保、第十保	孫要峻、高家溝	
總計	九鄉	三十八保		

附《人口表》

鄉別	戶數	人口 男	人口 女	合計	備考
第一鄉	六〇八	一九三八①	一四九八	三四三六	
第二鄉	四二九	一三六一	一一五〇	二五一一	
第三鄉	六一八	二二九四	二一七三	四四六七	
第四鄉	二八三	九八六	八五四	一八四〇	
第五鄉	四七九	一五九九	一四六三	三〇六二	
第六鄉	三二二	二一四八	一八二六	三九七四	
第七鄉	一八三九	五四〇〇	四三六九	九七六九	
第八鄉	一五九三	四七一五	三七〇三	八四一八	
第九鄉	一三〇六	三八八一	三二六七	七一四八	
總計	七四八七	二四三二二	二〇三〇三	四四六二五	

鹽池縣四千五百一十六戶，男女共一萬六千八百三十七丁口。《朔方道志》。②

鹽池舊爲靈州花馬池分州，地方遼闊，專靠天水，惟宜畜牧。民國二年，③加入惠安、萌城、鹽積、隰寧四堡，戶口始駸駸，稱蕃庶矣。

教育志卷五

鹽池縣舊係靈州花馬池分州，附靈州靈文書院。

學額

鹽池縣舊屬靈州花馬池分州，學額附靈州。

---

① 按：表中的四位數和五位數，其千位數後原有"、"號，今一律不錄。
② 參見《朔方道志》卷九《貢賦志·戶口》。
③ ［校］二年：疑當作"四年"。《朔方道志》卷五《建制志·堡寨》載，四堡劃入鹽池縣的時間爲民國四年（1915）。

社學義學

鹽池縣原係靈州分州，社學一處。載入靈州，不贅。

學校

本城高級小學校，在城內文昌宮。民國七年，紳士聶瑗等創辦講堂六間，校長室六間，教員室八間，學生自修室十四間，① 禮堂三間，廚室三間，操場一處。課程、圖書、設備均照部定辦理。附設初級小學校，校長一員，教員二員，學生畢業數次，② 學款基本金一千兩發商生息，餘就地籌捐。

惠安堡高級小學校，在惠安堡武廟。民國初，貢生劉炳、紳士張復元等創辦。課程、圖書、設備同前。附設初級小學校，校長一員，教員二員，學生畢業數次，③ 學款就地籌備。

縣屬初級小學校七：西水堡，國初立；南水堡，國初立；大水坑，國初立；萌城堡，國初立；裏三堡，國初立；邊三堡，國初立；鐵柱堡，④ 國初立。學校各一所，教員各一員，學款均就地籌備。

現在學校數額及分佈

現在縣屬中心小學校三處，國民學校十五處。

第一學區：第一鄉設立中心學校一處，即惠安堡；國民學校二處，即鹽積堡、隰寧堡。第二鄉設國民學校二處，即牛皮溝、裏三堡。

第二學區：第三鄉設中心學校一處，即韋州堡；第四鄉設國民學校二處，即紅城水、張家舊莊；第五鄉設國民學校二處，即下馬關、東灘；第六鄉設國民學校二處，即關口灣、馬段頭。

第三學區：第七鄉設中心學校一處，即花馬池；國民學校一處，即石山子。第八鄉設國民學校二處，即柳楊堡、孫家樓。第九鄉設國民學校二處，即雷家溝、大水坑。

---

① ［校］自修：《朔方道志》卷十《學校志·學校》作"自習"。
② ［校］數次：《朔方道志》卷十《學校志·學校》作"兩次"。
③ ［校］數次：《朔方道志》卷十《學校志·學校》作"一次"。
④ ［校］鐵柱堡：《朔方道志》卷十《學校志·學校》作"鐵柱泉"。

社會教育

通俗講演所，民國十三年，本縣教育局籌設通俗講演所一處，設於縣城什字街。每月經費三十元，由地方教育經費内支付，嗣以辦理人不善，成績毫無。民國十六年停辦。

民衆識字班，民國二十四年，寧夏主席馬鴻逵見於本省民衆智識低落，爲掃除文盲計，爰令各縣成立識字班，招收不識字成年男女，令其入班讀書，每日授課二時，經費由省庫支付，派專任教員負責，本縣設有縣城識字班、惠安堡識字班二處，共收男女學生四百多名，辦理數年，成績尚好。①

兵防志卷六

兵制

宋元以前，兵制無考。《朔方道志》載：② 東路花馬池各營堡兵三千有奇。清沿明制，順治三年，陸續分設花馬池、興武等營。花馬營並分防安定、惠安、韋州三堡，兵四百七十六名。興武營並分防毛卜喇堡，兵三百二十六名。

制兵餉項，每歲四季，季月支本色，餘八月支折色。折色，馬兵月支銀二兩，步兵一兩五錢，守兵一兩。本色，馬兵月支糧二石，步兵一石五斗，守兵一石。馬秋、夏每匹月支銀五錢，③ 春、冬月支料九斗、草六十束。

防地

《朔方道志》載：④ 寧郡東至陝西定邊界三百六十里。

河東邊墻，故墻自黃河嘴至花馬池，長三百八十七里。明成化間，巡撫余子俊築新墻，自橫城至花馬池，長三百六十里。明嘉靖間，總制王

---

① [校] 績：原作"續"，據上文"成績毫無"改。
② 參見《朔方道志》卷十一《兵防志·兵制》。
③ [校] 月：此字原脫，據《朔方道志》卷十一《兵防志·兵制》補。
④ 參見《朔方道志》卷十一《兵防志·防地》。

瓊、唐龍等築。

長城關，在鹽池縣。明總制王瓊所築之溝壘也。長五十里，關上有樓，高聳雄壯，下設閘門，外立市場，漢蒙交易，月三次。明設守備監守，營兵防守。今圮。

下馬關，即前鎮戎縣治。初名長城關，後以總制由固原蒞花馬池防秋必先下馬於此，故以名"下馬"。

興武營墩十六處：苦水邊墩，平安墩，閘門墩，沙溝邊墩，雙溝邊墩，鹹溝邊墩，① 西沙邊墩，沙嶺邊墩，興武營，高粱邊墩，硝池邊墩，乾溝邊墩，中沙邊墩，半箇城墩，清字邊墩，鎮邊墩。②

花馬營墩二十處：③ 芨芨溝邊墩、十一舖邊墩、七舖邊墩閘門、四舖邊墩，以上屬安定堡。二十三舖邊墩、二十一舖邊墩、十九舖邊墩、十六舖邊墩、十三舖邊墩、八舖邊墩、三舖邊墩、二舖邊墩、長城關閘門、二舖邊墩、五舖邊墩、七舖邊墩、九舖邊墩、十三舖邊墩、十七舖邊墩、二十一舖邊墩，以上屬花馬池，與延綏定邊營接界。以上各墩，防兵各三名。

興武營四處：哨及塘房墩、西倒墩、塘房墩，以上屬興武營。鎮安塘房墩、石山塘房墩，以上屬毛卜喇。

花馬池營十一處：二道溝汛、傅家地坑汛、武家淌汛，以上屬花馬池。十里墩、紅墩子墩、湯房墩，以上屬惠安堡。威遠墩、雄峯墩、大口子汛、石板泉汛、石頭板汛，以上屬韋州堡。西路塘房汛、東路塘房汛，以上屬安定堡。

下馬關原爲平遠縣，④ 其防地舊由固原提標派兵駐紮，今隸本縣，歸屬寧夏分防範圍之中。

按：明嘉靖時，築河東新墻，後盡減其馬，以省草料之費。惟置兵沿壘防守，謂之"擺邊"。前清沿襲其制，至末年，尚未全改。寧人管律曾著論以非之，略曰：亘三百六十餘里，皆虜之路，步計一軍十二萬，猶虞

---

① ［校］鹹溝邊墩：《朔方道志》卷十一《兵防志·防地》作"鹹口邊墩"。

② ［校］鎮邊墩：此三字下原衍"長流墩"三字，據《朔方道志》卷十一《兵防志·防地》刪。

③ ［校］花馬營：《朔方道志》卷十一《兵防志·防地》作"花馬池營"。

④ ［校］下馬關原爲平遠縣：《朔方道志》卷十一《兵防志·防地》作"鎮戎縣原名平遠"。

稀闊，矧現未及十分之三乎？《法》曰：以逸待勞者勝。擺邊，晝夜戒嚴，恐非逸道也。倘虜衆分道而來，則十萬之衆，豈能一呼成陣？首尾勢不相援。爲今之計，宜息肩養銳，聯絡於諸寨，待其來也。相機禦之，如不果禦，隨向往而追逐之。况兵貴奇正，患無應援；將貴主一，患在勢分。擺邊之舉有五弊焉：無奇正，無應援，主將不一，士兵分散。① 以五弊之謀，禦方張之虜，不資敵之利乎？時人以爲名言。民國建元，② 此制盡廢。

營盤

寶塔營盤一座，在橫城之東，距橫城百里，爲通陝北大道，接壤東蒙。新修營房數十間，並築砲臺一座，駐紮步騎兵，③ 與橫城、鹽池各營可爲掎角。

禦邊

興武營，寧夏之中路營也。北列長城，南連山麓。李元昊離宮於此。東南六十里爲安定堡。按：明夷寇興武，遊擊談世德，敗之於詹家溝。

安定堡，勢同興武，而城外飛沙忒多，乃效雲中築臺，兵不勞而守自固。東南三十里至花馬池。按：明巡撫黃嘉善見堡多沙，乃效雲中臺式，於沙湃跨墻，磚石券甃爲敵臺者四。④ 臺有亭，可以遠望。

花馬池，古鹽州，寧夏之東路營也。平固門户，環慶襟喉，定邊羽翼，平沙漫衍，四通八達。舊花馬池在塞外，故邊所環甚寬。自王瓊改築今城，而邊亦縮。城外楊柳廢城爲花馬池患，瓊實貽之。北有長城關闉門，外通飛樓，遠眺，可謂重險。南有鐵柱泉，昔爲夷飲馬處，自築城環水其中，又築梁家泉等堡，夷不得水，無敢深入。東西四十里，爲鹽場堡。按：《定邊縣志》載《禦邊》一列，西自橫山堡起，東至黃甫川止。長凡數千里，似於體制未協。

---

① ［校］兵：《朔方道志》卷十一《兵防志·防地》作"軍"。
② ［校］民國：原倒作"國民"，據《朔方道志》卷十一《兵防志·防地》乙正。
③ ［校］步騎兵：《朔方道志》卷十一《兵防志·營盤》作"步騎"。
④ ［校］磚石券甃爲敵臺者四："石"原作"井"，據《定邊縣志》卷十二《邊備志·禦邊》改。按："敵臺者四"，即四步、六步、七步、八步戰臺，在今鹽池縣高沙窩鎮青羊井村一帶。參見喬發成撰《八步戰臺》。

兹將屬於本縣禦邊城堡，採列於上，以供參考。舊制遇警，日則舉烟，夜則舉火，鳴砲一。沿邊傳至鎮城，若不退，每一時照前舉行一次。如出境，日舉空烟，夜舉空火，不鳴砲。其三五十騎至百騎，日則懸黃旗一，夜則懸燈籠一。二三百騎至五百騎，日則懸青旗一，夜則懸燈籠二。六七百騎至千騎以上，日則懸皮襖一，夜則懸燈籠三。五七千騎至萬餘騎，日則懸青號帶一、爐烟一，夜則懸燈籠四。

職官志卷七

〔歷代官制〕

明代官制

三邊總制一員，明弘治十年設。嘉靖四年始定制，開府固原。防秋駐花馬池。

河東兵備道一員，明隆慶初，總督王崇古奏設。後改太僕司少卿兼制河東道，駐靈州。尋又專設河東道，移駐花馬池。萬曆壬辰，仍改駐靈州。

守備一員，撫夷守備。明隆慶間，設於安定堡。

興武營指揮一員，千戶二員，所鎮撫一員，試署百戶三員，興武倉大使一員，鹽課司大使、副使各一員。

韋州寧夏群牧所千戶一員，[①] 百戶五員，倉大使一員，韋州驛丞一員。

慶王朱㮵，[②] 明太祖第十六子。[③] 洪武二十四年，封慶陽。二十六年，[④] 徙韋州。建文三年，徙寧夏。薨，諡曰靖。

---

① ［校］群牧所：原作"郡牧所"，據《嘉靖寧志》卷三《韋州》改。

② ［校］朱㮵：原作"朱㫋"，據《明史》卷一〇〇、卷一〇二《諸王世表》，《明實錄》《四庫全書總目》及寧夏出土《慶王壙志》改。下同。

③ ［校］十六：《慶王壙志》作"十五"。关於朱㮵排行問題，學界看法不一，有主張爲第十五子者，有主張爲第十六子者。參見胡玉冰《寧夏地方志研究》第二章第一节"［正統］寧夏志"，鍾侃《明代文物和長城》之《寧夏文物述略》，牛達生《寧夏同心縣出土明慶王壙志》《〈慶王壙志〉與朱棣"靖難之變"》，任昉《明太祖皇子朱㮵的名次問題》，許成、吳峰雲《明代王陵區出土三盒墓志疏證》。

④ ［校］二十六：原作"二十五"，據《慶王壙志》、《明史》卷一〇二《諸王世表》改。

清代官制

花馬池州同一員，靈州分州，雍正八年設。歲俸銀六十兩，養廉銀一百二十兩。

惠安堡鹽捕通判一員，由鹽大使改設。舊帶平涼銜，清歸寧夏府，專司惠安三池鹽務。俸銀二十兩三錢二分，養廉銀六百兩。今裁。

花馬池協副將一員。

興武營遊擊一員，後改設督司。

安定堡守備一員。

惠安堡把總一員。

花馬池營參將一員。

按：花馬營舊設副將。乾隆二十八年，改設參將。同治十一年，馬化龍亂平，以靈州營鞭長莫及，增設靈武營參將。

民國官制

縣知事一員，後改爲縣長。

管獄員一員，後裁。

警佐一員，後改爲警察局長。

鹽場場長一員。

教育局長一員、建設局長一員，後均改爲科。

按：鹽池原定三等缺，縣知事每月支俸洋二百四十元。科員二員，每月支俸洋五十元。公費月支洋二百一十元。月共支俸費洋五百五十元，年計共支洋六千六百元。民國三年，護理甘肅民政長張炳華規定：官俸案內核減俸洋三成，公費五成。每知事月支俸洋一百六十八元，科員每員月支俸洋三十五元，公費月支洋一百零五元。民國九年一月，又核減洋十元。所減之數如何支配，由各該長官酌辦。前項核減洋十元，歸知事薪俸項下，計月支俸洋一百五十八元，其公費科員薪俸悉仍舊。民國十年十一月，甘肅財政支絀，財政會議議決行政費再核減一成，科員薪俸、公費仍舊。計三等知事，每知事月支俸洋一百四十八元。科員二員，月仍共支俸洋七十元，[①] 公費月仍支洋一百零五元。共月支俸費洋三百二十三元，年計實共支洋三千八百七十六元，[②] 按季由財政廳核發。

[①] ［校］仍：此字原脫，據《朔方道志》卷十二《職官志·民國官制》補。
[②] ［校］共：此字原脫，據《朔方道志》卷十二《職官志·民國官制》補。

民國十八年，寧夏設省後，建、教兩局均改爲科。三十年，以兵役事繁，又添軍事科，計縣府秘書一員。民政科、財政科、建設科、教育科、軍事科，各設科長一員，各科科員共十七員，僱員六名。迄至現在，縣府人事組織已稱健全。惟俸費太薄，每月每員食粮一市石。以縣長而言，每月俸費爲壹千伍百元，折合銀洋不足一角，其待遇與清苦，可以概見矣！

歷代職官

隋

李恒，鹽州刺史。

唐

李文悅，鹽州刺史。

李聽，靈鹽節度使。

李國臣，鹽州刺史。

戴休顏，鹽州刺史。

宋

李繼隆，靈環十州都部署。

明

三邊總制，計五十七人。

項忠，浙江嘉興人，正統間任。

馬文升，河南鈞州人，景泰間任。

王越，直隸濬縣人，弘治間任。

秦紘，山東單縣人，弘治間任。

楊一清，雲南安縣人，[1] 弘治間任。

才寬，直隸遷安人，正德間任。

張泰，直隸肅寧人，正德間任。

鄧璋，順天涿州人，正德間任。

彭澤，蘭州人，正德間任。

李鉞，[2] 河南祥符人，嘉靖間任。

---

[1] 安縣：即雲南安寧縣。

[2] ［校］李鉞：原作"李越"，據《明世宗實錄》卷十二、《明史》卷一九九《李鉞傳》、《萬曆陝志》卷十二《公署》改。

王憲，山東東平人，嘉靖間任。
王瓊，山西太原人，嘉靖間任。
唐龍，浙江蘭谿人，嘉靖間任。
姚鏌，浙江餘姚人，嘉靖間任。
劉天和，湖廣麻城人，嘉靖間任。
楊守禮，山西蒲州人，嘉靖間任。
張珩，山西石州人，嘉靖間任。
曾銑，① 南直江都人，嘉靖間任。
王以旂，南直江寧人，嘉靖間任。
賈應春，北直眞定人，嘉靖間任。
王夢弼，山西代州人，嘉靖間任。
魏謙吉，北直栢鄉人，嘉靖間任。
郭乾，北直任邱人，嘉靖間任。
程輅，山東臨渭人，嘉靖間任。
喻時，河南光州人，嘉靖間任。
陳其學，山東登州人，嘉靖間任。
霍冀，山西孝義人，嘉靖間任。
王崇古，山西蒲州人，隆慶間任。
王之誥，湖廣石首人，隆慶間任。
戴才，北直滄州人，隆慶間任。
石茂華，山東益都人，萬曆間任。
董世彥，河南禹州人，萬曆間任。
郜光先，山西長治人，萬曆間任。
高文薦，② 四川成都人，③ 萬曆間任。④
石茂華，再任。
郜光先，再任。
梅友松，四川內江人，萬曆間任。

---

① [校]曾銑：原作"曾侁"，據《明史》卷二○四《曾銑傳》改。參見本志本卷《宦蹟》"曾銑"條、《國朝獻徵錄》卷五八《前總督曾銑傳》、《黃巖縣志》卷五《科第》。
② [校]高文薦：原作"高人薦"，據《雍正陝志》卷二二《職官》改。
③ 高文薦是陝西鳳翔人，其軍籍爲四川成都。
④ 《明神宗實錄》卷———載，明萬曆九年四月癸丑，高文薦總督陝西三邊。

魏學曾，陝西涇陽人，萬曆間任。
葉夢熊，廣東歸善人，萬曆間任。
李汶，北直任邱人，萬曆間任。
徐三畏，北直任邱人，萬曆間任。
黃嘉善，山東即墨人，萬曆間任。
顧其志，南直長洲人，① 萬曆間任。
劉敏寬，山西安邑人，萬曆間任。
楊應聘，南直懷遠人，萬曆間任。
李起元，北直南和人，天啓間任。
李從心，北直南樂人，天啓間任。
王之采，山西蒲州人，天啓間任。
史永安，山東武定人，天啓間任。
武之望，陝西臨潼人，崇禎間任。
楊鶴，湖廣武陵人，崇禎間任。
陳奇瑜，山西保德人，崇禎間任。
洪承疇，福建南安人，崇禎間任。
丁起睿，河南永城人，崇禎間任。
傅宗龍，雲南人，崇禎間任。
汪喬年，浙江遂安人，崇禎間任。
孫傳廷，山西代州人，崇禎間任。
清惠安堡鹽捕通判
乾隆震災，檔卷遺失，兹從乾隆元年始，計二十一人。今裁。
朱亨衍，廣西桂林人，乾隆元年任。
蔡永寧，正白旗人，乾隆七年任。
李閶陵，山西安邑人，乾隆十三年任。
徐延璐，順天大興人，乾隆二十四年任。
鄭景，安徽涇縣人，② 乾隆三十年任。
承裕，鑲黃旗人，乾隆三十四年任。
尚玉琅，鑲藍旗人，乾隆三十六年任。

---

① ［校］長洲：原作"長州"，據《長洲縣志》卷二四《人物·顧其志》改。
② ［校］涇縣：原作"徑縣"，據《寧夏府志》卷九《職官》改。

崔泳，浙江嘉興人，乾隆四十四年任。以下至同治年，檔卷遺失，未能盡考。

程魁，湖南人，同治末年任。

劉闊，湖南人，同治末年任。

龍璉，光緒初年任。

喻長銘，湖南人，光緒初年任。

桂森，鐵嶺漢軍旗人，光緒初年任。

徐光興，湖北人，光緒初年任。

熊振榮，湖南人，光緒年署。

陳鎧，湖北安陸人，光緒年署。

鐘文海，湖南寧鄉人，光緒三十二年任。

邵韻棠，陝西人，光緒年署。

余人，湖南人，光緒年署。

黃瑞淵，湖南湘鄉人，宣統二年署。

荊士莪，山東濟南人，宣統三年署。

清花馬池營參將

按：花馬池營原設副將。乾隆二十八年，改設參將，計三十四人。今裁。

趙之璧，順天人，順治二年任。

吳登科，奉天人，順治九年任。

萬承選，奉天人，順治十二年任。

姚承德，直隸人，順治十二年任。

李正芳，順天人，順治十六年任。

王有才，山東人，康熙五年任。

石福，榆林人，康熙十五年任。

黃可樂，汾州人，康熙二十二年任。

黃昱，台灣人，康熙二十五年任。

徐達，潞安人，康熙二十九年任。

高永謙，秦州人，康熙三十三年任。

趙永吉，金鄉人，康熙三十七年任。

金國正，本鎮人，康熙四十六年任。

改日新，宛平人，康熙五十四年任。

惠延祖，濟寧人，康熙六十一年任。

任春雷，西寧人，雍正九年任。

韓應魁，西安人，乾隆元年任。

王良佐，保定人，乾隆六年任。①

晏嗣漢，貴州人，乾隆十年任。

張晟，奉天人，乾隆十六年任。

容保，奉天人，乾隆十七年任。

達啓，奉天人，乾隆二十年任。

福興，奉天人，乾隆二十年任。

定柱，奉天人，乾隆二十二年任。

色倫泰，奉天人，乾隆二十八年任。以上皆副將。乾隆二十八年，改設參將。

塞爾領，奉天人，乾隆二十九年任。

劉鑑，奉天人，乾隆三十年任。

張邦仁，襄陽人，乾隆三十六年任。

薛大楷，山西人，乾隆四十一年任。以下至宣統年，檔案遺失，未能盡考。

戴君虎，湖南人，光緒年任。

譚光烈，②湖南人，光緒年任。

張申泰，皋蘭人，光緒年任。

王樹濂，皋蘭人，光緒年任。

李春林，陝西人，宣統二年任。

民國

鹽池縣知事，後改爲縣長。民國建元，以花馬池分州改設。

冀國政，河南人，民國元年署。

王之臣，字汝翼，湖南寧鄉人，民國三年任。

姚家琳，字初仲，福建人，民國三年署。

文藻，字鳳閣，導河人，民國四年代理。

姚家琳，見前。民國五年任。

---

① ［校］乾隆：原作"康熙"，據《清代官員履歷檔案全編》卷一《乾隆朝》、《寧夏府志》卷十《職官·歷任姓氏》改。

② ［校］譚光烈：原作"譚光烈"，據《朔方道志》卷十三《職官志·歷代職官表》改。

張士珍，字品珊，河北天津人，民國六年署。
楊丕祺，泗水人，民國七年任。①
黃振河，字鏡如，陝西榆林人，民國八年署。
費廉，字質亭，② 岳陽人，民國九年代理。
劉呂鉅，字蔭甫，湖南安化人，民國九年署。
李紹沆，聞喜人，民國十年署。
李毓文，閩侯人，民國十一年署。
吳嘉猷，③ 字省三，宜興人，民國十二年代。
馬象乾，字子健，④ 長安人，民國十二年署。
師道立，字卓然，狄道人，⑤ 民國十三年署。
黃文中，字中天，狄道人，民國十四年任。
吳石仙，字石仙，江蘇人，民國十五年代。
鄭國璋，河南人，民國十五年代。
薛澧，山西人，民國十五年代。
效維國，甘肅定西人，民國十五年任。
魏烈忠，字恕哉，甘肅人，民國十六年任。
梁生祥，寧夏人，民國十八年任。
楊繼武，寧夏人，民國十八年任。
聶繼善，字敘初，寧夏鹽池人，民國十九年任。
賀迺恭，字敬軒，山西河曲人，民國二十一年任。
李萬禎，字參天，甘肅甘谷人，民國二十二年任。
楊存信，字誠之，河南蘭封人，民國二十三年代。
劉兆漢，字德炎，甘肅榆中人，民國二十三年代。
黎之彥，四川閬山人，民國二十三年任。

---

① ［校］任：《朔方道志》卷十三《職官志·民國職官表》作"署"。
② ［校］質亭：《朔方道志》卷十三《職官志·民國職官表》作"贇亭"。
③ ［校］吳嘉猷："猷"字原漫漶不清，據《朔方道志》卷十三《職官志·民國職官表》補。
④ ［校］子健：原作"子建"，據《朔方道志》卷十三《職官志·民國職官表》改。按：古人的名和字總有意義上的聯繫，或同義，或近義，或反義。《周易·乾卦》："象曰：天行健，君子以自強不息。"可見，與"象乾"有關聯的應是"子健"。
⑤ ［校］狄道：原作"狄導"，據《朔方道志》卷十三《職官志·民國職官表》改。參見《康熙狄道縣志》《乾隆狄道州志》《宣統狄道州續志》。下同。

屈伸，字動之，陝西洛川人，民國二十四年任。

張發祥，字子長，河南南陽人，民國二十五年任。

蒲崇德，字楚琴，甘肅天水人，民國二十七年任。

劉兆漢，見前。民國二十九年任。

姚啓聖，字化民，寧夏平羅人，民國三十二年任。

朱樹屏，江蘇蕭縣人，民國三十三年任。

王育誠，字鳴琴，甘肅甘谷人，民國三十四年任。

陳步瀛，字仙舟，寧夏鹽池人，民國三十六年任。

宦蹟[①]

王越，字世昌，濬人。初爲宣府巡撫。成化五年，寇入河套，詔越率師赴之，[②] 越遣將三路破之，賊乃退。七年，加總督軍務，專辦西事。敕陝西、寧夏、延綏三鎮兵皆受節制。十年春，廷議總制開府固原，控制延綏、寧夏、甘肅三邊，總兵巡撫而下並聽節制，三邊總制自此始。論功，加太子少保。弘治十年，寇犯甘肅，詔起原官，加太子太保，兼巡撫，越言甘鎮兵弱，非籍延、寧兩鎮兵，難以克敵，請兼制兩鎮，解巡撫事，詔從之。明年，以寇巢賀蘭山後數擾邊，乃分兵三路進剿，斬四十三級，獲馬駝百匹。加少保兼太子太傅，卒贈太傅，諡襄敏。

楊一清，字應寧，丹徒人。弘治十五年，擢左副都御史，督理陝西馬政。會寇大入花馬池，詔命一清巡撫陝西。甫受事，寇已退，乃選精卒教演之。創平虜、紅古二城以援固原，築垣瀕河以捍靖虜。又以甘肅、延綏、寧夏有警不相援，無所統攝，命一清總制三邊。因建議築延、寧二鎮，爲復守東勝之計，工方興，爲劉瑾所阻。五年，安化王寘鐇反，起一清總制軍務。未至，一清故部將仇鉞已捕執之。一清馳至鎮，宣佈德意，安撫士民，不貪其功，夏人德之。

王瓊，字德華，太原人。嘉靖七年，爲兵部尚書兼右都督御史，[③] 代王憲督陝西三邊軍務。時北寇常爲邊患，明年，以數萬騎寇寧夏。已又犯

---

① ［校］宦蹟：此二字標題上原有"職官志"三字，據本志書例刪除。下文"鄉宦"標題同。

② ［校］越：原作"鉞"，據《國朝獻徵錄》卷十《威寧伯王公越傳》、《明史》卷一七一《王越傳》、《嘉慶濬縣志》卷十五《人物記》改。下同。

③ 王瓊爲兵部尚書在正德十年（1515），此時是以兵部尚書職總制三邊。

靈州，瓊督遊擊梁震等邀斬七十餘人。其秋，集諸道精卒三萬，按行塞下。寇聞，徙帳遠遁。諸將分道出，① 縱野燒，耀兵而還。

唐龍，字虞佐，蘭谿人。嘉靖十年，② 陝西大饑。吉囊擁衆臨邊，詔進龍總制三邊軍務兼理賑濟，③ 齎帑金三十萬以行。龍奏救荒十四事。④ 時吉囊居套中，西抵賀蘭山，限以黃河不得渡，用牛皮爲渾脫，渡入山後。俺答亦自豐州入套爲患，龍用總兵官王效、梁震，數敗敵，屢被獎賚。召爲刑部尚書。

劉天和，字養和，麻城人。嘉靖十五年，總制三邊軍務，仿前總督秦紘製隻輪車，⑤ 練諸邊將士。吉囊陷花馬塞，⑥ 斬失守指揮二人。⑦ 敵侵固原，東出乾溝，⑧ 令任杰等襲其後，⑨ 捕斬二百級。論功，加太子太保、兵部尚書。又城鐵柱泉，扼北虜入寇之路，邊人賴之。

楊守禮，字秉節，蒲州人。嘉靖十八年，以右副都御史巡撫寧夏。⑩ 時寇犯固原，爲總督劉天和所敗，欲自寧夏去，守禮與總兵任杰等邀敗之。遂增修赤木口，以絕百年虜通之路。是年〔嘉靖十九年〕十二月，⑪ 陞總督。著《籌邊錄》。⑫

---

① ［校］將：《明史》卷一九八《王瓊傳》作"軍"。

② ［校］十年：原作"十一年"，據《嘉靖寧志》卷二《寧夏總鎮·宦蹟》、《明世宗實錄》卷一三〇改。

③ ［校］賑：《明史》卷二〇二《唐龍傳》作"振"。

④ ［校］奏：《明史》卷二〇二《唐龍傳》作"奏行"。

⑤ ［校］前總督秦紘："總"字原脫，據《明史》卷二〇〇《劉天和傳》補。"紘"原作"絃"，據《明史》卷二〇〇《劉天和傳》改。

⑥ 《明史》卷二〇〇《劉天和傳》載，吉囊於花馬池遭劉天和伏擊，潰敗而逃，未曾攻陷過花馬池城。

⑦ 《明史》卷二〇〇《劉天和傳》載，斬指揮事發生在吉囊寇固原之時。

⑧ ［校］乾溝：原作"乹溝"，據《寧夏府志》卷十二《職官·宦蹟》改。

⑨ ［校］後：此字原脫，據《寧夏府志》卷十二《職官·宦蹟》補。

⑩ ［校］右副都御史：原作"副督御史"，據《明史》卷二〇〇《楊守禮傳》、《嘉靖寧志》卷二《寧夏總鎮·宦蹟》改。下同。

⑪ ［校］十二月：此同《嘉靖寧志》卷二《寧夏總鎮·宦蹟》，《明世宗實錄》卷二四三作"十一月"。

⑫ 據《嘉靖寧志》卷八《文苑志》所載劉思唐《籌邊錄序》，《籌邊錄》編成於嘉靖十九年（1540）。主要記述了楊守禮擔任寧夏巡撫期間，爲防邊患而采取一系列措施，以至政成人和、百度維新的業績。《明史藝文志·補編·附編》著錄有童軒《籌邊錄》、趙伸《籌邊錄》一册，未著錄楊守禮之《籌邊錄》，該書已亡佚。

曾銑，字子重，江都人。嘉靖二十五年，以副都御史總督三邊軍務。時寇居河套，久爲中國患。出則寇宣、大，以震畿輔；入則寇延、寧，以擾關中。銑請復河套，條八議以進。欲西自定邊，①東至黃甫川一千五百里，築邊墻禦寇，請帑金數十萬。又條上方略十八事，並下廷議，爲嚴嵩、仇鸞所誣，竟坐棄市。隆慶中，追贈兵部尚書，諡襄愍，廕子一。萬曆中，敕陝西建祠。

　　王以旂，字士招，江寧人。以兵部尚書代曾銑，總督陝西。先是，套寇自西海還掠諸邊，以旂命諸將禦之，三戰皆捷。已而，寇數萬復屯寧夏塞外，將大入官軍擊之，斬首六十餘級，②寇宵遁。又延綏、寧夏開馬市，二鎮市馬五千匹。其長狠台吉畏以旂威，約束所部，終市無譁。③比卒，官民罷市。贈少保，諡襄敏。

　　霍冀，④字堯封，孝義人。嘉靖三十七年，⑤巡撫寧夏，修內外諸關、鎮城、雉堞及遠邇堡寨、各路斥堠，治河渠牐堰。新學宮，建書院。撫綏有方，事功表著，有《去思碑》。⑥

　　魏學曾，字惟貫，涇陽人。⑦萬曆十九年，起兵部尚書，總督陝西、延、寧、甘肅軍務。時河套部長土昧、明安入市畢，要求增賞。⑧學曾令總兵官杜桐等出不意擊斬明安，俘馘四百八十餘級，⑨奪馬畜器械無算。⑩學曾以功加太子少保。明年，值哱〔拜〕、劉〔東暘〕之亂，董帥平夏，在事三時，賊滅城全，皆其功烈。爲董裴所中，天下惋惜焉。

　　周浩，字榕生，浙江會稽人。同治五年，署花馬池州同。時值回亂，

---

① 〔校〕西：此字原脫，據《明史》卷二〇四《曾銑傳》、《寧夏府志》卷十二《職官·宦蹟》補。

② 〔校〕六十餘："餘"字原脫，據《明史》卷一九九《王以旂傳》補。

③ 〔校〕市：原作"始"，據《明史》卷一九九《王以旂傳》改。

④ 〔校〕霍冀：原作"霍驥"，據《明世宗實錄》卷四六四、《國朝獻徵錄》卷三九《資政大夫兵部尚書思齋霍公冀墓表》、《康熙陝志》卷十七《職官》、《乾隆甘志》卷三〇《名宦》改。

⑤ 〔校〕三十七年：原作"三十三年"，據《明世宗實錄》卷四六四改。

⑥ 參見《朔方新志》卷四《詞翰》載潘九齡撰《巡撫霍公冀去思碑記》。

⑦ 〔校〕涇陽：原作"涇陽"，據《明史》卷二二八《魏學曾傳》改。

⑧ 〔校〕求：《明史》卷二二八《魏學曾傳》作"請"。

⑨ 〔校〕餘：此字原脫，據《明史》卷二二八《魏學曾傳》補。

⑩ 〔校〕無算：《明史》卷二二八《魏學曾傳》作"稱是"。

勸富户捐辦城防，日夜巡守。八年二月，陝回乘夜攻城，① 公率民團，合晉、直兩營，盡力奮擊，傷賊甚衆，天明圍解。明年四月，陝回陳阿洪率賊三千餘人撲城，浩與卓勝軍綏殿臣迎擊之，賊退。孤城兩次保全者，皆公之力也。未幾，以勞積病，② 卒。公居官清廉，身後蕭條，幸賴寧郡同僚賻助，始得輿櫬歸里。紳民至今言及猶有泣下者。按：二月初二日晚，賊圍攻南城，未逞竄去。四月初八日晚，賊陷城三面，只剩西北角，卒賴周公奮勇擊退。

喻長銘，字新康，湖南人。光緒初，任惠安鹽捕通判。巡緝勤嚴，私梟盡絶。並設接濟義倉，創立鳳池書院。愛民重士，人尤頌之。

葉應春，寧夏人。官花馬池把總，③ 進剿烏什有功。後遇敵陣亡。廕一子。

趙玉秀，字雲亭，寧夏人。由鎮標右營千總署花馬池營守備。宣統辛亥，④ 會匪高士秀、高登雲等由靈武竄入花馬池，⑤ 玉秀率部堵禦，力竭被殺。

劉懷芝，寧夏人。由行伍補花馬池營千總。⑥ 宣統辛亥，賊竄花馬池，懷芝與玉秀堵禦，力竭同被殺。

鄉宦

傅燮，字南容。⑦ 黄巾賊亂，燮上疏陳致亂之原，請速行讒佞之誅，言甚剴切。中常侍趙忠惡之，會燮功當封，忠譖之。帝猶識燮言，不加罪。尋任爲議郎。帝使忠論討黄巾功，忠使弟延致殷勤於燮曰：⑧ "公少答，萬户侯可得也。" 燮正色曰："遇與不遇，命也；有功不論，時也。傅燮豈求私賞哉！" 忠愈恨。出爲漢陽太守，韓遂擁兵圍漢陽，城中兵少食盡。燮子幹言於燮曰："國家昏亂，令大夫不容於朝。今兵不足以自

---

① [校] 陝回：原作"陵回"，據《朔方道志》卷十五《職官志·宦蹟》改。
② [校] 積：原作"績"，據文意逕改。
③ [校] 花馬池：《朔方道志》卷十五《職官志·宦蹟》作"花馬池營"。
④ 宣統辛亥：宣統三年（1911）。
⑤ [校] 靈武：《朔方道志》卷十五《職官志·宦蹟》作"靈州"。
⑥ [校] 由：此字原脱，據《朔方道志》卷十五《職官志·宦蹟》補。
⑦ [校] 南：此字下原衍"雲"字，據《後漢書》卷五八《傅燮傳》刪。
⑧ [校] 致：此字原脱，據《後漢書》卷五八《傅燮傳》補。

守,① 宜還鄉里,徐俟有道而輔之。"燮嘆曰:"汝知吾必死耶?'聖達節,次守節'。② 殷紂暴虐,③ 伯夷不食周粟而死。吾遭世亂,不能養浩然之志,④ 食人之禄,又欲免其難乎?⑤ 吾行何之,必死於此。汝有才智,⑥ 勉之勉之。"遂進兵,戰歿。諡曰壯節侯。

傅嘏,字蘭石。弱冠知名,司空陳群辟爲掾。⑦ 劉邵作考課法,⑧ 嘏建議駁之,時疐其論。後爲河南尹,治以德教爲本,持法有恒,遷尚書。衆方議伐吳,⑨ 嘏謂惟進軍大佃,坐食積穀,乘釁討襲,⑩ 斯爲全勝計。時不從魏軍,竟爲諸葛恪所敗。司馬景王薨,嘏與司馬文王還洛陽,遂以輔政。⑪ 以功晉楊鄉侯。卒時四十七,諡曰元侯。

傅祗,字子莊,嘏之子。起家太子舍人,累遷散騎黄門郎,封關内侯。楊駿輔政,欲悦衆心,議普封爵。祗作書止之,駿不從。駿誅,祗爲侍中,多所推正。趙王倫輔政,以爲中書監,祗辭之以疾,⑫ 倫遣御史輿祗就職。王戎、陳準等相謂曰:"傅公在世,吾屬無憂矣。"其爲人,物所倚信如此。懷帝即位,加右僕射、中書監。及洛陽陷沒,衆共建行臺,⑬ 推祗盟主。⑭ 赴告方伯徵義兵,祗自屯盟津。⑮ 以暴疾薨,自以義誠

---

① [校] 兵:此字原脱,據《後漢書》卷五八《傅燮傳》補。
② 語出《左傳·成公十五年》。
③ [校] 殷紂:原作"殷糾",據《後漢書》卷五八《傅燮傳》改。
④ [校] 志:原作"氣",據《後漢書》卷五八《傅燮傳》、《資治通鑒》卷五八、《通鑒紀事本末》卷八下《韓馬之叛》改。
⑤ [校] 難:此字原脱,據《後漢書》卷五八《傅燮傳》補。
⑥ [校] 有:此字下原衍"其"字,據《後漢書》卷五八《傅燮傳》刪。
⑦ [校] 掾:原作"採",據《三國志》卷二一《傅嘏傳》改。
⑧ [校] 劉邵:此同《寧夏府志》卷十三《人物·鄉獻》、《靈州誌蹟》卷三《人物鄉獻誌》,《三國志》卷二一《傅嘏傳》作"劉劭"。
⑨ [校] 伐:原作"代",據《三國志》卷二一《傅嘏傳》改。
⑩ [校] 乘釁:原作"秉釁",據《三國志》卷二一《傅嘏傳》改。
⑪ [校] 輔政:原作"軸政",據《三國志》卷二一《傅嘏傳》改。
⑫ [校] 之:此字原脱,據《晉書》卷四七《傅祗傳》補。
⑬ [校] 共建行臺:"共"原作"公","臺"原作"營",均據《晉書》卷四七《傅祗傳》改。
⑭ [校] 盟主:原作"建主",據《晉書》卷四七《傅祗傳》改。
⑮ [校] 盟津:原作"監津",據《晉書》卷四七《傅祗傳》、《寧夏府志》卷十三《人物·鄉獻》改。

不終，手筆，敕厲其二子宣、①暢，辭旨深切。覽者莫不感激慷慨，宣、暢亦並有令名。

傅玄，字休奕，燮之孫。性剛勁亮直，州舉秀才，除郎中。武帝即位初，置諫官，以玄爲之。尋遷侍中。轉司隸校尉。每奏劾，無所容。貴遊震慴，②臺閣生風。封清泉侯。卒謚曰剛。

傅咸，字長虞，玄之子。剛簡有大節。襲父爵，拜太子洗馬，③累遷御史中丞兼司隸校尉。顧榮稱其"勁直忠果，劾案驚人"。

傅瑗，咸之孫。以學業知名。④仕晉，官至安成太守。⑤

傅亮，字季友。宋國初，官尚書令。武帝有受禪意，亮悟旨，請暫還都，許之。亮夜見長星竟天，拊髀曰："我常不信天文，今始驗矣。"至都，帝即徵入輔。少帝即位，領護軍將軍。少帝廢，亮奉迎文帝即位，加開府儀同三司。元嘉三年，被害。

傅迪，亮之兄也。仕宋，官至尚書。亮方貴，迪每誡不從。見世路屯險，著論名曰《演慎》。⑥及少帝失德，内懷憂懼。直宿禁中，睹夜蛾赴燭，作《感物賦》以寄意。

傅昭，字茂遠，咸七世孫。袁顗嘗來昭所，⑦昭讀書自若，顗嘆曰："此兒神情不凡，⑧必成佳器。"安成郡，自宋來，兵亂相接，府舍稱凶。每昏旦間，⑨人鬼相觸。及昭爲内史，有人夜見甲兵出，曰："傅公善人，不可侵犯。"自是郡遂無患，咸以昭貞正所致。昭涖官，清静爲政，不尚

---

① [校]敕：此字原脱，據《晉書》卷四七《傅祗傳》、《寧夏府志》卷十三《人物·鄉獻》補。

② [校]震慴：《晉書》卷四七《傅玄傳》作"慴伏"。

③ [校]據《晉書》卷四七校勘記[二]，傅咸拜太子洗馬在襲父爵之前，此列襲爵後，不確。

④ [校]業：此字原脱，據《宋書》卷四三、《南史》卷十五《傅亮傳》補。

⑤ [校]安成：原作"安定"，據《宋書》卷四三、《南史》卷十五《傅亮傳》、《乾隆甘志》卷三五《人物·傅瑗》改。

⑥ 《演慎》及下文《感物賦》原文均見載於《宋書》卷四三《傅亮傳》。

⑦ [校]袁顗嘗來昭所："顗"原作"覬"，據《梁書》卷二六、《南史》卷六〇《傅昭傳》改。下同。"嘗"原作"常"，據《梁書》卷二六、《南史》卷六〇《傅昭傳》改。"昭所"二字原脱，據《梁書》卷二六、《南史》卷六〇《傅昭傳》補。

⑧ [校]神情：原作"神清"，據《梁書》卷二六《傅昭傳》改。

⑨ [校]旦：原作"日"，據《南史》卷六〇《傅昭傳》、《寧夏府志》卷十三《人物·鄉獻》改。

嚴肅，居朝無所請謁。終日端居，以書記爲樂，雖老不衰。世稱"學府"。

傅映，字徽遠，昭之弟。三歲而孤，謹身嚴行，非禮不行。褚彥回欲令仕，①映以昭未解褐辭。後累遷中散大夫、光祿卿，太中大夫。②

傅琰，字季珪。仕宋，爲武康令，遷山陰令，並著能名，二縣皆謂之"傅聖"。

傅翽，琰之子。爲官能名，後爲吳令，建康令孫廉問曰："聞丈人發奸摘伏，③惠化如神，何以至此？"答曰："無他。清則憲綱自行，勤則事無不理。憲綱自行則吏不能欺，④事自理則物無凝滯。⑤欲不理，得乎？"又代劉玄明爲山陰令，問玄明曰："願以舊政告新令尹。"⑥答曰："我有奇術，卿家譜所不載，臨別當相示。"既而曰：⑦"作縣令，惟日食一升飯而莫飲酒，此第一策也。"

傅岐，字景平，翽之子。博涉能占對。豫州刺史、貞陽侯蕭淵明率衆伐彭城，兵敗陷。遣使還，述魏人欲更通和好，⑧敕有司及近臣定議。⑨朱异曰：⑩"和爲便。"議者並然之。岐獨曰：⑪"此必是設間，故令貞陽遣使，令侯景自疑。不可許。"高祖從異議，侯景果疑，舉兵反。復通表，乞割江右四州，⑫當解圍，敕許之。景求遣宣城王出送。岐固執宣城嫡嗣之重，不宜許。遣石城公太款送之。⑬及與景盟訖，城中文武喜躍，望得解圍。岐獨曰："此和終爲賊所詐。"衆並怨怪之。及景背盟，莫不

---

① ［校］褚彥回："褚"字原漫漶不清，據《梁書》卷二六《傅映傳》補。
② ［校］太中大夫：原作"大中大夫"，據《梁書》卷二六《傅映傳》改。
③ ［校］丈人發奸摘伏："丈"原作"文"，"摘"原作"摘"，均據《南史》卷七〇《傅翽傳》改。
④ ［校］自：此字原脱，據《南史》卷七〇《傅翽傳》補。
⑤ ［校］凝：《南史》卷七〇《傅翽傳》作"疑"。
⑥ ［校］舊政：原作"舊令尹"，據《南史》卷七〇《傅翽傳》改。
⑦ ［校］而：此字原脱，據《南史》卷七〇《傅翽傳》補。
⑧ ［校］通：此字原脱，據《梁書》卷四二、《南史》卷七〇《傅岐傳》補。
⑨ ［校］近臣：原作"進臣"，據《梁書》卷四二、《南史》卷七〇《傅岐傳》改。
⑩ ［校］朱异：原作"朱異"，據《梁書》卷四二、《南史》卷七〇《傅岐傳》改。參見《梁書》卷三八、《南史》卷六二《朱异傳》。
⑪ ［校］岐：原作"歧"，據文意逕改。
⑫ ［校］四州：原作"四川"，據《梁書》卷四二、《南史》卷七〇《傅岐傳》改。
⑬ ［校］太款：《梁書》卷四二、《南史》卷七〇《傅岐傳》均作"大款"。

嘆服。尋有詔，以岐勤勞，封南豐縣侯，不受。宮城失守，岐帶疾出圍，卒。

傅縡，①字宜事。幼聰敏，七歲誦古詩賦至十餘萬言。②爲文典麗，性又敏速。雖軍國大事，下筆輒成，未嘗起草，甚爲後主所重。然性木强，③頗負才使氣，陵侮人物，朝士多銜之。會施文慶、沈客卿以佞見幸，專制衡軸，④而縡益疎。文慶等因共譖之，⑤後主收縡下獄。縡素剛，憤恚上書。後主怒，頃之稍解，使謂曰："我欲赦卿，卿能改過否？"⑥縡對曰："臣心如面，面可改，則臣心可改。"後主益怒，令宦者窮其事，賜死獄中。⑦

傅弘之，字仲度，泥陽人。傅氏舊屬靈州。漢末郡境爲虜所侵，寄寓泥陽、富平二縣，故傅氏悉屬泥陽。晉武帝太康三年，復還靈州。弘之少倜儻有大志。歷官建威將軍、順陽太守。從高祖入關，⑧弘之善騎乘，於姚泓馳道内緩服戲馬，⑨或馳或驟，往返二十里中，甚有姿制，羌胡聚觀者數千人。進爲桂陽公義眞雍州治中從事史，除西戎司馬、寧朔將軍。平略陽太守徐師高，⑩屢破赫連璝。後義眞東歸，佛佛傾國追躡。弘之軍敗，不屈死。時年四十二。

傅隆，字伯祚。高祖咸，晉司隸校尉。曾祖晞，司徒屬。⑪隆少孤

---

① [校]傅縡：原作"傅緈"，據《陳書》卷三〇、《南史》卷六九《傅縡傳》改。下同。

② [校]誦古詩賦：原作"謂古詩"，據《陳書》卷三〇、《南史》卷六九《傅縡傳》、《弘治寧志》卷三《靈州守禦千戶所·人物》改。

③ [校]木强："木"字原脫，據《陳書》卷三〇、《南史》卷六九《傅縡傳》補。

④ [校]衡：原作"衢"，據《陳書》卷三〇、《南史》卷六九《傅縡傳》改。

⑤ [校]文慶：原作"文卿"，據《陳書》卷三〇、《南史》卷六九《傅縡傳》改。按："文慶"指施文慶，此處爲承前省略。

⑥ [校]否：《陳書》卷三〇、《南史》卷六九《傅縡傳》均作"不"。

⑦ [校]賜死：原作"刺死"，據《陳書》卷三〇、《南史》卷六九《傅縡傳》改。

⑧ [校]高祖：此同《宋書》卷四八《傅弘之傳》，《南史》卷十六《傅弘之傳》作"宋武帝"。

⑨ [校]姚泓：原作"姚宏"，據《宋書》卷四八、《南史》卷十六《傅弘之傳》改。

⑩ [校]平：此字原在"徐師高"三字前。《宋書》卷四八《傅弘之傳》、《冊府元龜》卷三五一《將帥部》載，略陽太守徐師高反叛，傅弘之討平之。《寧夏府志》卷十三《人物·鄉獻》載："平徐師高。"據改。

⑪ [校]司徒屬："屬"字原脫，據《宋書》卷五五、《南史》卷十五《傅隆傳》補。

貧，有學行，不好交遊。年四十，始爲建威參軍。① 元嘉初，② 遷御史中丞。當官而行，甚得司直之體。出爲義興太守，尋轉太常。致仕，手不釋卷，特精三禮。謹於奉公，常手抄書籍。

杜茂虎，字鎮南。順治初，以計平蒙古刀兒，又討海寇，隨徵朱龍、倪五，並有功。累官花馬池營副將。

聶繼善，字續初。清廪生。膽識超衆，剛直有爲。以衛護地方有功，蒙上峯薦拔，歷任豫旺、鹽池等縣縣長。

劉炳，字午橋，惠安堡人。清貢生。性温雅直率。歷任寧夏鎮守使署參謀、豫旺縣縣長。尤精醫理，晚年退休，專以醫道問世。

左象亨，花馬池城内人。歷任國軍八十四師營、團長等職。民國二十四年，死於戰役。

蘇盛華，字實如，韋州人。信教純篤，好學不倦。歷任磴口、中寧等縣縣長。勤政愛民，案牘無積。

陳步瀛，字仙舟，邊三堡人。民國三十六年，署理鹽池縣縣長。時收復伊始，人心恐惶。公撫綏流亡，救恤災黎。一秉仁慈爲懷，不冤誤一人，不苟且一事。諸凡措施，咸洽輿情。是年，荒旱爲災，餓殍載道。公憂心如焚，寢食不安。捐資救濟，全活甚衆。邑人稱之爲萬家生佛、民衆救星，贈送銀盾，用做紀念。又以兵燹之後，百政待舉，殫精區劃，舉凡自衛教育、民衆訓練、風俗糾正，莫不朝乾夕惕，次第推進。且縣境遼闊，政情不同。公馳趨於花馬池、惠安堡之間，未遑寧息。又以鹽池設縣雖久，縣志闕如，遂詳考地理、沿革、文物、山川、道理，纂輯成志，以資考核。其用心苦而盡職勤，足以風後世以正人心，誠難得之循吏也。

茹振宗，字克武，惠安堡人。勤謹耐勞。由書吏升任中寧、同心等縣警察局局長，磴口縣縣長。

蘇鴻範，韋州人。沉着勇敢。曾任十一軍暫九師一團二營營長，以戰功升任寧夏省保安處第一團團長。

石生琦，字璉卿，黄草掌人。性純厚，誠篤才，俱開明。卒業蘭州中山大學，開封行政學院。受知於寧夏主席馬少雲，遞次荐拔，曾任磴口縣

---

① ［校］參軍：原同《宋書》卷五五《傅隆傳》作"將軍"，《宋書》卷五五《校勘記》［十六］據《南史》卷十五《傅隆傳》改，今從。

② ［校］元嘉：原作"元慶"，據《宋書》卷五五、《南史》卷十五《傅隆傳》改。

縣長、法制委員會委員、省參議會秘書長、省政府會計長等要職。

人物志卷八

義行

魏國祥，紅城水貢生。讀書有得，兼精岐黃。同治時，避亂歸里，屏絕五葷①。不折穉草，踐生蟲。扶危濟困，喜以陰騭、因果感化鄉愚，與儒士王萬昭志同道合，人嘖嘖稱二人爲"一鄉善士"云。

陳福，字子厚，鹽池邊三堡人。居心恬淡，忠厚正直。對地方公益，則勇爲負責，嫌怨不避，尤喜排難解紛。有爭訟者，咸取平焉，閭里均推重而信服之。治家尚嚴，教子有方。沒後，邑人追念不已。其流風遺俗，足以法後世而正人心。

聶本善，字復初。清廩生。性情耿介，操守不苟。創辦縣城高等小學校，首任校長，啓迪後進。有不循理法者，輒爲面責。從學生徒，罔不服其嚴厲。

原炳塋，字文卿。清廩生。原籍山西稷山，寄籍鹽池。性情豁達。同聶復初辦學校，因材教育，生徒多有成就。尤□□□，有求必應。初未計脈，禮士林重之。

張丕民，性□□。守分安命，不苟取與，熱心地方公益。凡有倡導，衆皆景從。民間糾紛，一經調解，和息無争。感人之深，可以見其品德矣。

顏生光，字晦如。篤行好學，守正不阿。好古文，研讀不輟，造詣甚深。任教育局長數年，設施有方，成績卓著。

蘇灝，鹽池人。② 同治回亂，灝毀家團丁，駐城防守，城得完全。縣令上其功，省給匾額曰"深明大義"。

李宗儒，花馬池人。時旱荒，人皆逃竄。宗儒曰："我家尚有粟三窨，願與同鄉共之，食盡，同竄未晚也。"遂出粟。天亦大雨，一方俱感其恩。次年，宗儒中鄉試，人謂此即天之報施也。

姚進福，惠安堡人。樂善好施。時值大荒，山堡一帶皆赴州領賑。惠

---

① [校]五葷：原作"五暈"，據文意逕改。
② [校]鹽池：《朔方道志》卷十九《人物志·忠義》作"鎮戎"。

安無地丁，不在賑列。百姓之赴領者，既不得粮，又需路費，群情窘甚。時進福商販到州，請於監收廳，以己房屋作質，貸官粮三百石，以濟其饑。廳官義之，還其卷而與之粮，並給"義氣可風"匾以表之。

蘇槐，韋州堡武生。耿直不苟，家道小康。有告急者，悉力周之，縣嘉其行，贈匾額以襃奬之。

孝友

施貴，紅城水人。同治回亂，城陷，母曰：我老，汝可攜妻速逃，免斬吾祀。其妻喬氏曰："可速負母逃，吾不累也。"自刎。貴遂負母逃至歸化。城事平，始旋里。慈孝節烈萃於一門，鄉鄰稱頌到今。

蘇爾璽，韋州人。母海氏病疿瘡，醫謂需人肉湯洗之。爾璽潛割乳肉，煎湯以洗，疾果瘳。鄉人無不羨稱其孝。

鄭興基，鹽池弟子員。值年荒，父被虜。後興基詢知父流落北口外之板城，隻身往尋，道經山西。時山西大饑，民人相食。興基奮不顧身，數月始達板城，喇嘛憐其孝，贈馬二匹并川資十兩，興〔基〕遂奉父旋里。

陳福，字子厚。性純孝。母喪，哀毀獨甚，痛不欲生。當其母病時，與妻王氏番宿遞侍，衣不解帶，藥必先嘗，無晝夜之間，無須臾之懈者，① 半年之久。既母病終，以孝養未盡，子職有虧，終身引以爲憾。奉養其父，昏定晨省，酒食俱豐，三十餘年如一日，邑人多被感格。子步雲、步瀛、步漢均誠孝如父，友愛尤篤。時人頌爲"孝友家庭"。

忠義

蔡應昌，興武營所千户。任花馬營千總。明末，羅凸土賊搶掠，應昌統兵討賊，力盡血戰而死。

蘇兆明，韋州堡之良回也。同治初，陝回上竄，馬化龍爲之應。② 鎮戎一帶爲逋逃藪，漢民無立足之地。兆明暗地維持，有謂恐漢民反噬，當先剪除者。兆明陽奉陰違，並私地給粮以賙其饑。後大軍不察兆明之佯，與叛回馬兆元周旋，係爲保護漢民起見，乃竟疑爲兆元黨而戮之也。冤

---

① ［校］須臾：原作"須叟"，據文意逕改。
② ［校］馬化龍：原避名諱而改作"馬化瀧"，本志又將"瀧"訛抄作"隆"，據文意回改。下同。本志卷七《職官志·清代官制》亦作"馬化龍"。

哉！迄今韋州漢民猶有言其事而涔涔淚下者，可見公道之尚在人心也。

張復元，字乾生。原籍山西靈石縣，寄籍鹽池惠安堡。性慷慨，能急人之急。在惠安十餘年，興學校，設保衛，居民賴之。政府給其額曰"造福地方"，省憲旌其門曰"保衛閭閻"。邑貢生劉炳爲記，謂："復元慷慨急公，無愧此生。"誠知言也。

節烈

杜氏，邊三堡人，陳孝之繼室也。撫前室子，愛如己出。夫亡子幼，痛不欲生。族人欲奪其志，氏誓死不二。時值回亂，流離轉徙，生計維艱。氏縫紉編製，得免饑寒。嘗斷炊不能舉火，兒輩環侍而泣，氏採取草實，以果其腹。茹苦含辛，備嘗艱窘處境、顛沛淒涼之苦，況非常人所能忍受。然教子持家，志不少奪，邑人稱爲"奇節"。

張貞女，清張全節妻，惠安堡人。同治二年回亂，賊至惠安。見女美，逼之，女不從，賊以鞭笞之，① 死而復甦者再。女度不能免，因紿賊入室取細軟，賊信之，女乃至廚取刀自刎死。

陳氏，清劉玉妻，惠安堡人。年二十七，夫亡，家無常業，撫幼子學恭，紡績自給。子初就學，後値饑饉，改學賈。同治初，賊陷惠安，謀逃匿。氏謂子可分匿之，如有不測，② 汝男子逃命，易耳。子不可。氏怒曰：汝欲絕劉氏祀耶？子始泣而去，留媳以伴姑。賊至，媳投深溝，氏不屈，亦被害。事平，學恭始移尸，與父玉合葬焉。後學恭續娶，梁氏生三子，炳、煥、焯皆入郡庠，③ 科第蟬聯，人以爲陳之節烈所致云。

王氏，清茹生瑞妻，惠安堡人。同治初回亂，與夫生瑞攜子香避亂，至靖定傭工度日。未幾，生瑞卒。氏年二十餘，仍飲泣傭工以佐子讀。事平，歸里，而子香旋入泮。至今惠安之稱賢能貞節者，皆推之。壽八十一終。

安氏，陳允泰妻。白氏，陳國珍妻。施氏，陳國珍次妻。皆同治年回亂守節死，事蹟失詳。

---

① ［校］鞭笞：原作"鞋笞"，據《朔方道志》卷二〇《人物志·節烈》改。
② ［校］不測：原作"不側"，據《朔方道志》卷二〇《人物志·節烈》改。
③ ［校］郡庠："郡"字原脫，據《朔方道志》卷二〇《人物志·節烈》補。

李氏，清牛彥杰妻，鹽池人。夫亡，絕食以殉。事聞，旌其閭。①

　　張烈女，清花馬池州同張炳之女。同治回亂，城陷。女懼污辱，以刀刺腹自盡。

　　焦氏，清辛沛妻，韋州人。同治二年回亂，圍韋州。焦氏恐受賊污，以鴉片烟令其女桂姐、媳張氏、孫喜娃遍服之。毒尚未發，賊至，見桂姐有姿容，欲拽之去，桂姐從容語曰：我母氣尚未絕，緩須臾，當從命。賊聽之，逾時毒發，一家四口同時斃命。事平，請旌入節孝祠。

　　張氏，清魏占妻，紅城水人。夫亡，年二十四，子在乳哺。有以氏年輕色美對之醮，氏剪髮毀容，鍼黹度日。民國七年卒，守節十八年。

　　劉張氏，清劉澤妻。夫沒，氏三十三歲撫孤守節，濟貧恤老，一方稱善。

　　羅毛氏，民國二十六年，股匪范雨三搶劫鄉間，慕其色，侵犯之。氏罵不絕口，遂被殺害。其節烈爲晚近所無。

選舉志卷九

〔清朝〕

科別	人名	籍貫	年份	備考
不詳	道以德	鹽池惠安堡人	不詳	字敬亭，貢生
癸酉科	陳銘新	鹽池惠安堡人	同治〔十二〕年	字盤如，號洗心，行三，拔貢
己亥科	劉炳	鹽池惠安堡人	光緒二十五年	
甲辰科	聶從善	鹽池花馬池人	光緒三十年	廩生
	聶繼善	鹽池花馬池人	光緒三十年	廩生
	聶本善	鹽池花馬池人	光緒三十年	廩生
己亥科	馬宗憲	鹽池惠安堡人	光緒二十五年	廩生

---

① ［校］旌：此字原脫，據《朔方道志》卷二〇《人物志·節烈》補。

〔民國〕

畢業年號	學校名稱	姓名	住址	備考
民國十三年	甘肅省立第一中學校	顏生光	鹽池花馬池城内	
民國十四年	甘肅省立第五中學校	陳步瀛	鹽池花馬池城内	原住邊三堡，後移城内
民國十四年	甘肅省立第五中學校	張丕民	鹽池花馬池城内	
民國□年	北平成達師範學校	海明泉	鹽池韋州城内	
民國二十二年	寧夏省立第一中學校	李志東	鹽池花馬池城内	
民國二十二年	寧夏省立第一中學校	孫學秀	邊三堡孫家樓	
民國二十四年	寧夏省立第一中學校	孫璽	邊三堡孫家樓	
民國二十四年	寧夏省立第一中學校	孫璞	邊三堡孫家樓	
民國二十五年	寧夏省立第一中學校	陳步漢	鹽池花馬池城内	
民國二十五年	寧夏省立第一中學校	張廣珍	西水堡王澇井	
民國二十五年	寧夏省立第一中學校	秦學禮	鹽池花馬池城内	
民國三十三年	國立綏寧師範學校	陳德	惠安堡陳家大梁	
民國三十三年	國立綏寧師範學校	張清	隰寧堡	
民國三十三年	國立綏寧師範學校	張學義	張家乾溝	
民國三十三年	國立綏寧師範學校①	茹振東	惠安堡城内	

藝文志卷十

鐵柱泉記　管律

去花馬池之西南，興武營之東南，② 小鹽池之東北，均九十里。交會之處，水湧甘冽，是爲鐵柱泉。日飲數萬騎弗之涸，幅幀數百里皆沃壤可耕之地。北虜入寇，往返必飲於茲。是故散掠靈、③ 夏，長驅平、鞏，實深藉之。以其嬰是患也，並沃壤視爲棄土百七十年矣。

嘉靖十五年丙申，都察院左都御史兼兵部左侍郎松石劉公奉聖天子命，制三邊軍務。乃躬涉諸邊，意在悉關隘之夷險，城寨之虛實，兵馬之

---

① ［校］國立：原作"國科"，據文意逕改。

② ［校］之：此字原脫，據《嘉靖寧志》卷三《寧夏後衛·鐵柱泉·城鐵柱泉碑》、《朔方新志》卷四《詞翰·鐵柱泉記》、《寧夏府志》卷十九《藝文·記·鐵柱泉記》補。

③ ［校］是故散掠靈："是"字原脫，"靈"原作"寧"，均據《嘉靖寧志》卷三《寧夏後衛·鐵柱泉·城鐵柱泉碑》、《朔方新志》卷四《詞翰·鐵柱泉記》、《寧夏府志》卷十九《藝文·記·鐵柱泉記》改。

强弱，道路之緩急，①而後畫禦戎之策，以授諸將。是故霜行霪食，弗避厥勞。至鐵柱泉，駐瞻移時，喟然諭諸將曰："禦戎上策，其在茲矣。可城之使寇絕飲，固不戰自憊。何前哲弗於是是圖哉？"維時巡撫寧夏右副都御史宇川張公，②謀與公協，乃力襄之。

即年秋七月丙申，按察僉事譚大夫閱度垣墉，量高厚，計丈尺。鎮守、總兵官、都督效帥師徒，具楨幹，役畚鍤。③人樂趨事，競效乃力。越八月丁酉，城成。環四里許，高四尋有奇，而厚如之。城以衛泉，隍以衛城，工圖永堅。百七十年，要害必爭之地，一旦成巨防矣。置兵千五，兼募土人守之。設官操馭，皆檢其才且能者。慮風雨不蔽之患，則給屋以居之。因地之利而利，則給田以耕之。草萊闢，禾黍蕃，又可以作牧而庶孳畜。棄於百七十年者，一旦大有資矣。其廨宇倉場，匪一不備；宏綱細節，匪一不舉。炫觀奪目，④疑非草創之者。先時虜常內覘，河東諸堡為備甚勤。而必先之以食，雖翔價博易，猶虞弗濟。泉既城，虜憚南牧，則戍減費省，糴之，價自不能騰，實又肇來者無窮之益。是皆出於公之卓識特見，而能乎人所未能。

今年丁酉，去茲泉南又百里許，亘東西為墙塹⑤，於所謂梁家泉者亦城之。重關疊險，禦暴之計益密矣。借虜騁驕忘忌入之，騎不得飲。進則為新邊所阨，⑥退則為大邊所邀，天受之矣。用是以息中原之擾，以休番戍之兵，以寬饋餉之役，豈第徵公出將入相之才之德而已。功在社稷，與黃河、賀蘭實相悠久，謂有紀極哉？是故不可以不記也。

---

① [校]之：此字原脫，據《嘉靖寧志》卷三《寧夏後衛·鐵柱泉·城鐵柱泉碑》、《寧夏府志》卷十九《藝文·記·鐵柱泉記》、《靈州誌蹟》卷四《藝文誌·鐵柱泉記》補。

② [校]時：原作"是"，據《嘉靖寧志》卷三《寧夏後衛·鐵柱泉·城鐵柱泉碑》、《寧夏府志》卷十九《藝文·記·鐵柱泉記》、《靈州誌蹟》卷四《藝文誌·鐵柱泉記》改。

③ [校]役：原作"從"，據《嘉靖寧志》卷三《寧夏後衛·鐵柱泉·城鐵柱泉碑》、《寧夏府志》卷十九《藝文·記·鐵柱泉記》、《靈州誌蹟》卷四《藝文誌·鐵柱泉記》改。

④ [校]奪：此字原脫，據《嘉靖寧志》卷三《寧夏後衛·鐵柱泉·城鐵柱泉碑》、《寧夏府志》卷十九《藝文·記·鐵柱泉記》、《靈州誌蹟》卷四《藝文誌·鐵柱泉記》補。

⑤ [校]亘：此字原脫，據《嘉靖寧志》卷三《寧夏後衛·邊防·重修邊墻記》《寧夏府志》卷十九《藝文誌·重修邊墻記》、《靈州誌蹟》卷四《藝文誌·重修邊墻記》補。

⑥ [校]阨：《嘉靖寧志》卷三《寧夏後衛·鐵柱泉·城鐵柱泉碑》、《寧夏府志》卷十九《藝文·記·鐵柱泉記》、《靈州誌蹟》卷四《藝文誌·鐵柱泉記》均作"扼"。

松石，名天和，湖南麻城人。字川，名文魁，中州蘭陽人。俱正德戊辰進士。① 譚闓，西蜀蓬溪人，正德辛未進士。② 王效，陝西榆林人，正德丁丑武舉。③ 法得備書。

重修邊牆記　明　巡撫　趙時春

國家威制四夷，嚴岨封守，而陝西屯四鎮强兵，以控遏北虜，花馬池尤為襟喉。減其北而益之埔，樓櫓臺燎、舖墩守哨之具，星列棋佈，式罔不備。

成化以來，其制漸渝。黠酋乘利，稍益破壞，以便侵盜。而大將率綺紈纓弁子，④ 莫或耆禦，朝議益少之。始務遴梟將以功，首級差相統制，⑤ 而巡撫、都御史居中畫其計。督監司主饋餉。更請置總制陝西三邊軍務，以上卿居之。士衆知爵賞，可力致則飆起，而諸將奏功相繼，虜頗慴伏北引矣。

嘉靖十年，總制、⑥ 兵部尚書兼右都御史王公瓊始興復之。⑦ 虜倘屯

---

① 正德戊辰：正德三年（1508）。
② 正德辛未：正德六年（1511）。
③ 正德丁丑：正德十二年（1517）。
④ ［校］綺紈：原作"騎紈"，據《浚谷文集》卷二《重修花馬池邊牆記》、《嘉靖寧志》卷三《寧夏後衛·邊防·重修邊牆記》、《朔方新志》卷四《詞翰·重修邊牆記》、《寧夏府志》卷十九《藝文·記·重修邊牆記》、《靈州誌蹟》卷四《藝文誌·重修邊牆記》、《寧靈廳志草·藝文·重修邊牆記》改。
⑤ ［校］制：原作"治"，據《嘉靖寧志》卷三《寧夏後衛·邊防·重修邊牆記》、《朔方新志》卷四《詞翰·重修邊牆記》、《寧夏府志》卷十九《藝文·記·重修邊牆記》、《靈州誌蹟》卷四《藝文誌·重修邊牆記》、《寧靈廳志草·藝文·重修邊牆記》改。
⑥ ［校］總制："制"字原脫，據《嘉靖寧志》卷三《寧夏後衛·邊防·重修邊牆記》、《朔方新志》卷四《詞翰·重修邊牆記》、《寧夏府志》卷十九《藝文·記·重修邊牆記》、《靈州誌蹟》卷四《藝文誌·重修邊牆記》、《寧靈廳志草·藝文·重修邊牆記》補。
⑦ ［校］右都御史：原作"左都御史"，據《嘉靖寧志》卷三《寧夏後衛·邊防·重修邊牆記》、《朔方新志》卷四《詞翰·重修邊牆記》、《寧夏府志》卷十九《藝文·記·重修邊牆記》、《靈州誌蹟》卷四《藝文誌·重修邊牆記》、《寧靈廳志草·藝文·重修邊牆記》改。按：據《明史》卷一九八《王瓊傳》、《明世宗實錄》卷一三〇載，嘉靖七年（1528），王瓊以兵部尚書兼右都御史代王憲督陝西三邊軍務。十年（1531），召總制三邊太子太保兵部尚書兼都察院右副都御史王瓊還京。

結，恫喝未克，① 即敘時用。唐公龍來代，② 博采群獻，惟良是是。凡厥邊保，悉恢故制。寧夏夾河西，邐亙數百里，頹垣墊洫，于崇于濬。嘉靖十四年秋，工乃告竣。請給官費僅二萬兩，役不踰數千人，無敢勞怨。行者如居，掠斂用息。是役也，相其謀者，則巡撫都御史楊公志學、張公文魁；繩其任者，則巡按御史毛君鳳韶、周君鐵；督其事者，則按察司僉事劉君恩、譚君闇。至于擁衛士衆，遏絕軼突，則總兵官、都督王效。咸協共王役，贊襄洪猷。③ 是用勒銘，以永後範。銘曰：

復高墉兮繚坤維，踞蓐收兮環彪螭。鎮貂貉兮伏獷貐，揚威稜兮永庚夷。④

東長城關記略　明　副使⑤　齊之鸞

河東棄不毛千里，皆古朔方地。成化間，⑥ 即其處築長城三百餘里，顧虜日抄掠，而城復卑薄，⑦ 安足爲障乎？嘉靖己丑，虜入寇，總制王公瓊破走之。乃憑城極目套壤，嘆曰："城去營遠，賊至不即知。夷城入，信彎飛掣，設險守國，重門禦暴，不如是也。吾欲沿營畫塹，聯外內輔車

---

① ［校］恫：原作"同"，據《嘉靖寧志》卷三《寧夏後衛·邊防·重修邊牆記》、《朔方新志》卷四《詞翰·重修邊牆記》、《寧夏府志》卷十九《藝文·記·重修邊牆記》、《靈州誌蹟》卷四《藝文誌·重修邊牆記》、《寧靈廳志草·藝文·重修邊牆記》改。

② ［校］來代：原倒作"代來"，據《浚谷文集》卷二《重修花馬池邊牆記》、《嘉靖寧志》卷三《寧夏後衛·邊防·重修邊牆記》、《朔方新志》卷四《詞翰·重修邊牆記》、《寧夏府志》卷十九《藝文·記·重修邊牆記》、《靈州誌蹟》卷四《藝文誌·重修邊牆記》、《寧靈廳志草·藝文·重修邊牆記》改。

③ ［校］洪猷：原作"洪獻"。據《浚谷文集》卷二《重修花馬池邊牆記》、《嘉靖寧志》卷三《寧夏後衛·邊防·重修邊牆記》、《朔方新志》卷四《詞翰·重修邊牆記》、《寧夏府志》卷十九《藝文·記·重修邊牆記》、《靈州誌蹟》卷四《藝文誌·重修邊牆記》、《寧靈廳志草·藝文·重修邊牆記》改。

④ ［校］永庚夷：原作"世永熙"，據《浚谷文集》卷二《重修花馬池邊牆記》改。

⑤ ［校］副使：原作"副史"，據《嘉靖寧志》卷三《寧夏後衛·邊防·東關門記》、《朔方新志》卷四《詞翰·東長城關記略》、《寧夏府志》卷十九《藝文·記·東長城關記略》改。

⑥ ［校］成化：此二字上原衍"方"字，據《朔方新志》卷四《詞翰·東長城關記略》、《寧夏府志》卷十九《藝文·記·東長城關記略》、《靈州誌蹟》卷四《藝文誌·東長城關記略》刪。

⑦ ［校］城復卑薄：《靈州誌蹟》卷四《藝文誌·東長城關記略》作"咸復差薄"。

掎角之勢。①"乃疏論之，以之鸞與僉事張大用領其事。庚寅秋就緒，及冬虜入，果不能越。因復疏，請自紅山堡之黑水溝，至定邊之南山口，皆大爲深溝高壘，峻華夷出入之防。塹深廣皆二丈，堤壘高一丈，廣二丈。沙土易圮處則爲墻，高者長二丈餘有差，而塹制視以深淺焉。關南四：清水、興武、安定，以營、堡名。在花馬池營東者爲總要，則題曰"長城關"。高臺層樓，雕革虎視。憑欄遠眺，朔方形勢，畢呈於下。毛卜喇堡設闉門一。又視夷險三五里，置周廬敵臺若干所，皆設戍二十人。乘城，擊、刺、射、蔽之器咸具。

平虜大捷記　明　狀元　康海

嘉靖十三年甲午，虜酋吉囊盤據河套數年，秣馬勵兵，將圖大舉入寇。兵部尚書、兼都察院右都御史唐公龍，②與總兵官都督同知劉文講畫戰守之法，緩急遠近，部署咸定。

七月初，寧夏報吉囊結營於花馬池。唐公下令曰："賊寇延綏，鎮西將軍張鳳主之；寇寧夏，徵西將軍王效主之；寇固原，都督劉文主之；其當衝截突，副總兵都督僉事梁震主之。"十四日己卯，虜由定邊乾溝剽崖擁入鐵柱泉，劉文堵截，不得犯固原。二十三日戊子，乃從青沙峴入寇安、會、金三縣，文率所部參將霍璽、崔高、彭濟，守備吳英、崔天爵馳兵往赴。明日己丑，戰於會寧柳家岔及葛家山，斬其桀者數十人，虜懼思遁。文曰："賊歸，必自青沙峴。遊擊將軍李勳、守備陶希皋可趨青沙峴，伏道以俟。紅古城、半箇城，零賊之所必犯。指揮王縉可按兵截殺。二城無事，海剌都、乾鹽池、鳴沙洲、石溝可安堵矣。"

八月四日戊戌，虜果合衆出青沙峴。文督戰當衝，伏兵盡起，復大敗虜衆，而王縉於半箇城與指揮田國亦破零賊。前後斬首一百二十有七，③

---

①［校］掎角：《嘉靖寧志》卷三《寧夏後衛·邊防·東關門記》、《朔方新志》卷四《詞翰·東長城關記略》、《寧夏府志》卷十九《藝文·記·東長城關記略》、《靈州誌蹟》卷四《藝文誌·東長城關記略》均作"犄角"。

②［校］都察院右都御史唐公龍："右"，《康對山先生集》卷三五《碑·嘉靖甲午平虜之碑》作"左"。"龍"，《康對山先生集》卷三五《碑·嘉靖甲午平虜之碑》無此字。

③［校］有：《康對山先生集》卷三五《碑·嘉靖甲午平虜之碑》作"又"。下文"一千九百三十有七"句之"有"同。

所獲韃馬一百三十又二，甲冑、器械、衣物一千九百三十有七。梁震與參將吳吉、遊擊徐淮、守備戴經遇虜於乾溝，大戰破之。斬首一百八十又五，所獲韃馬二百又四，器物四千七百四十又七。王效與副總兵苗鸞，遊擊蔣存禮、鄭時又遇虜於興武營，大戰破之。參將史經、劉潮分佈韋州。張年又從苗鸞擺邊，遇劉文驅虜，結營北奔，各哨奮勇而前，前後斬首一百三十，① 所獲韃馬二百又二，器物二千一百六十又六。虜幸得及老營，晝夜亟遁。故海剌都、乾鹽池、鳴沙、石溝，號牛羊富有之地，雖經行，不敢正目。視昔年駐掠幽、隴，而諸將閉門籲天，不能得一遺鏃，何如哉？

　　十萬之虜，經年在套，秣馬勵兵，欲圖大舉。二旬之內，連復三捷。蓋惟皇上神武聖文，知人善任。故唐公得以悉心壯猷，諸將得以攄忠自奮爾。語言"上下相須，千古為難"，豈不信哉？唐公受命以來，寒暑僅四閱也。② 斬獲虜首，殆及千餘。威寧細溝之功，③ 北徵已後，謂為再見。今日之捷，視威寧細溝，不知相去幾許。廟堂與本兵大臣，必有以休休之心翊贊皇度者矣。方諸簡册，周宣、漢武，不足言也。邊方父老，④ 以予撰碑敘述其事，用告將來，⑤ 辭曰：

　　惟明九葉，篤生聖皇。允文允武，帝德用昌。因心弘化，寵綏萬邦。

---

①　［校］前後：此二字原脫，據《康對山先生集》卷三五《碑·嘉靖甲午平虜之碑》、《明經世文編》卷一四〇《康對山集》補。

②　［校］閱：原作"闈"，據《康對山先生集》卷三五《碑·嘉靖甲午平虜之碑》、《明經世文編》卷一四〇《康對山集》、《嘉靖寧志》卷八《文苑·文·大明嘉靖平虜之碑》、《朔方新志》卷四《詞翰·總督唐龍平虜大捷記》、《寧夏府志》卷十九《藝文·記·平虜大捷記》、《靈州誌蹟》卷四《藝文誌·平虜大捷記》改。

③　［校］功：此字下原衍"也"字，據《康對山先生集》卷三五《碑·嘉靖甲午平虜之碑》、《嘉靖寧志》卷八《文苑·文·大明嘉靖平虜之碑》、《朔方新志》卷四《詞翰·總督唐龍平虜大捷記》、《寧夏府志》卷十九《藝文·記·平虜大捷記》、《靈州誌蹟》卷四《藝文誌·平虜大捷記》刪。

④　［校］方：原作"防"，據《康對山先生集》卷三五《碑·嘉靖甲午平虜之碑》、《明經世文編》卷一四〇《康對山集》、《嘉靖寧志》卷八《文苑·文·大明嘉靖平虜之碑》、《朔方新志》卷四《詞翰·總督唐龍平虜大捷記》、《寧夏府志》卷十九《藝文·記·平虜大捷記》、《靈州誌蹟》卷四《藝文誌·平虜大捷記》改。

⑤　［校］用：原作"周"，據《康對山先生集》卷三五《碑·嘉靖甲午平虜之碑》、《明經世文編》卷一四〇《康對山集》、《嘉靖寧志》卷八《文苑·文·大明嘉靖平虜之碑》、《朔方新志》卷四《詞翰·總督唐龍平虜大捷記》、《寧夏府志》卷十九《藝文·記·平虜大捷記》、《靈州誌蹟》卷四《藝文誌·平虜大捷記》改。

内治既洽，思被邊疆。惠德有賫，拂義必匡。元臣若德，遜惠厥常。蠢茲酋虜，潛蠕幽荒。教既未逮，螫亦屢猖。盤據河套，未遂驅攘。豈天厭逆，乃爾乖方。屢犯屢挫，曾不戒戕。公壯其猷，① 九伐斯張。② 青沙之役，易若驅羊。興武既鹹，乾溝亦襄。大舉反挒，③ 鼠竄惟囊。恭惟神武，所響必創。④ 況此元老，維德之行。弗崇虛譽，克屏譎狂。稽勳考勩，而無否臧。元戎丕奮，參佐孔良。節制四載，其武湯湯。邪佞莫入，夸毗是惶。皇心勿二，公德愈光。甲午之捷，⑤ 萬古所望。後賢秉鉞，尚慎勿忘。

鹽法議　〔張鍊〕

夫食鹽，山澤自然之利，天地所以養民也。上古無徵，近古薄徵，以佐國用。要在先不病民，而後利國爲可貴耳。關中食鹽，一出於河東，一出於花馬池，一出於靈州，一出於西漳。靈州、西漳去三輔絶遠，專供靈、夏、洮、岷西北兵民之用，無容議矣。花馬池鹽，北供延、慶、平三府，寧、榆二鎮；南與河東鹽並行於三輔間。河東鹽，上下公行，謂之官鹽；花馬池鹽，私自貿易，謂之私鹽。民間便於私鹽而不便於官鹽者，百年於兹矣。

必欲行河東官鹽，其弊有四：蓋行鹽郡縣，各有分界，所司徒知紙上

---

① 〔校〕公壯其猷：《康對山先生集》卷三五《碑·嘉靖甲午平虜之碑》、《明經世文編》卷一四〇《康對山集》均作"公用赫怒"。"猷"原作"猶"，據《嘉靖寧志》卷八《文苑·文·大明嘉靖平虜之碑》、《朔方新志》卷四《詞翰·總督唐龍平虜大捷記》、《寧夏府志》卷十九《藝文·記·平虜大捷記》、《靈州誌蹟》卷四《藝文誌·平虜大捷記》改。

② 〔校〕九伐斯張："九"，《康對山先生集》卷三五《碑·嘉靖甲午平虜之碑》、《明經世文編》卷一四〇《康對山集》均作"大"。"伐"原作"代"，據《康對山先生集》卷三五《碑·嘉靖甲午平虜之碑》、《明經世文編》卷一四〇《康對山集》、《嘉靖寧志》卷八《文苑·文·大明嘉靖平虜之碑》、《朔方新志》卷四《詞翰·總督唐龍平虜大捷記》、《寧夏府志》卷十九《藝文·記·平虜大捷記》、《靈州誌蹟》卷四《藝文誌·平虜大捷記》改。

③ 〔校〕挒：《康對山先生集》卷三五《碑·嘉靖甲午平虜之碑》、《明經世文編》卷一四〇《康對山集》、《嘉靖寧志》卷八《文苑·文·大明嘉靖平虜之碑》、《朔方新志》卷四《詞翰·總督唐龍平虜大捷記》均作"岉"。

④ 〔校〕所響必創："響"，《康對山先生集》卷三五《碑·嘉靖甲午平虜之碑》、《明經世文編》卷一四〇《康對山集》均作"向"，《嘉靖寧志》卷八《文苑·文·大明嘉靖平虜之碑》、《朔方新志》卷四《詞翰·總督唐龍平虜大捷記》均作"嚮"。"創"，《康對山先生集》卷三五《碑·嘉靖甲午平虜之碑》、《明經世文編》卷一四〇《康對山集》、《嘉靖寧志》卷八《文苑·文·大明嘉靖平虜之碑》、《朔方新志》卷四《詞翰·總督唐龍平虜大捷記》均作"戕"。

⑤ 甲午：嘉靖十三年（1534）。

陳蹟。河東鹽行三省，不可越縮。若究其實，在山西、河南，未知何如。其在關中，自長安以西，河東美鹽絕蹟，不至。間有至者，皆泥滓苦惡，中人不以入口。唯耕夫寡婦，黽勉食之，計其所售無幾也。名雖謂行，其實未嘗行之，一也。往年商人慮惡鹽不售，告發郡縣，使所在輦運外加樣鹽包，① 封印記之。及以給民，封者自佳，輦者自惡。唱户分鹽，畏如飲鴆。② 計帳徵價，③ 峻於正税。今雖暫止，既爲故事，恐不能已，二也。商人賣鹽與販夫，隨以小票，鹽盡，票不收毁。官鹽不至西路則無票，無票則通責店肆。負販細人，請東路自買未毁之票繳官，公人亦幸免責。不問由來，互相欺抵，三也。買票日久，奸人依式私製盜賣。僥倖者冒利，敗露者破家。雖有防禦，迄今未已，四也。

必欲禁花馬池私鹽，其弊有五：關中民貧，衣食驅遣，賦稅催切。罄家所有，走北地販鹽，冀牟斗升之利。一爲公人所獲，身入陷阱，家計盡空，一也。貧人既爲囚繫，内無供饋，冬月多斃於獄。考驛遞囚帳，鹽徒居半，死者又居強半，民命可恤，二也。小販懼捕，結聚大夥，經山谿要隘，偶遇公人。勢強則抵敵，勢弱則冒險奔逃，投崖落澗，人畜死傷塗地，三也。公人與有力慣販者交關，終歲不捕，反爲導護。惟單弱貧瘠者捕之，或以升斗惡鹽強入路人筐袋，執以報公，使無辜受害，四也。衆役工食，悉有定例。惟巡捕工食私帮，公費歲增十倍。官吏比銷，徒御勞悴，動經時月，侯文曠職，旅食空囊。或罰或貸，俱爲無補，五也。

夫物力不齊，④ 物之情也。好美惡惡，趨利就便，民之情也。所欲與聚，所惡勿施，衷多益寡，因俗成務，司國計者之情也。以物力言，河東舊商帶支坐困，新商起納無幾。澆曬徒勞，增課未減，公私俱稱歉矣。河東一池雖差大，供三省則不足；花馬二池雖差小，供三郡二鎮則有餘，自然之勢也。以人情言，河東鹽，百方督之使行，至以泥沙勒售假票，⑤ 甘

---

① ［校］在：此字原脱，據《康熙陝志》卷三二《藝文》、《雍正陝志》卷八七《藝文》、《寧夏府志》卷十八《藝文·議·鹽法議》、《靈州誌蹟》卷三《藝文誌·鹽法議》補。

② ［校］鴆：原作"鳩"，據《康熙陝志》卷三二《藝文》、《雍正陝志》卷八七《藝文》、《寧夏府志》卷十八《藝文·議·鹽法議》、《靈州誌蹟》卷三《藝文誌·鹽法議》改。

③ ［校］帳：《雍正陝志》卷八七《藝文》、《靈州誌蹟》卷三《藝文誌·鹽法議》均作"賬"。

④ ［校］力：原作"夫"，據《康熙陝志》卷三二《藝文》、《雍正陝志》卷八七《藝文》、《寧夏府志》卷十八《藝文·議·鹽法議》、《靈州誌蹟》卷三《藝文誌·鹽法議》改。

⑤ ［校］勒：原作"勤"，據《康熙陝志》卷三二《藝文》、《雍正陝志》卷八七《藝文》、《寧夏府志》卷十八《藝文·議·鹽法議》、《靈州誌蹟》卷三《藝文誌·鹽法議》改。

罪而終不能行。花馬池鹽，①百方禁之使不得行，至於比屋破產，接踵喪生，而終不能禁者。民之大欲大惡，不可強也。以國計言，河東歲課一十九萬有奇，花馬二池歲課不盈數千。河東鹽一引三錢有奇，二池鹽一石六分有奇。如是相懸者，意河東與天下六運，自祖宗朝俱有定額，由來久遠。二池迫近塞垣，棄取不時，故課亦微渺。後來因循，取足原辦而止耳。夫河東鹽既不能及遠，二池鹽卒不能禁。民間又不可一日無鹽，而盜買盜賣，終非常理。今當直開二池鹽禁，使西鳳、漢中沛然通行。計三府所當常食河東鹽一十二萬有奇，歲課即照河東。②責三府代辦，③以其事權統歸河東巡鹽御史，則達觀無異，督禁有程。兩地歲徵，四鎮年例，保無纖爽，而關中可少事矣。

夫居害者擇其寡，興利者取其多。④倘今不弛二池鹽禁，則愚民被逮，供餽爲費，罪贖爲費，奸人騙詐爲費，兵民歲增工食爲費，官吏比銷爲費。一切顯隱猥雜，不可會計。財足抵河東、花馬二池正課，出於千瘡百痛，徒然費之，而下殘民命，上損國體，又餘殃也。倘今一弛二池之禁，則愚民被逮，供餽可省，罪贖可省，奸人騙詐可省，歲增工食可省，官吏比銷可省。一切顯隱猥雜，不可會計。財足抵河東、花馬二池正課，出於不識不知，漠然省之，而下活民命，上全國體，又餘福也。夫人情不甚相遠，比聞鹽法侍御，皆一時英碩，表表長者。使其聞見悉如關中人習知利病，則亦何憚而不爲良處哉？⑤但其受命而來也。惟以行官鹽、禁私鹽爲職，而反是則駭矣。地非素履，事未前聞。雖聖人有所不知者，何可遽望改易其常耶？雖然安國家，利百姓，大夫出疆義也。究理從長，議政從便，人心不昧，因革有時，此又關斯民之幸不幸也。

---

①［校］鹽：此字原脫，據《康熙陝志》卷三二《藝文》、《雍正陝志》卷八七《藝文》、《寧夏府志》卷十八《藝文·議·鹽法議》、《靈州誌蹟》卷三《藝文誌·鹽法議》補。

②［校］所當常食河東鹽一十二萬有奇，歲課即照河東：此十九字原脫，據《康熙陝志》卷三二《藝文》、《雍正陝志》卷八七《藝文》、《寧夏府志》卷十八《藝文·議·鹽法議》、《靈州誌蹟》卷三《藝文誌·鹽法議》補。

③［校］責：此字原脫，據《康熙陝志》卷三二《藝文》、《雍正陝志》卷八七《藝文》、《寧夏府志》卷十八《藝文·議·鹽法議》、《靈州誌蹟》卷三《藝文誌·鹽法議》補。

④［校］興：原作"與"，據《雍正陝志》卷八七《藝文》、《寧夏府志》卷十八《藝文·議·鹽法議》、《靈州誌蹟》卷三《藝文誌·鹽法議》改。

⑤［校］亦：原作"以"，據《康熙陝志》卷三二《藝文》、《雍正陝志》卷八七《藝文》、《寧夏府志》卷十八《藝文·議·鹽法議》、《靈州誌蹟》卷三《藝文誌·鹽法議》改。

鹽州過飲馬泉　〔唐　李益〕

綠楊著水草如烟,① 舊是胡兒飲馬泉。
幾處吹笳明月夜, 何人倚劍白雲天。
從來凍合關山路, 今日分流漢使前。
莫遣行人照容鬢, 恐驚憔悴入新年。

城鹽州　〔白居易〕

城鹽州, 城鹽州, 城在五原原上頭。
蕃東節度鉢闡布,② 忽見新城當要路。
金烏飛傳贊普聞,③ 建牙傳箭集群臣。
君臣赧面有憂色, 皆言勿謂唐無人。
自築鹽州十餘載, 左衽氈裘不犯塞。④
晝牧牛羊夜捉生, 長去新城百里外。
諸邊急警勞戍人,⑤ 惟此一道無烟塵。
靈夏潛安誰復辯, 秦原暗通何處見。
鄜州驛路好馬來, 長安藥肆黃芪賤。
城鹽州,⑥ 鹽州未城天子憂。
德宗按圖自定計, 非關將略與廟謀。
吾聞高宗中宗世, 北虜猖獗最難制。
韓公創築受降城, 三城鼎峙屯漢兵。

---

①〔校〕草：此同《全唐詩》卷二八三《鹽州過胡兒飲馬泉》,《文苑英華》卷二九九《過五原至飲馬泉》作"宛"。

②〔校〕鉢闡布："鉢"原作"鈐",據《白香山詩集》卷三《長慶集·新樂府》、《白居易詩集校注》卷三《城鹽州》、《全唐詩》卷四二六《白居易》改。

③〔校〕烏：原作"鳥",據《白香山詩集》卷三《長慶集·新樂府》、《白居易詩集校注》卷三《城鹽州》、《全唐詩》卷四二六《白居易》改。

④〔校〕左衽：原作"至今",據《白香山詩集》卷三《長慶集·新樂府》、《白居易詩集校注》卷三《城鹽州》、《全唐詩》卷四二六《白居易》改。

⑤〔校〕警：原作"驚",據《白香山詩集》卷三《長慶集·新樂府》、《白居易詩集校注》卷三《城鹽州》、《全唐詩》卷四二六《白居易》改。

⑥〔校〕鹽州：此二字下原衍"城"字,據《白香山詩集》卷三《長慶集·新樂府》、《白居易詩集校注》卷三《城鹽州》、《全唐詩》卷四二六《白居易》刪。

東西亙絕數千里，　耳冷不聞胡馬聲。
如今邊將非無策，　心笑韓公築城壁。
相看養寇爲身謀，① 各握强兵固恩澤。
願分今日邊將恩，　襃贈韓公封子孫。
誰能將此鹽州曲，　翻作歌詞聞至尊。

九日登花馬池城　〔明　王瓊〕
白池青草古鹽州，倚嘯高城豁望眸。
河朔氈廬千里迥，涇原旌節隔年留。
轅門菊酒生豪興，雁塞風雲愜壯遊。
諸將祗今多衛霍，佇看露布上龍樓。

宿小鹽池　〔石茂華〕
弭節鹽池側，秋光淡戍臺。
雁聲雲外墮，夜雨樹間來。
猛士安能得，邊愁不可裁。
長歌聊徙倚，或有伏車哀。

防秋花馬池　〔石茂華〕
障亭直與塞雲班，入望盈盈白草閒。
河界龍沙趨砥柱，地連陸海擁秦山。
徵夫遠出蕭關戍，胡騎初從麥朵還。
無奈邊人耕牧鮮，綏懷何計慰疲艱。

經濟志卷十一

出産

穀類

黍，黑、白二種，米皆黏。俗呼爲黃米。穗可製帚。

---

① 〔校〕看：原作"爲"，據《白香山詩集》卷三《長慶集·新樂府》、《白居易詩集校注》卷三《城鹽州》、《全唐詩》卷四二六《白居易》改。

稷，紅、黑、白三種。俗謂之穀。所製與黍同。

麥，紅、白二色。稭可製帽，可製粗紙。

蕎麥，甜、苦、大稜、小稜四種。

莜麥，亦曰油麥。炒半熟，磨爲麵，作餅、飯，俱佳。俗呼"燕麥"。

燕麥，一名苴麥。穗細長而疏，可飼牲畜。不待糞壅，易於種植。

粟，俗名小穀。成熟最早，又名六十日穀。

玉蜀黍，俗名御麥，一名包穀。粒大如豌豆而微扁，黃白色，亦有紅色者。

豌豆，麻、白二種。積可耐久。炒食、磨粉，同麥食。

蠶豆，俗曰大豆。堪作馬料，並可作粉。

黑豆，可作豆腐，亦可生芽作菜，並能炒食。

番穀，紫紅色，俗名西番穀。

葫麻，一名狗蝨，一名方莖，一名鴻藏苗，梗如麻而葉圓銳。嫩時可蔬，子可出油。

蔬類

菘，俗曰白菜。有蓮花、捲心、箭桿、紫花等類。

蓮花菜，俗呼包包菜，又呼蓮花白。

菠薐，俗名菠菜。

辣椒，其味甚辣，有羊角辣、皮羅辣、羊角椒、朝天椒等名。

蘿蔔，黃、紅、白、胡、花葉、鈕子、天鵝蛋諸種。

羊芋，可作穀食。又一種紅芋，味甘美，植之易生，兼可救荒。

山藥，一名薯蕷。

芹，青、紫二種。

芥子，易於生長，多種可供油。

葱，餇菜最佳。

蒜，入山含之，可避瘴氣。

韭，冬以熱地鬱出者，爲韭黃。又有沙韭、山韭，皆野生。

茄，形長，色紫。多食，令人氣脹。

芥，一名辣菜。有黃芥、[1] 紫芥、白芥，子如粱米，味極辛美。

---

[1] ［校］黃：《朔方道志》卷三《輿地志·物產》作"青"。

頭髮菜，形如頭髮，① 故名。靈武東山最多。

春頭，俗名大刁菜。醃作鹹菜，良。

蔓青，一名蕪青，一名諸葛菜，一名九英崧。

地耳，一名頓地。

苦菜，一名苦藚，一名荼生。野中又呼爲"苦蕒"。

瓜類

西瓜，有青、白、黑、綠數色。子有黑、赤、白三色，瓤有紅、白、黃三色。又有子瓜，② 瓤不堪食，專取其子，俗名打瓜。

甘瓜，即甜瓜，又名哈密瓜，③ 以其種自哈密來也。

南瓜，俗名窩瓜。大小形狀不一，皮分紅、綠、黃三色，味同。

黃瓜，《禮》作"王瓜"。④

壺蘆瓜，長、圓二種。腰細，故俗又名藥壺蘆。⑤

果類

桃，有旱桃、水桃、六月桃、七月桃等名。肉不黏核者，又名離胡桃。

杏，名類甚多，一名甜梅。實如彈丸，味最上。麵杏、山杏，爲下。核有甜、苦之別。

木類

柳，青柳折枝可栽。白柳不種自生。紅柳木質盤曲，可編籠笯。黃柳止可供爨。尖葉柳，木堅細，可製器具。

榆，皮味甘而黏，和麵食，可充饑。木甚堅硬，筴形，圓如小錢，故俗呼"榆錢"。

楊，有數種。白楊，葉似梨而稍厚，大皮，有白茸，樹身聳直。青楊，身亦聳直，葉似杏而稍大，俗呼"鑽天梢"。鬼白楊，性柔，如人手

---

① [校] 如：原作"多"，據《朔方道志》卷三《輿地志·物產》改。

② [校] 子：此字原脫，據《朔方道志》卷三《輿地志·物產》補。

③ [校] 哈密：原作"哈蜜"，據文意逕改。下同。

④ [校] 禮：原作"體"，據《朔方道志》卷三《輿地志·物產》改。參見《欽定禮記義疏》卷二二《月令》。

⑤ [校] 壺蘆：《朔方道志》卷三《輿地志·物產》作"壺廬"。

分五指，俗呼爲"鬼拍手"。黃楊，遇閏則縮，① 故曰"黃楊厄閏"。② 亦細緻可用。

草類

苜蓿，一名光鳳草，一名連枝草。芽嫩可食。

馬藺，俗名馬蘭，亦呼馬蓮，可作粗紙。

艾，可入藥，故一名醫草。

箕蓆，俗名箕箕，一名藉藉，又名芨芨。織帽、織席、作帚、編綯、囤索，其用甚廣。

蒿，有紅、白二種。白者初生爲茵陳。

沙蒿，刈之可以糞田。

沙蓬，子名沙米，雨潦始生，飢年亦可充腹。

藥類

甘草，一名國老。中黑者，名鐵心甘草，最良。

枸杞，刺如枸之刺，莖如杞之條，故名。子色紅潤，根名地骨皮。寧安堡產者佳。

肉蓯蓉，③ 馬精落地所生。凡驢馬多處皆有。

升麻，其葉似麻，其性上升，故名升麻。

柴胡，一作茈胡。嫩則可茹，老則爲柴，故名柴胡。

茵陳，蒿之白者，名曰茵陳。

麻黃，一名龍沙。根名狗骨，叢生，子如覆盆子。

車前，好生道邊。

蓖麻，葉似大麻子，其子有麻點，故名。仁有油，可配印色。

蒲公英，俗名黃花郎，又名黃花地丁。④ 莖葉斷之，皆白汁。

羽類

雞，雄能司晨，雌善生卵。亦民間生利之一端。

鴨，一名家鳧。其鳴呷呷，自呼其名。

鵝，一名家雁。重四五斤，夜鳴應更。

---

① ［校］閏：原作"閠"，據《朔方道志》卷三《輿地志·物產》改。下同。

② 黃楊厄閏：語出蘇軾《監洞霄宮俞康直郎中所居四詠·退圃》詩。按：《東坡詩集註》卷二九載："園中草木春無數，只有黃楊厄閏年。"自註："俗說黃楊一歲長一寸，遇閏退三寸。"

③ ［校］蓯蓉：原作"蓉蓯"，據文意逕改。

④ ［校］丁：原作"工"，據《朔方道志》卷三《輿地志·物產》改。

沙雞，一名鵽鳥。身鼠爪，春夏入冬，自南飛至。

雀，一名瓦雀。俗呼麻雀，躍而不步。

黃雀，似麻雀而小，色純黃，人多以籠畜之。

麻鸚，金翅而毛色青黃，① 鳴聲清揚宛轉，人多畜之。

山雀，似家雀，稍大，嘴腳微長。俗爲麻雀。

紫燕，一名乙燕，一名玄鳥，一名天女。大如雀，身長，爾口豐頷，布翅歧尾。

胡燕，俗名沙燕。形如火燕而大，身褐色，群飛。

火燕，形如燕而尾不歧，有青、黃、丹、褐諸色，腹及翅俱赤，或雜黃色，喙黑腳紅。②

鷹，有黃、黑二色。一歲曰黃鷹，二歲曰鴇鷹，③ 三歲曰鶬鷹。

鷂，似鷹而小，爪目俱黃，善啄燕雀。

鴞，形大如鶬鷹，④ 頭目爪如貓，夜鳴入山後。主不祥，南人呼"貓虎頭"。詩云此鴞，即此二鳥也。

鴻雁，大曰鴻，小曰雁。

鴛鴦，大如小鴨，有文彩，不獨宿。

鷺鷥，⑤ 一名白鷺。項有長毛，潔白如霜。今用之以作帽纓。

鸚鵡，俗名鸚哥，能言鳥也。

百舌，俗名百玲，一名反舌，一名鶗鴂。蒼毛尖喙。

烏，俗名鴉，一名孝鴉，一名寒鴉。初生母哺，六十日長，則反哺其母，⑥ 孝烏也。

鵲，俗名喜鵲。尾翮黑白交雜。七夕駕鵲橋，即此鳥也。

斑鳩，一名錦鳩，俗名喚雨鳥。

鴿，其形如鳩，有青、白、皂、褐斑數色。有野鴿，有家鴿，名數甚多。

————————

① ［校］青：原作"清"，據《朔方道志》卷三《輿地志·物產》改。
② ［校］喙：原作"啄"，據《朔方道志》卷三《輿地志·物產》改。下文"蒼毛尖喙"句之"喙"同。
③ ［校］鴇：《朔方道志》卷三《輿地志·物產》作"鵰"。
④ ［校］鶬：此字原脫，據《朔方道志》卷三《輿地志·物產》補。
⑤ ［校］鷥：《朔方道志》卷三《輿地志·物產》作"鸞"。
⑥ ［校］哺：此字原脫，據《朔方道志》卷三《輿地志·物產》補。

畫眉，似鶯而小，[①] 黄黑色，其眉如畫，巧作千聲如百舌。

毛類

馬，牡馬曰兒，[②] 牝馬曰騍，剷割曰騸。一歲曰馬，二歲曰駒，三歲曰騑，四歲曰駣。名色甚多。

贏，其類有五：爲羸，爲駃騠，[③] 爲駝駬，爲驕驝，爲駏驉。俗統以騍呼之，以驢配馬生也。其形甚健，其力在腰股，[④] 有瑣骨不能開，故不孳乳。

驢，有褐、黑、白三色。夜鳴應更，力能馱負，略小於馬。

駝，俗名駱駝。能耐饑寒，力能負重，其絨溫暖，遠勝於棉。

牛，有黄、黑、褐、黎四色。[⑤]《禮》有"一元大武"之名。[⑥]

羊，俗名綿羊。曰羚，曰牂。無角曰羶，剷割曰羯。《禮》曰"柔毛"。[⑦] 毛可爲毡。爲民間生利之一大端。[⑧]

羳羊，俗名黄羊。其耳甚小，狀與羊同，角似羖羊，喜臥沙地。

羱羝羊，一名沙羊，亦名山羊。此羊爬山便捷，肉亦鮮美，毛曰沙毛，有黑、白二種。

犬，俗名狗。名色甚多，性極靈警，能守夜，家不可少之畜。

豖，俗名猪，又名豚。雄者爲豭，牡者爲豶。

貓，一名家貍。善捕鼠，有黄、黑、白、駮數色，面似虎。

獾，一爲豬獾，穴居，似小猪形。一爲狗獾，形似小狗，與豬獾略殊。

狼，似犬，銳頭，白頰，高前廣後。瘦者爲豺，肥者爲狼。其皮可爲褥，亦可造裘。

---

① ［校］鶯：原作"鷹"，據《朔方道志》卷三《輿地志·物產》改。參見明朝王圻《三才圖會》。

② ［校］牡：原作"牧"，據《朔方道志》卷三《輿地志·物產》改。

③ ［校］駃騠：原作"駛騠"，據《朔方道志》卷三《輿地志·物產》改。參見《爾雅翼》卷二十《釋獸·駃騠》。

④ ［校］在：原作"有"，據《朔方道志》卷三《輿地志·物產》改。

⑤ ［校］黎：《朔方道志》卷三《輿地志·物產》作"犂"。

⑥ ［校］禮有一元大武之名："禮"原作"體"，據《朔方道志》卷三《輿地志·物產》改。"一"字原脱，據《周禮注疏》卷二五《大祝》補。

⑦ 參見《周禮注疏》卷二五《大祝》引《曲禮》文。

⑧ ［校］生利之：原倒作"之生利"，據《朔方道志》卷三《輿地志·物產》乙正。

狐，有黃、黑、白三色，皮可爲裘，死則首邱。

狸，似狐，毛雜黃黑，皮可爲裘。俗名厓臊狐。食貓。貓見狸，則不復逃走，① 故名貓曰狸奴。皮可混猞猁。②

猬，一作蝟，俗名刺蝟，又名毛刺，又名刺鼠。

兔，有黑、白二色。野兔多褐色，耳大而銳，上唇缺而無脾，鬚長而前足短。

鼠，俗名老鼠。此人家常鼠，形似兔而小。

夜猴兒，俗名跳兒。前股短而後股長，似猴善跳，晝伏夜出，故名。

沙狐子，似狐而小，皮可爲裘。

蟲類

蝙蝠，形如鼠而有翅，好棲屋簷。俗名簷飛鼠，屎名夜明砂。

蜜蜂，一名蠟蜂。人家懸籠簷下，內敷以蜜，引蜂入內，即成蜂房。採花釀蜜，甘美無比。浮在蜜上之者爲蠟，③ 有黃、白二色，故又名蠟蜂。亦有穴壁以養蜂者。

黃蜂，大而黑色者名胡蜂，又名瓟蜂。腰細色黃者，④ 名黃蜂，俗名黃虰，尾鍼虰人有毒。

蜻蜓，有紅、綠二種。好飛水際，六足四翼。

螳螂，一名刀螂。逢樹便產，以桑上產者爲佳。

促織，似蝗而小，正黑色，光澤如漆，有翅及角，善跳好鬥。立秋後，則夜鳴，鳴亦以翼。又名蟋蟀，又一名蛬。⑤

蝸牛，形似小螺，白色，頭有四黑角。行則頭出，驚則縮入殼中。

蝦蟆，種類甚多。喉中有薄膜，故鳴聲最高。又名蝦蟇，⑥ 蝦言其聲，⑦ 蟇言其斑也。⑧

蝌蚪，蝦蟆子也。

---

① [校] 則：此字原脫，據《朔方道志》卷三《輿地志·物產》補。
② [校] 猞猁：原倒作"猁猞"，據《朔方道志》卷三《輿地志·物產》乙正。
③ [校] 在：原作"有"，據《朔方道志》卷三《輿地志·物產》改。
④ [校] 腰細色黃者："腰細"，《朔方道志》卷三《輿地志·物產》作"細腰"。"者"字原脫，據《朔方道志》卷三《輿地志·物產》補。
⑤ [校] 蛬：原作"菴"，據《朔方道志》卷三《輿地志·物產》改。
⑥ [校] 蟇：原作"蟆"，據文意逕改。
⑦ [校] 蝦：此字原脫，據《朔方道志》卷三《輿地志·物產》補。
⑧ [校] 蟇：此字原脫，據《朔方道志》卷三《輿地志·物產》補。

蜘蛛，種類甚多。有簷端結網者，有草上絡幕者，有土中佈網者。一作䵷䵯。

蜈蚣，雞好食之，而蜈蚣亦善放毒於雞肉中，故有蜈蚣之家，雞肉不敢垣置也。

礦類

鹽，賀蘭山右蒙古地產者。有青、白二色。青者味佳，白者次之。鹽池縣產者，粒小而色白，又次之。惠安堡產者，更次之。寧朔窪鹵之處所產硝鹽味苦，不堪食，土人用供醃菜之用。

石灰，一名堊灰，一名礦灰。用石燒成。

貨類

毛，羊、駝皆有毛，可以織呢、綾、氈、毯。惜未精於製造，多為外商購去。

皮，馬、牛、羊皮，皆為出境之大宗貨物品。

羢，羊羢、駝羢、牛羢，皆可作氈衣備用。

裘，羊皮、狐皮，皆可作裘。而洪廣之羊皮最勝，俗名灘皮。

氈，一作毡。清水氈精細耐久。平羅山羊羢氈尤佳。

毛口袋，用牛、羊毛捻小繩織布製成，最耐用。

油，有胡蔴、芝蔴、牛、羊、豕等油。

毛襪，羊羢、駝羢製造，滿城新出。

畜牧

地接蒙邊，以牧畜為業者多於耕種，而牧畜以羊為首要。

羊之種類有二，曰綿羊、山羊。其性喜涼爽、乾燥，故有"水馬旱羊"之說。全縣約有綿羊二十萬隻，山羊五萬隻。

每年出產皮毛，運銷京、津、滬、漢等地。毛之產量，秋、夏兩季，約三十萬斤，絨約壹萬斤。皮分老皮、羔皮二種。老皮，每年秋、冬兩季，所宰殺老羊之皮約數千張。羔皮分四種：正、二、三等月所產者曰春皮，四、五、六等月所產者曰夏皮，七、八、九等月所產者曰茶皮，十、十一、十二等月所產者曰冬皮。其中以冬皮為最佳，春皮次之，茶皮尤次之，夏皮為最下。每年所產皮毛足能維持全縣人民生計，故生產易而謀生不感困難也。惜未創辦皮革毛織工廠，致利權外溢，是一憾事。此外，尚有畜養牛馬駝驢者，多為附帶，不依以為生，而不如羊之重視也。

歷史志卷十二

〔唐〕大曆八年，吐蕃寇靈州，郭子儀敗之於七級渠。

十三年，吐蕃寇鹽夏，郭子儀引兵拒却之。

貞元二年，吐蕃尚結贊陷鹽州，又陷夏州。吐蕃陷鹽州，各留兵戍守，退屯鳴沙，羊馬多死，① 粮運不繼。又聞李晟破摧沙堡，渾瑊、馬燧各舉兵臨之，大懼，屢遣使求和，帝未之許。吐蕃戍鹽、夏者多病，思歸，尚結贊遣三千騎迎之，毀城、焚廬舍、驅其民而去。於是割振武之綏、銀二州，以韓潭爲夏、綏、銀節度使，帥神策之士五千、朔方河東之士三千鎮夏州。

九年二月，城鹽州。初鹽州既陷，塞外無復保障，吐蕃常阻絕靈武，侵擾鄜延。詔發兵城鹽州，又詔涇原、山南、劍南各發兵，深入吐蕃，以分其勢。城工二旬而畢，命節度使杜彥光戍之。由是靈武、銀夏、河北獲安。②

十七年七月，吐蕃寇鹽州，韋皋大破之。

元和二年，以范希朝爲朔方靈鹽節度使，以右神策軍、鹽州定遠軍隸之。以革舊弊，任邊將也。

十四年，吐蕃圍鹽州。吐蕃節度倫三摩等將十五萬圍鹽州，刺史李文悅竭力拒守。凡二十七日，吐蕃不能克。靈武牙將史敬奉言於朔方節度使杜叔良，③ 請兵解圍。叔良與二千五百人，④ 敬奉行旬餘矣，朔方人以爲俱沒無何。敬奉自他道出吐蕃後，吐蕃大驚，潰。敬奉奮擊，大破之。

十五年二月，吐蕃寇靈州。三月，又寇鹽州。

明憲宗成化十年正月，命王越總制三邊。刑部主事張鼎言：延綏、甘肅、寧夏三邊，鎮撫不相統一，宜推文武重臣一人總制。詔從其請，因設制府於固原，即以越爲之巡撫，總兵而下並聽節制。三邊設總制，自

---

① 〔校〕羊：原作"牛"，據《朔方道志》卷三〇《志餘·歷史》改。按：《舊唐書》卷一九六《吐蕃傳》載："結贊大衆屯於鳴沙。自去冬及春，羊馬多死，糧餉不給。"

② 〔校〕北：《朔方道志》卷三〇《志餘·歷史》作"西"。

③ 〔校〕敬奉：原倒作"奉敬"，據《新唐書》卷一七〇、《舊唐書》卷一五二《史敬奉傳》乙正。下同。

④ 〔校〕與：《朔方道志》卷三〇《志餘·歷史》作"與以"。

此始。

閏六月，築邊墻。初巡撫余子俊上言，三邊惟延慶地平，易利馳突，寇屢入犯，獲邊人爲導徑，入河套。自是，寇得居内，而我反屯外。急宜於沿邊築墻置堡，以間内外，帝從之。會王越襲虜紅鹽池，患少息子俊得一意興役。東起清水營，西抵花馬池，延袤一千七百七十里。

武宗正德二年六月，增設花馬池衛所。總制三邊楊一清建議防邊，以花馬池至靈州地勢平衍，寇每從此毀墻入固原、① 平涼，不能耕牧。請修濬墻塹、增設衛所，以安内附，以遏外侵。帝可其議，特發帑金數十萬。工方興，而劉瑾憾一清不附己，一清遂引疾歸。②

四年秋，小王子寇花馬池，總制才寬率師禦之。③ 小王子寇延綏，尋犯花馬池，寬率師禦之，頗有斬獲。敵伏兵引戰，正追襲間，伏兵突出，寬中流矢死。

世宗嘉靖十九年九月，巡撫楊守禮、總兵任杰等邀虜於鐵柱泉，④ 大破之。濟農連年入寇，邊將禦之，屢被殺傷。至是，復入固原，剽掠且靨。⑤ 會淫潦，弓矢盡膠，無鬥志而諸將多畏縮。總制劉天和斬指揮二人，召故總兵官周尚文，盡銳奮擊於黑水苑，斬濟農子錫沙王，寇遁走寧夏。楊守禮、總兵任杰等復於鐵柱泉邀擊之，虜勢大挫。

四十一年，套虜入寇。總兵官吳鼎率兵大破於宿嵬口外白樹泉，又破之於鹽池撒卜掌嶺。⑥

四十三年，復犯境。鼎率兵深入，戰於河東，斬首數十級，又破於麟灘，虜遁去。

神宗萬曆四十三年九月，總督劉敏寬防秋於花馬池。時套虜濟農大舉入犯延鎮，敏寬檄總兵杜文煥督兵應援，合定邊、固原兵，往剿破賊於定西沙梁。

---

① ［校］每：此字下原衍"次"字，據《朔方道志》卷三〇《志餘·歷史》刪。
② ［校］引：此字原脱，據《朔方道志》卷三〇《志餘·歷史》補。
③ ［校］才寬：原作"方寬"，據《朔方道志》卷三〇《志餘·歷史》改。參見《國朝獻徵錄》卷五七《尚書才寬傳》、《雍正陝志》卷五一《名宦》、《乾隆甘志》卷二七《職官》。
④ ［校］鐵柱泉：原作"鐵柱皋"，據《朔方道志》卷三〇《志餘·歷史》改。
⑤ ［校］剽掠且靨："剽"原作"剿"，"靨"原作"壓"，均據《朔方道志》卷三〇《志餘·歷史》改。
⑥ ［校］掌：此字原脱，據《朔方道志》卷三〇《志餘·歷史》補。

清世祖順治十四年三月，賊犯興武營。遊擊熊虎等擊之，敗走花馬池。初賊據花馬池，分犯興武營，熊虎等擊敗，賊退保花馬。① 時陝西提督陳福自寧夏統兵駐靈武，② 遣兵復惠安、韋州、定理三堡，至興武營會合。蒙古索諾木貝勒下各台吉兵馬圍攻花馬池，賊將朱龍等來援，城內賊出應，官軍兩路夾擊，擒斬偽都司王一龍，大敗之。賊將來化降，花馬池平。

同治八年，陝回圍攻花馬池。先是，馬化龍據金積堡判，陝回策應。是年二月二日晚，圍攻徹夜，卒賴防守得力，未逞而退。

四月初八日，陝回陳阿洪率賊三千餘人撲城，州同周浩與卓勝軍綏殿臣奮勇迎擊之，賊敗退。③

宣統辛亥，會匪高士秀、高登雲陷花馬池。④

民國十七冬十月，土匪楊子福圍花馬池，匪首楊子福率眾二千餘人由甘肅竄入寧境，陷惠安堡、吳忠堡。復東下圍攻花馬池，賴鹽場公署場長齊韻韶督率鹽警、保衛團、商團、民團防禦得力，匪圍攻七晝夜，卒未逞。

二十年，綏匪蘇雨生陷花馬池，綏匪蘇雨生與陝匪高廣仁合股一千多人，攻陷花馬池。

二十五年夏五月，共黨陷花馬池。

三十六年春三月，寧夏主席馬鴻逵派盧忠良將軍收復。

---

① ［校］保：此字原脫，據《朔方道志》卷三一《志餘·歷史》補。
② ［校］自：原作"白"，據《朔方道志》卷三一《志餘·歷史》改。
③ ［校］敗：此字下原衍"敗"字，據文意逕改。
④ ［校］花馬池：《朔方道志》卷三一《志餘·歷史》作"靈州"。

參考文獻

一　古代文獻

（一）陝甘寧舊志

《陝西通志》：（明）汪道亨纂，馮從吾等修，中國國家圖書館藏明萬曆三十九年（1611）刻本。簡稱《萬曆陝志》。

《陝西通志》：（清）賈漢復、李楷等纂，中國國家圖書館藏清康熙六年至七年（1667—1668）刻本。簡稱《康熙陝志》。

《陝西通志》：（清）劉於義、沈青崖等纂，中國國家圖書館藏清雍正十三年（1735）刻本。簡稱《雍正陝志》。

《光緒榆林府志》：（清）李熙齡纂，中國國家圖書館藏清道光二十一年（1841）刻本。

《定邊縣志》：（清）黃沛、江廷球、宋謙等纂，中國國家圖書館藏清嘉慶二十五年（1820）刻本；《定邊縣志》編纂委員會1985年版王樹茂、紀國慶整理本。

《甘肅通志》：（清）許容等修撰，中國國家圖書館藏乾隆元年（1736）刻本。簡稱《乾隆甘志》。

《甘肅新通志》：（清）升允、長庚修，安維峻等纂，中國國家圖書館藏清宣統元年（1909）刻本。簡稱《宣統甘志》。

《弘治寧夏新志》：（明）胡汝礪撰，《天一閣藏明代方志選刊續編》影印明朝弘治刻本，上海書店1990年版；寧夏人民出版社2010年版范宗興整理本；中國社會科學出版社2015年版胡玉冰、曹陽校注本。簡稱《弘治寧志》。

《嘉靖寧夏新志》：（明）管律等修，《天一閣藏明代方志選刊》影印明嘉靖刻本，上海古籍書店1961年版；寧夏人民出版社1982年版陳明猷校勘本；中國社會科學出版社 2015 年版邵敏校注本。簡稱《嘉靖寧志》。

《萬曆朔方新志》：（明）楊壽等編，《故宮珍本叢刊》影印明萬曆刻本，海南出版社 2001 年版；《寧夏歷代方志萃編》影印明萬曆刻本，天津古籍出版社 1988 年版；中國社會科學出版社 2015 年版胡玉冰校注本。簡稱《朔方新志》。

《寧夏府志》：中國國家圖書館藏乾隆四十五年（1780）刻本；寧夏人民出版社 1992 年版陳明猷整理本；中國社會科學出版社 2015 年版胡玉冰、韓超校注本。

《朔方道志》：（民國）馬福祥、陳必淮等修，《中國方志叢書》影印民國十六年（1927）鉛印本，成文出版社 1968 年版。

《嘉慶靈州誌蹟》：（清）楊芳燦、郭楷纂，中國國家圖書館藏清嘉慶三年（1798）刻本；寧夏人民出版社 1996 年版張建華、蘇昀整理本；中國社會科學出版社 2015 年版蔡淑梅校注本。簡稱《靈州誌蹟》。

《寧靈廳志草》：陽光出版社 2010 年版張京生校注本。

《五原廳志略》：（清）姚學鏡編，中國國家圖書館影印 1963 年劉驪君抄本。

《花馬池誌蹟》：甘肅省圖書館藏清朝光緒三十三年（1907）抄本；黑龍江人民出版社 2004 年版范宗興整理本。

《鹽池縣志》：民國三十八年（1949）鉛印本；黑龍江人民出版社 2004 年版范宗興整理本。

（二）經部

《周易正義》：（魏）王弼注，（唐）孔穎達疏，北京大學出版社 1999 年版。

《尚書正義》：（漢）孔安國傳，（唐）孔穎達等正義，北京大學出版社 1999 年版。

《毛詩正義》：（漢）鄭玄箋，（唐）孔穎達等正義，北京大學出版社 1999 年版。

《周禮注疏》：（漢）鄭玄注，（唐）賈公彥疏，北京大學出版社 1999 年版。

《禮記正義》：（漢）鄭玄注，（唐）孔穎達等正義，北京大學出版社 1999 年版。

《春秋左傳正義》：（晉）杜預注，（唐）孔穎達等正義，北京大學出版社1999年版。

《欽定禮記義疏》：影印文淵閣《四庫全書》本，（臺北）商務印書館1986年版。

《爾雅翼》：（宋）羅願撰，影印文淵閣《四庫全書》本，（臺北）商務印書館1986年版。

《字彙》：（明）梅膺祚撰，影印康熙二十七年（1688）靈隱寺刻本，上海辭書出版社1991年版。

（三）史部

《史記》：（漢）司馬遷撰，中華書局2013年版。

《漢書》：（漢）班固撰，中華書局1962年版。

《後漢書》：（南朝宋）范曄撰，中華書局1965年版。

《三國志》：（晉）陳壽撰，（宋）裴松之注，中華書局1959年版。

《晉書》：（唐）房玄齡等撰，中華書局1974年版。

《宋書》：（梁）沈約撰，中華書局1974年版。

《梁書》：（唐）姚思廉撰，中華書局1973年版。

《陳書》：（唐）姚思廉撰，中華書局1972年版。

《魏書》：（北齊）魏收撰，中華書局1974年版。

《南史》：（唐）李延壽撰，中華書局1975年版。

《北史》：（唐）李延壽撰，中華書局1974年版。

《隋書》：（唐）魏徵等撰，中華書局1973年版。

《舊唐書》：（後晉）劉昫等撰，中華書局1975年版。

《新唐書》：（宋）歐陽修，宋祁撰，中華書局1975年版。

《舊五代史》：（宋）薛居正等撰，中華書局1976年版。

《新五代史》：（宋）歐陽修撰，徐無黨注，中華書局1974年版。

《宋史》：（元）脫脫等撰，中華書局1977年版。

《金史》：（元）脫脫等撰，中華書局1975年版。

《元史》：（明）宋濂等撰，中華書局1976年版。

《明史》：（清）張廷玉等撰，中華書局1974年版。

《資治通鑒》：（宋）司馬光編著，中華書局1956年版。

《續資治通鑒長編》：（宋）李燾撰，中華書局2004年第2版。簡稱《長編》。

《通鑒紀事本末》：（宋）袁樞撰，中華書局1965年版。

《明史紀事本末》：（清）谷應泰撰，中華書局1997年版。

《隆平集》：（宋）曾鞏撰，宋史資料萃編第一輯，文海出版社1967年版。

《東都事略》：（宋）王稱撰，影印文淵閣《四庫全書》本，（臺北）商務印書館1986年版。

《太平治蹟統類》：（宋）彭百川撰，影印文淵閣《四庫全書》本，（臺北）商務印書館1986年版。簡稱《治蹟統類》。

《通志》：（宋）鄭樵撰，浙江古籍出版社1988年版。

《明實錄》：臺灣"中央研究院"歷史語言研究所，1962年版。

《清實錄》：中華書局1985年版。

《唐大詔令集》：（宋）宋敏求編，（北京）商務印書館1959年版。

《宋大詔令集》：中華書局1962年版。

《慶王壙志》：寧夏博物館藏。

《國朝獻徵錄》：（明）焦竑撰，《續修四庫全書》影印上海圖書館藏萬曆四十四年（1616）徐象橒曼山房刻本，上海古籍出版社2002年版。

《元和郡縣圖志》：（唐）李吉甫撰，賀次君點校，中華書局1983年版。

《太平寰宇記》：（宋）樂史撰，王文楚等點校，中華書局2007年版。

《大明一統志》：（明）李賢等撰，影印明天順監刻本，三秦出版社1990年版。

《嘉慶重修一統志》：（清）穆彰阿、潘錫恩等纂修，《續修四庫全書》影印《四部叢刊續編》本，上海古籍出版社2002年版。

《讀史方輿紀要》：（清）顧祖禹撰，賀次君、施和金點校，中華書局2005年版。

《吳縣志》：（清）湯斌、孫佩纂修，中國國家圖書館藏清康熙三十年（1691）刻本。

《黃巖縣志》：（清）劉寬纂修，中國國家圖書館藏清康熙三十八年（1699）刻本。

《長洲縣志》：（清）李光祚纂修，中國國家圖書館藏清乾隆十八年（1753）刻本。

《太原府志》：（清）沈樹聲纂修，中國國家圖書館藏清乾隆四十八年（1783）刻本。

《濬縣志》：（清）熊象階纂修，中國國家圖書館藏清嘉慶六年（1801）刻本。

《西漢會要》：（宋）徐天麟撰，上海人民出版社1977年版。

《宋會要輯稿》：（清）徐松輯，中華書局1957年版。

《文獻通考·經籍考》：（元）馬端臨撰，華東師範大學古籍研究所標校，華東師範大學出版社1985年版。

《世善堂藏書目錄》：（明）陳第撰，《叢書集成初編》本，（上海）商務印書館1937年版。

《明史藝文志·補編·附編》：（清）黃虞稷原編，王鴻緒、張廷玉等刪定，（北京）商務印書館1959年版。

《四庫全書總目》：（清）永瑢等撰，中華書局1965年版。

《千頃堂書目》：（清）黃虞稷撰，瞿鳳起、潘景鄭整理，上海古籍出版社2007年版。

（四）子部

《孫子兵法評注》：楊義主編，岳麓書社2006年版。

《夢溪筆談》：（宋）沈括撰，金良年整理，上海書店出版社2003年版。

《禽經》：影印文淵閣《四庫全書》本，（臺北）商務印書館1986年版。

《藝文類聚》：（唐）歐陽詢撰，影印文淵閣《四庫全書》本，（臺北）商務印書館1986年版。

《元和姓纂》：（唐）林寶撰，影印文淵閣《四庫全書》本，（臺北）商務印書館1986年版。

《冊府元龜》：（宋）王欽若等撰，中華書局1960年版。

《玉海》：（宋）王應麟撰，江蘇古籍出版社、上海書店1987年版。

（五）集部

《白居易集》：（唐）白居易撰，顧學頡校點，中華書局1979年版。

《白香山詩集》：（唐）白居易撰，影印文淵閣《四庫全書》本，（臺北）商務印書館1986年版。

《白居易詩集校注》：（唐）白居易撰，謝思煒校注，中華書局2006年版。

《東坡全集》：（宋）蘇軾著，影印文淵閣《四庫全書》本，（臺北）商務印書館1986年版。

《東坡詩集註》：（宋）蘇軾著，王十朋撰，影印文淵閣《四庫全書》本，（臺北）商務印書館1986年版。

《文苑英華》：（宋）李昉等編，中華書局1966年版。

《道園學古錄》：（元）虞集撰，《四部叢刊初編》影印明景泰覆元小字本，（臺北）商務印書館1929年版。

《明經世文編》：（明）陳子龍等選輯，中華書局1962年版。

《東漢文紀》：（明）梅鼎祚編，影印文淵閣《四庫全書》本，（臺北）商務印書館1986年版。

《楊一清集》：（明）楊一清撰，唐景紳、謝玉傑點校，中華書局2001年版。

《趙時春文集校箋》：（明）趙時春撰，趙志強整理，天津古籍出版社2012年版。

《全唐詩》：（清）彭定求等編，中華書局1960年版。

二　現當代文獻

（一）著作

《隴右方志錄》：張維編，《中國西北文獻叢書》據北平大北印刷局1934年版影印，蘭州古籍書店1990年版。

《隴右金石錄》：張維纂，甘肅省文獻徵集委員會校印，1943年版。

《中國歷代地名要覽》：〔日〕青山定雄著，（臺北）洪氏出版社1975年版。

《中國歷史地圖集（第八冊）》：中國歷史地圖集編輯組編輯，中華地圖學社1975年版。

《明代文物和長城》：鍾侃撰，寧夏人民出版社1980年版。

《明督撫年表》：吳廷燮撰，魏連科點校，中華書局1982年版。

《寧夏方志述略》：高樹榆等編著，吉林省圖書館學會1985年內部發行。

《中國地方志聯合目錄》：中國科學院北京天文臺編，中華書局1985年版。

《明清進士題名碑錄索引》：朱保炯、謝沛霖編，上海古籍出版社1989年版。

《中國恒星觀測史》：潘鼐著，學林出版社1989年版。

《寧夏地方文獻聯合目錄》：寧夏圖書館協作委員會編，寧夏人民出版社1992年版。
《中國地方志總目提要》：金恩暉、胡述兆編，（臺北）漢美圖書有限公司1996年版。
《甘肅省圖書館藏地方志目錄》：甘肅省圖書館編，蘭州大學出版社1996年版。
《敦煌天文曆法文獻輯校》：鄧文寬編，江蘇古籍出版社1996年版。
《清代官員履歷檔案全編》：秦國經主編，華東師範大學出版社1997年版。
《唐刺史考全編》：郁賢皓著，安徽大學出版社2000年版。
《中國明代檔案總匯》：中國第一歷史檔案館、遼寧省檔案館編，廣西師範大學出版社2001年版。
《鹽州紀事》：政協鹽池縣委員會編，寧夏人民出版社2006年版。
《傳統典籍中漢文西夏文獻研究》：胡玉冰著，中國社會科學出版社2007年版。
《寧夏歷代碑刻集》：銀川美術館編，寧夏人民出版社2007年版。
《寧夏歷史地理變遷》：吳忠禮、魯人勇、吳曉紅著，寧夏人民出版社2008年版。
《方志與寧夏》：范宗興等著，寧夏人民出版社2008年版。
《寧夏歷代藝文集》：楊繼國、胡迅雷主編，寧夏人民出版社2011年版。
《鹽池歷史文化探微》：白永剛主編，寧夏人民出版社2011年版。
《寧夏地方志研究》：胡玉冰著，中國社會科學出版社2012年版。

（二）論文

《寧夏同心縣出土明慶王壙志》：牛達生撰，《考古與文物》1981年第4期。
《〈慶王壙志〉與朱棣"靖難之變"》：牛達生撰，《人文雜志》1981年第6期。
《鹽池縣的幾種志書》：陳永中撰，載高樹榆等編《寧夏方志述略》，吉林圖書館學會1985年內部發行。
《明〈大統曆〉》：周紹良撰，《文博》1985年第6期。
《我國古代的通俗天文著作〈步天歌〉》：張毅志撰，《文獻》1986年第

3 期。

《明太祖皇子朱㭎的名次問題》：任昉撰，《中原文物》1986 年第 4 期。

《明代王陵區出土三盒墓志疏證》：許成、吳峰雲撰，《寧夏文史》1987 年第 4 期。

《寧夏回族自治區地方志述評》：高樹榆撰，載金恩暉、胡述兆編《中國地方志總目提要》，（臺北）漢美圖書有限公司 1996 年版。

《陳步瀛與民國〈鹽池縣志〉》：張樹林撰，《寧夏史志研究》1998 年第 3 期。

《朝鮮傳本〈步天歌〉考》：石雲里撰，《中國科技資料》1998 年第 3 期。

《〈步天歌〉星象——中國傳承星象的晚期定型》：伊世同撰，《株洲工學院學報》2001 年第 1 期。

《北朝隋唐源氏家族研究》：郭鋒撰，《中國社會經濟史研究》2002 年第 3 期。

《〈花馬池誌蹟〉中的節日風俗古今比較》：張雲雁撰，《寧夏史志》2005 年第 2 期。

《民國舊志簡介之〈民國鹽池縣志〉》：王玉琴撰，《寧夏史志》2011 年第 1 期。

《兩部鹽池舊志比較研究》：張琰玲撰，《圖書館理論與實踐》2011 年第 2 期。

《寧夏鹽池縣舊志（光緒）〈花馬池誌蹟〉考略》：胡玉冰撰，《北方民族大學學報》2011 年第 5 期。

《唐代食實封制度探析》：魏棟培撰，華東政法學院 2007 屆碩士學位論文。

《兩宋年號述論》：諸寅嘯撰，上海師範大學 2012 屆碩士學位論文。